PETER BOROWSKY
DEUTSCHLAND 1970 - 1976

EDITION ZEITGESCHEHEN

Edition Zeitgeschehen

PETER BOROWSKY

DEUTSCHLAND 1970 - 1976

Fackelträger

1. Auflage

Gesamtherstellung: ova, Hof/Saale
Printed in W. Germany 1980
ISBN 3 7716 2204 2
ISSN 0070-9050

Inhalt

I. Der Weg in die sozialliberale Koalition

Die Bildung der sozialliberalen Koalition und die Übernahme der Regierungsverantwortung durch die SPD 1969 wird von vielen Politikern und Wissenschaftlern als der wichtigste Einschnitt in der bisherigen Geschichte der Bundesrepublik Deutschland angesehen. Vorbereitet worden war dieser Einschnitt durch die Große Koalition zwischen CDU/CSU und SPD von 1966 bis 1969. Mit ihr war 1966 die »formative Periode« der Bundesrepublik, die Zeit der Entstehungsjahre, die »Ära Adenauer«, zu Ende gegangen und ein neuer Abschnitt politischer und gesellschaftlicher Veränderungen eingeleitet worden.
In der Politik der Großen Koalition finden sich Elemente, die ab 1969 auch die Politik der sozialliberalen Koalition kennzeichneten.[1]) Die Einbeziehung der bisherigen Opposition in die Regierung hatte wichtige politische Entscheidungen zur Folge. Außenpolitisch begann die Regierung Kiesinger/Brandt, sich in die Entspannungspolitik der USA gegenüber der Sowjetunion einzugliedern und ohne Rücksicht auf die Hallstein-Doktrin mit der DDR und den anderen Staaten des Warschauer Pakts zu verhandeln – ohne freilich die Eigenstaatlichkeit der DDR schon anzuerkennen. Mit der »konzertierten Aktion« und dem Stabilitäts- und Wachstumsgesetz von 1967 ging die Regierung wirtschaftspolitisch zu einer aktiven Politik der staatlichen Konjunktursteuerung, der Vollbeschäftigung und des wirtschaftlichen Wachstums über, der es tatsächlich auch gelang, die wirtschaftliche Rezession – Entstehungsgrund der Großen Koalition – zu überwinden. Innenpolitisch zeichneten sich die ersten Reformmaßnahmen ab, so die Ausweitung und institutionelle Neuordnung des Bildungswesens.
Bewies die Große Koalition, daß CDU und SPD gemeinsam eine wirtschaftliche Krise meistern und eine politische verhindern konnten, so steigerte gerade diese Einhelligkeit und das Nichtvorhandensein einer wirklichen parlamentarischen Opposition das Unbehagen und die Kritik am politischen und gesellschaftlichen System der Bundesrepublik vor allem in der jungen Generation. Die Unzufriedenheit mit der politischen Stagnation wurde in der studentischen Jugend verstärkt durch die unbefriedigende Situation an den Universitäten, mit deren quantitativem Ausbau zu dieser Zeit begonnen wurde, deren Formen der Selbstverwal-

tung und deren Lehrinhalte aber die alten geblieben waren. Verschärfend auf Krisenbewußtsein und Kritik an den gesellschaftlichen und politischen Zuständen wirkte vor allem der Krieg, den die wichtigste Schutzmacht der Bundesrepublik und Westberlins, die USA, in Vietnam führte und der allen Menschenrechtserklärungen der amerikanischen Revolution Hohn sprach. Die Ablehnung des Vietnamkrieges und der amerikanischen und bundesdeutschen Politik gegenüber Diktaturen in der »Dritten Welt« (Chile, Iran, Kongo) weitete sich aus zu einer grundsätzlichen Kritik an der kapitalistischen Gesellschaft und dem System der parlamentarischen Demokratie. Gefordert wurde demgegenüber eine »Demokratisierung« aller Lebensbereiche.

Die ersten großen Studentendemonstrationen richteten sich Anfang Juni 1967 gegen den Besuch des Schahs von Persien in Berlin, wobei der Student Benno Ohnesorg von einem Polizeibeamten erschossen wurde. Die Folge waren weitere Studentenunruhen, die sich nicht nur gegen die Zustände an den Universitäten richteten, sondern darüberhinaus auf eine Veränderung der Herrschaftsverhältnisse in Staat und Gesellschaft abzielten. Ihren Höhepunkt erreichten diese Unruhen nach dem Mordversuch an Rudi Dutschke in den Ostermärschen und sogenannten Osterkrawallen von 1968. Hier formierte sich die »außerparlamentarische Opposition« (Apo) gegen die geplante Notstandsverfassung der Bundesrepublik.

Im Mai 1968, während in Paris revolutionsähnliche Zustände herrschten und in der Tschechoslowakei mit dem Sturz von Partei- und Staatschef Novotny der »Prager Frühling« einsetzte, organisierten die Gegner der Notstandsverfassung in der Bundesrepublik einen Sternmarsch nach Bonn, an dem sich 30 000 Demonstranten beteiligten. Getragen wurde diese außerparlamentarische Opposition vom Sozialistischen Deutschen Studentenbund (SDS) und von der IG Metall. Am gleichen Tag (11. Mai 1968) veranstaltete der DGB in Dortmund eine Großkundgebung, an der 15 000 Menschen teilnahmen, meist Metallarbeiter, Bergleute, Transportarbeiter und Angestellte. Studenten- und Schülerdemonstrationen gab es in Frankfurt, München, Göttingen, Hamburg, Berlin und Freiburg.

Trotz dieser Demonstrationen und nach intensiven Auseinandersetzungen in der Öffentlichkeit und im Parlament verabschiedete der Bundestag am 30. Mai 1968 mit verfassungsändernder Mehrheit die Notstandsgesetze. Damit wurde möglich, was die außerparlamentarische und die parlamentarische Opposition der FDP hatten verhindern wollen: der Einsatz der Bundeswehr bei inneren Unruhen und die Aufhebung des Brief-, Post- und Fernmeldegeheimnisses im Falle eines Notstands (Art. 87a, 4 und Art. 10, 2 GG).

Nach der Verabschiedung der Notstandsgesetze war die Gemeinsamkeit

der Koalitionspartner bald erschöpft. Die Ostpolitik des SPD-Außenministers Brandt stieß in zunehmendem Maße auf Widerstand bei der CDU/CSU. In der Finanzpolitik konnte man sich über die gesellschaftspolitischen Prioritäten nicht einigen; und wegen der Aufwertung der Mark kam es 1969 zum offenen Streit zwischen den SPD-Ministern, angeführt von Wirtschaftsminister Schiller, und den Ministern der CDU/CSU um Finanzminister Strauß, der auch von Bundeskanzler Kiesinger unterstützt wurde.
Ein Ende der Großen Koalition und eine Umgruppierung der Parteien war auch insofern absehbar, als sich inzwischen bei der FDP Veränderungen vollzogen hatten. Als die Partei 1966 ganz unerwartet in die Rolle einer praktisch aussichtslosen Opposition gedrängt worden war, begriff zunächst eine Minderheit in der Partei diese Situation als Chance zur Neuorientierung. Diese »Linken« in der FDP drängten auf einen neuen Kurs in der Deutschland- und Ostpolitik und eine Annäherung an die SPD. Sie konnten sich dabei auf einen Wandel in der Mitgliederstruktur der FDP berufen: Der Anteil der Selbständigen war zugunsten der Angestellten, insbesondere der leitenden Angestellten, zurückgegangen. Diese »sozialen Aufsteiger« wollte die FDP halten bzw. gewinnen durch ein Programm, das neuen gesellschaftlichen Entwicklungen gegenüber aufgeschlossen war und außenpolitisch keine Tabus mehr kannte. Zur Stärkung dieser Position innerhalb der FDP trugen nicht zuletzt die in der Großen Koalition angestellten Überlegungen zur Einführung des Mehrheitswahlrechts bei, das die FDP vernichtet hätte. Pläne in dieser Richtung wurden vor allem der CDU/CSU nachgesagt, während man annahm, daß die SPD aus eigenem Interesse vor einer solchen Wahlrechtsänderung zurückschrecken würde. In der Tat hat der Nürnberger Parteitag der SPD 1968 die Einführung des Mehrheitswahlrechts abgelehnt.
Gegen den Parteivorsitzenden Erich Mende war eine Umorientierung der FDP von einem »nationalliberalen« zu einem »sozialliberalen« Kurs nicht möglich. Es war daher ein wichtiger erster Schritt in Richtung auf die Koalition mit der SPD, als Erich Mende auf eine erneute Kandidatur zum Parteivorsitzenden verzichtete und die Partei 1968 in Freiburg Walter Scheel zum neuen Vorsitzenden wählte. Scheel betonte auf diesem Parteitag, daß die FDP in wesentlichen politischen Fragen der SPD näher stehe als der CDU, vermied aber eine eindeutige Koalitionsaussage, um den konservativen Parteiflügel nicht zu verprellen. Das Programm des neuen Parteivorstands, zu dem nun auch der international anerkannte Soziologie-Professor Ralf Dahrendorf quasi als Symbol für die neue linksliberale Orientierung der FDP gehörte, lief darauf hinaus, gemeinsam mit der SPD an der »Erneuerung der Bundesrepublik« zu arbeiten

und sie »zu einem Staat der offenen Gesellschaft« umzuformen.[2])
Eine weitere Annäherung zwischen FDP und SPD brachte die Bundespräsidentenwahl 1969. Die Parteien der Großen Koalition hatten sich nicht auf einen gemeinsamen Kandidaten einigen können. Die CDU/CSU nominierte Gerhard Schröder, die SPD Gustav Heinemann. Entscheidend für den Sieg des SPD-Kandidaten war, daß es der Parteiführung der FDP bis zum Vorabend der Wahl gelungen war, fast alle FDP-Abgeordneten der Bundesversammlung auf Heinemann festzulegen. Die Wahl Heinemanns mit den Stimmen der SPD und der FDP markierte das Ende der Großen Koalition. Wenige Tage nach seiner Wahl erklärte Heinemann in einem Interview mit der »Stuttgarter Zeitung«: *»Es hat sich jetzt ein Stück Machtwechsel vollzogen, und zwar nach den Regeln der parlamentarischen Demokratie. Man hat oft, und ich glaube mehr aus gutem Grund, gesagt, daß eine solche Demokratie ihre Bewährungsprobe erst dann bestanden habe, wenn eben nach ihren Regeln auch einmal ein Machtwechsel zustandegekommen ist. Das ist hier nicht in breiter Front der Fall, das wird sich erst bei der Bundestagswahl ergeben, aber immerhin doch in einem beachtlichen Stück.«*[3])
Diese Äußerung Heinemanns löste bei der CDU/CSU einen Sturm der Entrüstung aus. Die Verärgerung und die Enttäuschung über den Ausgang der Bundespräsidentenwahl auf seiten der CDU/CSU, die Meinungsverschiedenheiten über die DM-Aufwertung im Sommer 1969 und grundsätzliche Differenzen in der Ostpolitik zwischen den Koalitionspartnern führten dazu, daß die Große Koalition bis zu den auf den 28. September 1969 anberaumten Bundestagswahlen nur noch als Regierung auf Zeit bestand und beide Partner versuchten, sich bei den Wählern durch Distanzierung voneinander zu profilieren. Für die SPD schien diese Abgrenzung vom konservativen Koalitionspartner um so notwendiger, als gerade in der Endphase des Wahlkampfes, im September 1969, eine Reihe von gewerkschaftlich nicht geleiteten »wilden« Streiks die Unzufriedenheit vieler Arbeiter über die Lohnentwicklung und ihren Anteil am wirtschaftlichen Aufschwung seit 1966 signalisierte.
In den Landtagswahlen seit Bildung der Großen Koalition hatte die CDU/CSU durchweg Stimmen gewonnen, die SPD Stimmen verloren, die FDP hatte sich im großen und ganzen behaupten können. Ein bemerkenswertes Phänomen waren die Wahlerfolge der neonazistischen NPD, die in den Landtagswahlen seit 1965 mehr als 1,5 Mill. Wähler an sich gezogen hatte – eine Folge der Rezession wie der wiedererwachenden Ressentiments gegen die »Linken«. Von der Bundestagswahl wurde daher ein Urteil der Wähler sowohl über die weitere Zukunft der NPD als auch über die Große Koalition und ein eventuelles SPD-FDP-Bündnis erwartet.

Eindeutig fiel das Wahlergebnis jedoch nicht aus. Die SPD gewann zwar Prozentpunkte, die CDU/CSU aber behauptete sich gut, und die FDP erlitt eine schwere Niederlage: Fast zwei Fünftel ihrer Wähler von 1965 waren zu anderen Parteien übergegangen. Mit 5,8% gelangte die Partei gerade noch über die 5%-Hürde. Die NPD blieb mit 4,3% knapp darunter. Ein Abflauen neonazistischer Tendenzen in der Bundesrepublik ließ sich daraus nicht schließen, denn immerhin hatte die Partei ihren Anteil gegenüber 1965 verdoppeln können.

Offenbar hatte die FDP in dieser Wahl einen großen Teil ihrer alten Anhänger verloren und noch nicht genügend neue gewonnen, um den Verlust wieder wettzumachen. Trotz dieser Wahlniederlage und großzügiger Koalitionsangebote der CDU/CSU entschloß sich die FDP-Führung zu einer Koalition mit der SPD. Die neue sozialliberale Koalition verfügte über eine sehr knappe Mehrheit von 12 Bundestagsabgeordneten. Darunter waren einige FDP-Mitglieder, die den neuen Kurs der Parteiführung nur sehr widerstrebend mitmachten.

Der von Heinemann angesprochene »Machtwechsel« war also eingetreten: Nach 20 Jahren Regierungszeit standen CDU und CSU in der Opposition. Was skeptische Beobachter im Ausland und Kritiker im Inland kaum für möglich gehalten hatten: Trotz Enttäuschung, Empörung und Verärgerung auf seiten der neuen Opposition vollzog sich der »Machtwechsel« ohne Staatskrise und auch ohne »Bartholomäusnacht«. Ein auffälliger Wechsel der hohen Beamten in den Ministerien fand nur im Kanzleramt und in dem bis dahin von F. J. Strauß geleiteten Finanzministerium statt. Der »Machtwechsel« bewies die von der außerparlamentarischen Opposition bezweifelte Wandlungsfähigkeit des politischen Systems. Er erneuerte und verschärfte aber auch die Polarisierung zwischen Regierung und Opposition, die während der Großen Koalition verdeckt worden war und die die außerparlamentarische Opposition hatte entstehen lassen.

Die neue Koalition unter dem SPD-Vorsitzenden Willy Brandt als Bundeskanzler und dem FDP-Vorsitzenden Walter Scheel als Außenminister trat als Reformregierung an und versuchte, das Grundanliegen der außerparlamentarischen Opposition – »mehr Demokratie« in Staat und Gesellschaft – in ihr politisches Programm einzubeziehen. In seiner Regierungserklärung[4]) versprach Willy Brandt am 22. Oktober 1969: »Wir wollen mehr Demokratie wagen« und: »Wir stehen nicht am Ende unserer Demokratie, wir fangen erst richtig an.« Das Regierungsprogramm enthielt eine Reihe von Reformvorhaben, die in diesem Sinne interpretiert werden können: umfassende Reform des Bildungswesens, Herabsetzung des Wahl- und Mündigkeitsalters, Reform des Ehe- und Familienrechts, Strafrechtsreform und Strafvollzugsreform, Ausbau so-

zialer Einrichtungen, Monopolkontrolle und Ausweitung der Mitbestimmung.
Die Regierung Brandt/Scheel hat bis 1972 allerdings nur einen Teil dieser Reformprojekte in Angriff nehmen oder verwirklichen können. Erfolgreicher war sie in der Durchführung ihres außenpolitischen Programms, dessen Kern die Absicht war, das Verhältnis zu den Staaten Osteuropas und zur DDR zu normalisieren oder wie Willy Brandt dieses Ziel formulierte: *»Aufgabe der praktischen Politik in den jetzt vor uns liegenden Jahren ist es, die Einheit der Nation dadurch zu wahren, daß das Verhältnis zwischen den Teilen Deutschlands aus der gegenwärtigen Verkrampfung gelöst wird. (. . .) 20 Jahre nach Gründung der Bundesrepublik Deutschland und der DDR müssen wir ein weiteres Auseinanderleben der deutschen Nation verhindern, also versuchen, über ein geregeltes Nebeneinander zu einem Miteinander zu kommen. Dies ist nicht nur ein deutsches Interesse, denn es hat seine Bedeutung auch für den Frieden in Europa und für das Ost-West-Verhältnis. (. . .) Die Bundesregierung setzt die im Dezember 1966 durch Bundeskanzler Kiesinger und seine Regierung eingeleitete Politik fort und bietet dem Ministerrat der DDR erneut Verhandlungen beiderseits ohne Diskriminierung auf der Ebene der Regierungen an, die zu vertraglich vereinbarter Zusammenarbeit führen sollen. Eine völkerrechtliche Anerkennung der DDR durch die Bundesregierung kann nicht in Betracht kommen. Auch wenn zwei Staaten in Deutschland existieren, sind sie doch füreinander nicht Ausland; ihre Beziehungen zueinander können nur von besonderer Art sein. Anknüpfend an die Politik ihrer Vorgängerin erklärt die Bundesregierung, daß die Bereitschaft zu verbindlichen Abkommen über den gegenseitigen Verzicht auf Anwendung oder Androhung von Gewalt auch gegenüber der DDR gilt.«*[5])

II. Die Ostpolitik der Bundesrepublik Deutschland 1969 – 1972

1. Weltpolitische Entspannung und deutsche Ostpolitik

Mit Recht hatte Willy Brandt in seiner Regierungserklärung die Kontinuität zwischen der von seiner Regierung geplanten Ostpolitik und den ostpolitischen Bemühungen der Regierung Kiesinger betont, war doch die erste Phase der »neuen Ostpolitik« bereits von der Großen Koalition eingeleitet worden. Die ihr zugrunde liegenden Konzepte reichen allerdings noch weiter zurück. Sie lassen sich wie die »neue Ostpolitik« insgesamt nur verstehen, wenn man sie im Zusammenhang mit dem Konzept der Entspannungspolitik sieht, das seit Anfang der 60er Jahre die Politik der Konfrontation und des Kalten Krieges zwischen West und Ost zu verdrängen begann.

1963 hatte Willy Brandt das Programm einer »Politik der kleinen Schritte« zur Erleichterung der Situation der Menschen in der DDR und zur Verbesserung der Kontakte zwischen West- und Ostdeutschen entwickelt und damit die Wiedervereinigungspolitik zunächst zugunsten einer Politik von einzelnen Sachabkommen über Verkehrserleichterungen etc. zwischen der Bundesrepublik und der DDR zurückgestellt. Noch weiter war Brandts Mitarbeiter Egon Bahr gegangen, als er ebenfalls 1963 die Parole »Wandel durch Annäherung« für ein neues Konzept bundesdeutscher Ostpolitik prägte. Bahr knüpfte damit an amerikanische Überlegungen an, wonach der Westen die kommunistische Herrschaft in Osteuropa nicht beseitigen, sondern nur verändern könne.

Ziel dieser nach Überwindung der Berlin- und Kubakrise (1961 und 1962) in den USA diskutierten Entspannungsstrategie war, durch die Verflechtung der beiderseitigen Interessen zu einem Netz gegenseitiger Abhängigkeiten auf politischem, wirtschaftlichem und kulturellem Gebiet die Beziehungen zwischen West und Ost so eng zu gestalten, daß sie beiden Seiten Vorteile brachten und keine Seite sie abbrechen konnte, ohne den eigenen Interessen zu schaden. Auf der politischen Ebene sollte Europa und der Atlantik zu einer »Ruhezone« der Weltpolitik werden, was die

Anerkennung der in Europa bestehenden Grenzen und der Systemunterschiede voraussetzte. Dadurch sollten auf militärischer Ebene das Kriegsrisiko gesenkt und Grundlagen für eine Rüstungsbegrenzung geschaffen werden. Auf wirtschaftlicher Ebene sollte durch verstärkten Handelsaustausch und durch wirtschaftliche Zusammenarbeit eine gegenseitige materielle Abhängigkeit geschaffen werden, die die Rückkehr zu Konfliktformen des Kalten Krieges unmöglich machen würde. Auf der »kommunikativ-humanitären« Ebene sollte das Mißtrauen zwischen West und Ost abgebaut werden, indem der Dialog nicht nur auf die Regierungen beschränkt blieb, sondern die Völker durch freie Presseberichterstattung, Familienzusammenführung und Kulturaustausch mit einbezog.[1])

Ganz im Sinne dieser amerikanischen Entspannungskonzeption schlug Bahr daher vor, unterhalb der juristisch-diplomatischen Anerkennung der DDR jede Form der Beziehungen, vor allem die Handelsbeziehungen und andere Formen wirtschaftlicher Kooperation, zu entwickeln und zu fördern, um so den Lebensstandard der Menschen in der DDR zu heben. Eine solche Politik würde zwar dazu beitragen, das DDR-Regime zu stabilisieren, sie würde aber auch eine entspanntere Atmosphäre schaffen und es der DDR-Regierung erlauben, ihren Bürgern größere Freiheiten etwa im Reiseverkehr und bei Besuchsregelungen zu gewähren.[2])

Stand auch das humanitäre Motiv im Vordergrund von Bahrs Argumentation, so läßt sich doch schon das wirtschaftliche Interesse erkennen, das mit der Politik der »menschlichen Erleichterungen« verbunden war und der »neuen Ostpolitik« bald die Unterstützung der westdeutschen Industrie eintrug: Von einer Politik der Annäherung gegenüber den Staaten Osteuropas und der DDR konnte sie sich neue Exportmärkte und die Überwindung von Absatzschwierigkeiten versprechen.

Solche Gedanken fanden jedoch zunächst keinen Eingang in die Ostpolitik der Bundesregierung. Diese hielt vielmehr an der Politik einer strikten Nichtanerkennung der DDR und der Oder-Neiße-Grenze fest und versuchte gleichzeitig, durch wirtschaftliche Kooperation mit anderen osteuropäischen Staaten die DDR zu isolieren. Die »Politik der Bewegung«, wie sie vom Außenminister Schröder betrieben wurde, scheiterte letzten Endes am Widerstand der Sowjetunion und an der Forderung der osteuropäischen Staaten nach Anerkennung der DDR und der Oder-Neiße-Grenze durch die Bundesrepublik.

Mit der »Note zur Abrüstung und Sicherung des Friedens« vom 25. März 1966 versuchte die Bundesregierung, ihre Ostpolitik in die einsetzende Entspannungspolitik der westlichen Verbündeten einzugliedern. Die Note drückte die Bereitschaft der Bundesregierung zur Mitarbeit in allen Abrüstungs- und Entspannungsbemühungen aus, betonte den Willen zur

Verbesserung der Beziehungen mit »den Staaten und Völkern Osteuropas« und schlug Gewaltverzichtserklärungen mit den Regierungen der Sowjetunion, Polens und der Tschechoslowakei vor. Sie erwähnte die DDR jedoch mit keinem Wort und behielt die Regelung der Oder-Neiße-Grenze einem künftigen gesamtdeutschen Friedensvertrag vor.[3])
Ende der 60er Jahre lief die Bundesrepublik Gefahr, vom »Entspannungswettlauf« der Westmächte nach Moskau[4]) überholt und politisch isoliert zu werden. Im Dezember 1967 billigte der NATO-Ministerrat den sog. »Harmel-Bericht«, in dem festgestellt wurde: »Militärische Sicherheit und eine Politik der Entspannung stellen keinen Widerspruch, sondern eine gegenseitige Ergänzung dar. Die kollektive Verteidigung ist ein stabilisierender Faktor in der Weltpolitik. Sie bildet die notwendige Voraussetzung für eine wirksame, auf größere Entspannung gerichtete Politik.« Nicht zuletzt um die finanziellen Lasten für die militärische Verteidigung zu verringern, waren die NATO-Partner bereit, »Maßnahmen zur Abrüstung und praktischen Rüstungskontrolle einschließlich der Möglichkeit ausgewogener Truppenverminderungen« zu prüfen.[5])
Auf der Ministertagung in Reykjavik bekräftigten und präzisierten die NATO-Staaten im Juni 1968 ihre Bereitschaft, »mit anderen interessierten Staaten konkrete und praktische Schritte im Bereich der Rüstungskontrolle zu erkunden«, und schlugen einen beiderseitigen ausgewogenen Truppenabbau in Europa vor.[6])
Dieses »Signal von Reykjavik« war eine Antwort auf die vom Warschauer Pakt angebotenen Verhandlungen über europäische Sicherheit. In der Deklaration von Bukarest hatten die Staaten des Warschauer Paktes im Juli 1966 als »Maßnahmen zur Festigung der Sicherheit in Europa« u. a. die »Entwicklung gutnachbarlicher Beziehungen auf der Grundlage des Prinzips der Unabhängigkeit und der nationalen Souveränität, der Gleichberechtigung, der Nichteinmischung in die inneren Angelegenheiten«, die gleichzeitige Auflösung der bestehenden Militärbündnisse, Verminderung der Streitkräfte beider deutscher Staaten und die »Anerkennung der real bestehenden Grenzen zwischen den europäischen Staaten, darunter der polnischen Grenze an Oder und Neiße und der Grenze zwischen den beiden deutschen Staaten« vorgeschlagen. Auch die Karlsbader Erklärung, die am 26. April 1967 zum Abschluß einer Konferenz der kommunistischen und Arbeiterparteien Europas verabschiedet worden war, forderte die Anerkennung des territorialen Status quo als wesentliche Voraussetzung für die Sicherheit Europas.[7])
Mit dem Gegenvorschlag einer beiderseitigen Streitkräfteverminderung wollte die NATO den Ost-West-Dialog über Entspannung in Europa von der politischen auf die militärische Seite verlagern. Um den Anschluß an den einsetzenden West-Ost-Dialog nicht zu verlieren, versuchte die

Regierung der Großen Koalition, sich von den »angesammelten juristischen Fiktionen und bürokratischen Hindernissen«[8]) freizumachen und eine grundsätzlich neue Deutschland- und Ostpolitik zu entwickeln. Sie war nunmehr bereit, im Interesse der Menschen in der DDR nicht lediglich mit untergeordneten Stellen, sondern mit politischen Repräsentanten der DDR zu verhandeln. Sie verzichtete darauf, die DDR politisch isolieren zu wollen, verweigerte ihr aber weiterhin die völkerrechtliche Anerkennung. Vor allem die CDU war nicht bereit, auf den Anspruch Bonns, die allein legitimierte Vertretung des deutschen Volkes zu sein, und auf den Grundsatz, daß die deutschen Grenzen mit Polen erst in einem (gesamtdeutschen) Friedensvertrag festgelegt werden könnten, zu verzichten. Dagegen erklärte Außenminister Willy Brandt auf dem Nürnberger Parteitag der SPD 1968, die Bundesregierung müsse ihren Willen deutlich machen, »die bestehenden Grenzen in Europa, insbesondere die gegenwärtige polnische Westgrenze, zu respektieren und anzuerkennen«.[9])

Die Gegner der Entspannungspolitik fühlten sich in ihrem Mißtrauen gegen die Verhandlungsangebote des Warschauer Pakts bestätigt, die Befürworter des Entspannungskonzepts erlebten eine Enttäuschung, als die Sowjetunion und ihre Verbündeten am 21. August 1968 in die Tschechoslowakei einmarschierten und damit den Prager Versuch, einen »Sozialismus mit menschlichen Zügen« zu verwirklichen, zerschlugen. Diese militärische Intervention und die am 12. November 1968 verkündete Breschnew-Doktrin, die die kommunistischen Staaten zu »militärischer Hilfe für ein Bruderland« verpflichtete, wenn der Sozialismus in diesem Land gefährdet schien, zeigten, daß die Sowjetunion entschlossen war, ihre Vormachtstellung in Osteuropa mit allen Mitteln zu behaupten und einen »Wandel durch Annäherung« nicht zuzulassen.

Andererseits hatten die Prager Ereignisse auch eine positive Rückwirkung auf die Entspannungspolitik: Die Sowjetunion hatte ihren Interessen- und Einflußbereich handgreiflich wiederhergestellt und gefestigt und war auf dieser Basis nun zu Verhandlungen mit dem Westen bereit. Das sowjetische Interesse an einer Entspannung in Europa wuchs, als am 2. März 1969 chinesische und sowjetische Truppen am Grenzfluß Ussuri aufeinanderstießen. Im »Budapester Appell« der Staaten des Warschauer Pakts vom 17. März 1969 fehlten die sonst üblichen Angriffe auf die USA und die Bundesrepublik. Statt der Endgültigkeit und Unwiderruflichkeit wurde lediglich die Unantastbarkeit der bestehenden Grenzen in Europa als Hauptvoraussetzung für die Sicherheit in Europa gefordert und im übrigen nicht mehr wie in Bukarest die Anerkennung der Tatsache, »daß zwei deutsche Staaten bestehen«, sondern die Anerkennung der »Existenz der DDR« verlangt.[10])

Auf westlicher Seite trug neben dem wirtschaftlichen Interesse an einer Verringerung der finanziellen Lasten für die Rüstung, wie es der Harmel-Bericht hatte erkennen lassen, vor allem der Präsidentenwechsel in den USA im Januar 1969 zum Durchbruch der Entspannungspolitik bei. Der neue Präsident Richard Nixon und sein Sicherheitsberater Henry Kissinger wollten den Vietnam-Krieg beenden, die Beziehungen der USA zur Sowjetunion und zu China gleichermaßen verbessern und das weltpolitische Überengagement der USA verringern. Voraussetzung dafür war eine neue Lastenverteilung unter den Verbündeten der westlichen Allianz und eine weltweite Entspannungspolitik.
Auf beiden Gebieten fiel der Bundesrepublik Deutschland eine wichtige Rolle zu: Als ökonomisch stärkster und als strategisch besonders exponierter Partner war sie in hohem Maße geeignet und verpflichtet, neue Lasten im Rahmen der NATO zu übernehmen; durch Entgegenkommen in der deutschen Frage konnte sie eins der größten Hindernisse auf dem Weg zur Entspannung beseitigen. Die neue sozialliberale Regierung war bereit, ihren Beitrag zur Entspannungspolitik durch Anerkennung des territorialen Status quo in Europa zu leisten, wenn dafür die Existenz und die Lebensfähigkeit West-Berlins und seine Verbindungen zur Bundesrepublik garantiert würden.
Ihr erster Beitrag zur Entspannungspolitik war die Unterzeichnung des Vertrages über die Nichtverbreitung von Kernwaffen im November 1969. Dieser Vertrag, der am 1. Juli 1968 zwischen den USA, der Sowjetunion und Großbritannien geschlossen worden war, verbot die Weitergabe von Kernwaffen an Nichtkernwaffenbesitzer. Indem die Bundesregierung den Vertrag unterzeichnete, verzichtete sie freiwillig auf Atomwaffen und ging das Risiko einer Diskriminierung oder Deklassierung gegenüber den Atommächten ein. Andererseits räumte der Beitritt zum Nichtverbreitungsvertrag bei den osteuropäischen Staaten Vorbehalte gegen die Bundesrepublik aus.[11])
Im November 1969 begannen die ersten Vorgespräche zur Begrenzung strategischer Rüstungen (Strategic Arms Limitation Talks = SALT) zwischen den USA und der Sowjetunion in Helsinki. Zur gleichen Zeit kam auch Bewegung in die deutsche Ostpolitik. Am 12. September 1969 beantwortete die sowjetische Regierung eine Bonner Initiative zu Gewaltverzichtsverhandlungen mit einer Einladung zu Verhandlungen nach Moskau.
Die Motive der sowjetischen Seite für ein Abkommen mit der Bundesrepublik sind nicht einfach zu bestimmen. Ein Motiv war sicherlich die Absicht, sich angesichts des Konflikts mit China im Westen von einem Konfliktstoff zu befreien. Ein anderes, offen ausgesprochenes Motiv war das Interesse an einer engeren wirtschaftlichen Zusammenarbeit mit der

Bundesrepublik, für die die politischen Grundlagen gelegt werden mußten. In diesem Motiv kamen sich die Interessen der beiden Vertragspartner entgegen. Ein weiteres Motiv kann schließlich gewesen sein, durch eine konzessionsbereite Politik die Bundesregierung von ihrer prowestlichen Orientierung abzubringen und sie zu einer mehr neutralistischen Position in Europa zu veranlassen.

Die Bundesregierung verfolgte in der Deutschland- und Ostpolitik ein Bündel von Interessen, das sich in folgende Stränge zerlegen läßt:

1. Sie war bereit, die staatliche Existenz der DDR anzuerkennen und mit ihrer Regierung gleichberechtigt zu verhandeln und Verträge zu schließen, um »über ein geregeltes Nebeneinander zu einem Miteinander zu kommen«. Sie wollte die DDR aber nicht völkerrechtlich anerkennen, da »die beiden deutschen Staaten füreinander nicht Ausland« sein könnten, sondern »Beziehungen besonderer Art« unterhalten müßten. Diese Formel schloß aber nicht aus, daß andere Staaten, vor allem die Westmächte, die DDR völkerrechtlich anerkannten.

2. Vor Anerkennung der DDR aber mußten die westliche Präsenz in West-Berlin, die freie Benutzung der Zufahrtswege und die Bindungen West-Berlins an die Bundesrepublik sowohl von der Sowjetunion als auch von der DDR für die Zukunft als verbindlich anerkannt werden, damit nicht die als souverän anerkannte DDR versuchen konnte, diese Rechte einseitig zu annullieren. Ein Abkommen über Berlin aber konnten nur die vier Siegermächte von 1945 abschließen.

3. Die Bundesregierung war bereit, die Oder-Neiße-Grenze als polnische Westgrenze »zu respektieren und anzuerkennen« – wenn auch vorbehaltlich einer endgültigen Regelung in einem gesamtdeutschen Friedensvertrag.

4. Sie war weiterhin bereit, die sowjetische Forderung nach Anerkennung der Grenzen in Europa – also insbesondere derjenigen der DDR, Polens, aber auch der ČSSR – und nach Gewaltverzicht zu erfüllen, solange diese Forderungen Gegenstand und nicht Vorbedingungen der Verhandlungen zwischen beiden Regierungen waren und die Sowjetunion ihrerseits bereit war, mit den Westmächten über Berlin zu verhandeln.

5. Im Verhältnis zur Tschechoslowakei war die Bundesregierung bereit, das Münchner Abkommen von 1938 als ungültig zu betrachten, jedoch nicht »als von Anfang an« für null und nichtig zu erklären, wie die tschechoslowakische Seite es wünschte, weil sich daraus negative Rechtsfolgen für die Sudetendeutschen ergeben hätten.

Ganz offensichtlich war der Vertrag mit der Sowjetunion der Knotenpunkt in diesem Geflecht. Denn ohne eine Einigung mit Moskau über Gewaltverzicht und Anerkennung der Grenzen würde auch den Verhandlungen mit Ost-Berlin und Warschau kein Erfolg beschieden sein.

Umgekehrt erforderte der Vertrag mit Moskau schon Festlegungen im Hinblick auf die polnische Westgrenze und die Anerkennung der DDR, die wiederum nicht vor Abschluß einer Viermächte-Einigung über West-Berlin ausgesprochen werden durfte. Andererseits würde die Sowjetunion solange nicht zu Abmachungen über West-Berlin bereit sein, als die westdeutsche und internationale Anerkennung der DDR nicht gesichert war. Denn nach dem Willen der Sowjetunion und der DDR sollte die DDR schon als gleichberechtigter und allseits völkerrechtlich anerkannter Staat an der geplanten Europäischen Sicherheitskonferenz teilnehmen. Das war auch im Interesse der Bundesrepublik und der Westmächte notwendig, wenn die Konferenz einen Sinn haben sollte.

Diese komplizierten Zusammenhänge machten es notwendig, in die folgenden Verhandlungen und Abmachungen immer wieder »Junktims« und Absichtserklärungen einzubauen und die verschiedenen Verhandlungen so zu koordinieren, daß eine bestimmte Reihenfolge eingehalten und der inhaltliche Zusammenhalt des Vertragspakets gewahrt blieb.

2. Die Verhandlungen mit der Sowjetunion – der Moskauer Vertrag

Die deutsch-sowjetischen Verhandlungen wurden am 8. Dezember 1969 eingeleitet durch ein Gespräch zwischen dem sowjetischen Außenminister Gromyko und dem deutschen Botschafter Allardt in Moskau. Dabei ging es um die beiderseitige Anerkennung der bestehenden Grenzen in Europa und den Gewaltverzicht. Die Bundesregierung war bereit, die *Unverletzlichkeit* der bestehenden Grenzen in Europa, nicht aber ihre *Endgültigkeit* anzuerkennen. Sie machte außerdem einen Unterschied zwischen der völkerrechtlichen Verbindlichkeit von Abmachungen mit der DDR, die sie akzeptieren wollte, und der völkerrechtlichen Anerkennung der DDR durch die Bundesrepublik Deutschland, die sie ablehnte.

Die Verhandlungen wurden ab Januar 1970 von Brandts engstem Mitarbeiter, dem Staatssekretär im Bundeskanzleramt, Egon Bahr, in Moskau weitergeführt. Das Ergebnis von drei Gesprächsrunden im Januar/Februar, im März und im Mai 1970 wurde in einer vertraulichen Vorvereinbarung festgehalten, die in zehn Punkten schon wesentliche Teile des späteren Vertrags und die Absichtserklärungen außerhalb des Vertrags festhielt. Dieses als »Bahr-Papier«[12]) bekannt gewordene

Schriftstück enthielt einmal die Verpflichtung beider Seiten, »sich in Fragen, die die europäische Sicherheit berühren, sowie in ihren bilateralen Beziehungen gemäß Artikel 2 der Satzung der Vereinten Nationen der Drohung mit Gewalt oder der Anwendung von Gewalt zu enthalten«. Es folgte die weitere Verpflichtung, »die territoriale Integrität aller Staaten in Europa in ihren heutigen Grenzen uneingeschränkt zu achten«, wobei für die deutsche Seite die anschließende Konkretisierung von besonderer Bedeutung war: »Sie betrachten heute und künftig die Grenzen aller Staaten in Europa als unverletzlich, wie sie am Tage der Unterzeichnung dieses Abkommens verlaufen, einschließlich der Oder-Neiße-Linie, die die Westgrenze der Volksrepublik Polen bildet, und der Grenze zwischen der BRD und DDR«. Schließlich folgte die Versicherung, »daß sie keine Gebietsansprüche gegen irgend jemanden haben und solche auch in Zukunft nicht erheben werden«.
Im zweiten Teil des Bahr-Papiers erklärte die Bundesregierung ihre Absicht, entsprechende Verträge mit Polen, der ČSSR und der DDR zu schließen. Diese Verträge sollten mit dem Moskauer Vertrag ein einheitliches Ganzes bilden. Von völkerrechtlicher Anerkennung der DDR war in diesem Zusammenhang nicht mehr die Rede, aber die Bundesregierung erklärte ihre Bereitschaft, mit der DDR ein Abkommen zu schließen, »das die zwischen Staaten übliche gleiche verbindliche Kraft haben wird wie andere Abkommen, die die Bundesrepublik Deutschland und die Deutsche Demokratische Republik mit dritten Ländern schließen«. Außerdem erklärte die Bundesregierung ihre Absicht, sich für die Aufnahme beider deutscher Staaten in die UNO einzusetzen, was bedeutete, daß sie die Anerkennung der DDR durch ihre westlichen Verbündeten »freigeben« würde, sobald die deutsch-deutschen Beziehungen geregelt wären. Schließlich erklärten beide Seiten ihre grundsätzliche Unterstützung für eine Europäische Sicherheitskonferenz.
Durch gezielte Indiskretion wurde das Bahr-Papier im Juni 1970 veröffentlicht. Aus dem vertraulichen Arbeitspapier war damit ein quasi offizielles Dokument geworden, das beide Seiten öffentlich festlegte und weitere Zugeständnisse etwa der sowjetischen Seite praktisch unmöglich machte. In der Bundesrepublik führte das Bahr-Papier zu heftigen Kontroversen in der Öffentlichkeit. Von »Verzichtspolitikern« und »Ausverkauf der deutschen Interessen« war die Rede, obwohl die Bundesregierung in dem Papier auf nichts verzichtete, was ihr gehörte. Aber die Anerkennung der DDR als gleichberechtigter deutscher Staat und der Verzicht auf Gebietsforderungen im Osten erschienen in den Augen der CDU/CSU-Opposition und in Teilen der bundesdeutschen Presse als einseitige Vorleistungen, denen keine sowjetischen Gegenleistungen gegenüberstanden.

In der Tat waren die erstrebte Intensivierung der innerdeutschen Kontakte und die Absicherung der Verbindungen zwischen der Bundesrepublik und West-Berlin nicht Gegenstand dieses Vertrages, sondern sollten Inhalt der noch zu treffenden Abmachungen mit der DDR und des Viermächte-Abkommens über Berlin sein. Mit den Treffen zwischen Bundeskanzler Brandt und Ministerpräsident Stoph in Erfurt (19. 3. 70) und Kassel (21. 5. 70)[13]) hatten die deutsch-deutschen Gespräche zwar eingesetzt, aber vorläufig war eine »Denkpause« eingelegt worden, bis der Vertrag mit Moskau unter Dach und Fach wäre. Die Viermächte-Gespräche über Berlin hatten erst im März begonnen und steckten noch in den Anfängen. Daher erklärte die Bundesregierung in ihren Richtlinien für die offiziellen Vertragsverhandlungen mit der Sowjetunion am 7. Juni, daß ohne eine Sicherung der engen Verbindungen zwischen der Bundesrepublik und West-Berlin und des ungehinderten Zugangs nach West-Berlin der Gewaltverzichtsvertrag mit Moskau nicht in Kraft treten könne.

Als Außenminister Scheel zusammen mit Bahr Ende Juli 1970 zu den abschließenden Verhandlungen nach Moskau fuhr, teilte er der Sowjetregierung formell mit, daß der Moskauer Vertrag nicht eher vom Bundestag ratifiziert werden würde, als bis ein befriedigendes Ergebnis der Berlin-Verhandlungen erreicht sei. Außerdem überreichte er der sowjetischen Regierung einen »Brief zur deutschen Einheit»[14]), in dem die Bundesregierung feststellte, *»daß dieser Vertrag nicht im Widerspruch zu dem politischen Ziel der Bundesrepublik Deutschland steht, auf einen Zustand des Friedens in Europa hinzuwirken, in dem das deutsche Volk in freier Selbstbestimmung seine Einheit wiedererlangt«.*

Unter diesen Voraussetzungen wurde der Moskauer Vertrag am 7. August von den Außenministern Scheel und Gromyko paraphiert und am 12. August von Bundeskanzler Brandt und Ministerpräsident Kossygin zusammen mit den Außenministern und in Anwesenheit des Generalsekretärs Breschnew unterzeichnet.

Der Vertrag[15]) selbst entsprach in wesentlichen Teilen dem Bahr-Papier. Hinzugekommen war ein Hinweis auf den Briefwechsel Adenauer/Bulganin anläßlich des deutsch-sowjetischen Abkommens vom 13. September 1955, in dem die Hoffnung auf eine Lösung »des gesamten nationalen Hauptproblems des deutschen Volkes – die Wiederherstellung der Einheit eines deutschen demokratischen Staates« ausgesprochen wird. Dieser Hinweis war für die deutsche Seite ebenso wichtig wie der von der sowjetischen Regierung akzeptierte »Brief zur deutschen Einheit«, weil er die Wiedervereinigungsfrage offenhielt. Ein ähnliches Ziel verfolgte der mit zum Vertragswerk gehörende Notenwechsel zwischen der Bundesregierung und den Westmächten. Denn hier versicherte die

Bundesregierung und akzeptierten die Westmächte, daß nach Ansicht beider Vertragspartner, also auch der Sowjetunion, die Frage der Rechte und Verantwortlichkeiten der vier Mächte in bezug auf Deutschland als Ganzes und auf Berlin durch den Moskauer Vertrag nicht berührt würde.

3. Die Verhandlungen mit Polen – der Warschauer Vertrag

Die Verhandlungen über eine deutsch-polnischen Vertrag, die am 5. Februar 1970 mit einem Besuch von Staatssekretär Duckwitz in Warschau eröffnet wurden, kreisten um drei wichtige Probleme: die Anerkennung der Oder-Neiße-Grenze durch die Bundesrepublik, die Aussiedlung von Deutschen und Deutschstämmigen aus Polen und Fragen der wirtschaftlichen Beziehungen.
Die bisherige Haltung Bonns zur Oder-Neiße-Grenze hatte darauf abgezielt, da eine Revision angesichts der realpolitischen Lage offenkundig unmöglich war, wenigstens den provisorischen Charakter dieser Grenze bis zum Abschluß eines (gesamtdeutschen) Friedensvertrages zu wahren. Dagegen verlangte Polen eine förmliche Anerkennung der Oder-Neiße-Grenze als polnische Westgrenze für jetzt und alle Zukunft. Für die Bundesrepublik war die Vertreibung der Deutschen aus Ostpreußen, Pommern und Schlesien Unrecht, nach polnischer Auffassung war es eine geordnete, durch das Potsdamer Abkommen gedeckte Umsiedlung.
Aus dieser mehr moralischen Streitfrage ergaben sich unterschiedliche Auffassungen über die Rechtsstellung der in Polen zurückgebliebenen Deutschen und ihrer Nachkommen. Nach Ansicht westdeutscher Völkerrechtler handelte es sich um eine nationale Minderheit, der es erlaubt sein müßte, zwischen der Aussiedlung – entweder in die Bundesrepublik oder in die DDR – und dem Verbleiben in Polen zu wählen. Die polnische Regierung aber sah in diesen Deutschen polnische Staatsbürger, deren Ausreise sie erlauben oder verbieten konnte, deren Abwanderung jedenfalls der polnischen Volkswirtschaft wertvolle Arbeitskräfte entzogen hätte.
Mit dem Problem der Familienzusammenführung und Umsiedlung waren die wirtschaftlichen Fragen verknüpft. Die polnische Regierung hatte 1953 auf Reparationen aus der Bundesrepublik verzichtet, verlangte aber weiterhin Wiedergutmachungen für Verbrechen gegen die Menschlichkeit, wie sie z. B. in deutschen Konzentrationslagern an Polen

begangen worden waren. Die Bundesregierung bestritt diese Forderungen nicht grundsätzlich, aber sie stellte sich auf den Standpunkt, daß sie 1. Wiedergutmachungen allenfalls zusammen mit der DDR leisten würde, 2. dies nur in ganz engem Rahmen, z. B. an die Opfer sogenannter medizinischer Versuche, und 3. nur als unmittelbare Zahlungen an die Betroffenen und nicht an den polnischen Staat. Schließlich wurde darauf verwiesen, daß Polen mit den Gebieten jenseits von Oder und Neiße schon genügend Kompensationen für die im Kriege erlittenen Verluste erhalten habe. Wirtschaftliche Zusammenarbeit sei daher nicht als quasi Kriegsfolgentilgung aufgrund einseitiger deutscher Zugeständnisse denkbar, sondern lediglich auf der üblichen kommerziellen Basis.
Ein letzter Streitpunkt betraf die Aufnahme diplomatischer Beziehungen. Die Bundesregierung wollte sie möglichst bald beginnen, um die noch offenen Fragen im deutsch-polnischen Verhältnis zu regeln. Nach polnischer Auffassung sollten die diplomatischen Beziehungen erst nach einer gewissen Normalisierung des Verhältnisses zwischen beiden Staaten – worunter in erster Linie die Anerkennung der Oder-Neiße-Grenze verstanden wurde – aufgenommen werden.
Trotz dieses Knäuels von Problemen verliefen die Vorgespräche, die Staatssekretär Duckwitz und der stellvertretende polnische Außenminister Winiewicz seit April – also parallel zu Bahrs letzter Verhandlungsrunde in Moskau – abwechselnd in Warschau und Bonn führten, relativ zügig. Nach abschließenden Verhandlungen zwischen den Außenministern Scheel und Jendrychowski wurde der Vertrag am 18. November 1970 in Warschau paraphiert und am 7. Dezember 1970 von Bundeskanzler Brandt, dem polnischen Ministerpräsidenten Cyrankiewicz und den beiden Außenministern ebenfalls in Warschau unterzeichnet.
Es war anläßlich dieses Besuches, daß Willy Brandt vor dem Denkmal für die Gefallenen des Aufstandes im Warschauer Ghetto niederkniete – eine Geste, die in den Augen der polnischen und auch der deutschen Öffentlichkeit vermutlich mehr aussagte über die historisch-politischen Besonderheiten des deutsch-polnischen Verhältnisses als der Vertrag selbst.
Der »Vertrag zwischen der Bundesrepublik Deutschland und der Volksrepublik Polen über die Grundlagen der Normalisierung ihrer gegenseitigen Beziehungen«[16]) stellt in Artikel I fest, daß die im Potsdamer Abkommen 1945 gezogene Oder-Neiße-Linie »die westliche Staatsgrenze der Volksrepublik Polen« ist, und wiederholt die Moskauer Formel von der »Unverletzlichkeit« (aber nicht »Endgültigkeit«) dieser Grenze und den Verzicht auf territoriale Ansprüche. Artikel II enthält wie der Moskauer Vertrag den Gewaltverzicht. Artikel III geht auf die diplomatischen und »sonstigen Beziehungen« ein. Hier hatte sich die

polnische Auffassung durchgesetzt, wonach mit der Aufnahme diplomatischer Beziehungen noch bis zu einer weiteren Normalisierung des beiderseitigen Verhältnisses, also mindestens bis zur Ratifizierung des Vertrages, gewartet werden sollte.

Hinsichtlich der Familienzusammenführung und der Umsiedlung von Deutschen aus Polen sowie der wirtschaftlichen Fragen enthielt der Vertrag keine präzisen Aussagen. Für die polnische Regierung lag der Sinn des Vertrages in der Anerkennung der polnischen Westgrenze durch die Bundesrepublik. Die von deutscher Seite gewünschte Ausreiseregelung gehörte nach ihrer Auffassung schon in den Normalisierungsprozeß, der durch den Vertrag erst eingeleitet werden sollte. Immerhin übergab sie aber im Zusammenhang mit der Paraphierung des Vertrages der Bundesregierung eine »öffentlich verwertbare Information« über die geplanten Maßnahmen zur Familienzusammenführung und Umsiedlung von Deutschstämmigen. In dieser »Information« wandte sich die polnische Regierung einerseits dagegen, »daß ihre positive Haltung in der Frage der Familienzusammenführung für eine Emigration zu Erwerbszwecken von Personen polnischer Nationalität ausgenutzt wird«, beschränkte andererseits aber die Aussiedlung von Deutschen nicht auf die Familienzusammenführung, sondern stellte fest, *»daß Personen, die auf Grund ihrer unbestreitbaren deutschen Volkszugehörigkeit in einen der beiden deutschen Staaten auszureisen wünschen, dies unter Beachtung der in Polen geltenden Gesetze und Rechtsvorschriften tun können«.*[17])

Die letzte Klausel sorgte dafür, daß die polnische Regierung die Umsiedlung in wirtschaftlich erträglichen Grenzen halten konnte. Außerdem machte die »Information« deutlich, daß die polnische Seite ganz andere Vorstellungen vom zahlenmäßigen Umfang des infrage kommenden Personenkreises hatte als die deutsche. Während das Deutsche Rote Kreuz von ca. 300 000 Ausreisewilligen in Polen ausging, sprach die polnische »Information« von »einigen zehntausend Personen«. Auch wenn in weiteren vertraulichen Erläuterungen die polnische Delegation versicherte, daß man die Umsiedlungsaktion flexibel handhaben werde und die westdeutsche Botschaft an der Prüfung von Einzelfällen beteiligen würde, so blieb doch die Umsiedlungsfrage das zentrale Problem der deutsch-polnischen Beziehungen nach Unterzeichnung des Warschauer Vertrages, während sich die wirtschaftlichen Beziehungen ganz geschäftsmäßig entwickelten.

Wie beim Moskauer Vertrag machte auch beim Warschauer Vertrag die Bundesregierung durch einen Notenwechsel mit den Westmächten ihre Position aktenkundig, wonach dieser Vertrag die Rechte und Verantwortlichkeiten der vier Mächte für Deutschland als Ganzes und Berlin »nicht berührt und nicht berühren kann«.

4. Die erste Phase der Verhandlungen mit der DDR: Erfurt und Kassel

Mit der Anerkennung der DDR als Staat durch die Regierungserklärung Willy Brandts vom Oktober 1969 hatte die Bundesregierung zu erkennen gegeben, daß sie im Interesse einer Verbesserung der zwischenmenschlichen Beziehungen auch eine Annäherung im zwischenstaatlichen Bereich zwischen der Bundesrepublik und der DDR anstrebte. Die DDR antwortete im Dezember 1969: Der Staatsratsvorsitzende Ulbricht übersandte Bundespräsident Heinemann einen Vertragsentwurf über die Aufnahme gleichberechtigter Beziehungen zwischen den beiden deutschen Staaten. In ihrem Antwortschreiben an Ministerpräsident Stoph bot die Bundesregierung am 22. Januar 1970 – wie im Notenwechsel mit Moskau – Verhandlungen über einen Gewaltverzicht und Abkommen zur praktischen Zusammenarbeit an. In diesen Verhandlungen sollte dann ein breiter Meinungsaustausch, unter anderem auch über die Frage der gleichberechtigten Beziehungen zwischen den beiden deutschen Staaten, stattfinden.
Schon zu Beginn des deutsch-deutschen Dialogs wurde die Grundproblematik der Beziehungen deutlich: Die DDR-Regierung wollte von der Bundesrepublik völkerrechtlich anerkannt werden, ehe sie in Verhandlungen über ein Gewaltverzichtsabkommen und Abmachungen über praktische Zusammenarbeit etwa im Grenz- und Berlin-Verkehr einwilligte. Gerade dazu aber war die Bundesregierung nicht bereit. Für sie kam eine völkerrechtliche Anerkennung der DDR als Ausland weder als Vorbedingung für weitere Verhandlungen noch überhaupt in der von der DDR gewünschten Form infrage. Angesichts dieser Problematik, der innenpolitischen Brisanz, die der ganze Komplex hatte, und angesichts des Umstands, daß erst das Ergebnis der Verhandlungen mit Moskau abgewartet werden mußte, ist es nicht weiter erstaunlich, daß die ersten Kontakte zwischen Bundesrepublik und DDR nach Jahren des Schweigens eher die Form einer öffentlichen Auseinandersetzung als die echter Verhandlungen annahmen.
Zu Kontakten auf Regierungsebene kam es schließlich trotz der gegensätzlichen Ausgangspositionen, weil Brandt Gespräche ohne Vorbedingungen für die Tagesordnung anbot und weil die DDR-Regierung ihre Forderung nach diplomatischen Beziehungen als Vorbedingung für weitere Abmachungen einstweilen fallenließ und im Februar 1970 den Bundeskanzler zu Gesprächen nach Ost-Berlin einlud. Brandt akzeptierte. Wegen Meinungsverschiedenheiten über den Anreiseweg wurde Ost-Berlin als Treffpunkt wieder fallengelassen, und so fand das erste

Treffen zwischen den Regierungschefs der beiden deutschen Staaten am 19. März 1970 in Erfurt statt.[18])
Die hochgespannten Erwartungen, die dieses Treffen in der Bundesrepublik und in der DDR begleiteten, konnten die Gespräche nicht erfüllen. Die Regierungschefs einigten sich lediglich auf ein neues Treffen, das in Kassel stattfinden sollte. Die Bedeutung des Erfurter Treffens liegt vor allem darin, daß hier erstmals die Regierungschefs der beiden deutschen Staaten gleichberechtigt miteinander gesprochen hatten und damit die de facto Anerkennung der DDR durch die Bundesrepublik vollzogen war. Darüberhinaus hatten die Demonstrationen der Erfurter Bevölkerung für Willy Brandt anschaulich gezeigt, wie stark das Zusammengehörigkeitsgefühl der Deutschen in der DDR mit den Deutschen in der Bundesrepublik war, wie behutsam aber auch der deutsch-deutsche Dialog geführt werden mußte, wenn zwischenmenschliche Erleichterungen durch zwischenstaatliche Abmachungen gesichert werden sollten.
Die DDR-Führung jedenfalls reagierte auf die spontanen Demonstrationen in Erfurt und die allgemein aufflammenden Einheitshoffnungen in der DDR mit einer Pressekampagne gegen die »aggressiven Absichten« der Regierung Brandt und beharrte auf dem zweiten Treffen, das am 21. Mai 1970 in Kassel[19]) stattfand, auf ihrer Forderung nach diplomatischen Beziehungen als Voraussetzung für alles weitere. Dagegen hatte die Bundesregierung für Kassel ein Dokument von zwanzig Punkten ausgearbeitet, das die Einheit der deutschen Nation in den Vordergrund stellte, Zusammenarbeit mit der DDR auf verschiedenen Gebieten vorschlug und erst zum Schluß den Austausch von Vertretern zwischen den beiden deutschen Staaten und die Mitgliedschaft von BRD und DDR in internationalen Organisationen ansprach. Zu einer Verständigung konnte es unter diesen Umständen nicht kommen, und so waren beide Seiten einverstanden, eine »Denkpause« einzulegen, bis die Verhandlungen mit Moskau und die Viermächte-Gespräche über Berlin abgeschlossen wären und die Verhandlungsergebnisse in die deutsch-deutschen Gespräche einfließen könnten.

5. Die Viermächte-Verhandlungen über Berlin

Die Verhandlungen zwischen den Botschaftern der USA, Großbritanniens und Frankreichs in Bonn und dem sowjetischen Botschafter in Ost-Berlin als Vertreter der vier Siegermächte, die gemeinsam für Berlin zuständig sind, begannen am 26. März 1970 im Gebäude des ehemaligen alliierten Kontrollrats in West-Berlin. Wie in den Verhandlungen zwischen der Bundesrepublik und der DDR waren die Ausgangspositionen der Gesprächsteilnehmer kontrovers genug: Die Westmächte, die auf sie einwirkende Bundesregierung und der Senat von West-Berlin erwarteten von den Verhandlungen mit der Sowjetunion eine Verbesserung der Situation West-Berlins. Gesichert werden sollten vor allem die Zugangswege von der Bundesrepublik nach West-Berlin, der Besuch von Westberlinern in Ost-Berlin und die Anerkennung der »Bindungen« zwischen West-Berlin und der Bundesrepublik sowie das Recht der Bundesregierung, West-Berlin und seine Bürger nach außen zu vertreten. Im Grunde ging es darum, den Ist-Zustand, wie er sich seit 1945 durch verschiedene Berlin-Krisen hindurch entwickelt hatte, in einem Viermächte-Abkommen festzuschreiben und dafür auch die Zustimmung der DDR zu gewinnen, die de facto ja die Zugangswege nach West-Berlin und die Grenzübergänge zwischen dem Westteil und dem Ostteil der Stadt kontrollierte.

Die DDR aber konnte bei diesen Berlin-Verhandlungen selbst nichts gewinnen: ihre Souveränität über die Zugangswege nach West-Berlin würde eingeschränkt, die Position Bonns in West-Berlin würde gestärkt werden. Die DDR-Regierung und der mit ihr in Kontakt stehende sowjetische Botschafter hatten daher keinerlei Anlaß, sich auf ein solches Abkommen einzulassen, es sei denn, daß anders die internationale Anerkennung der DDR nicht zu erreichen war. Das Berlin-Abkommen zwischen den vier Mächten würde letztlich also der Preis sein, den DDR und Sowjetunion für das Moskauer Abkommen und den geplanten deutsch-deutschen Vertrag zahlen sollten.

Während des ganzen Jahres 1970, also auch nach Unterzeichnung des Moskauer Vertrags, kamen die Gespräche der vier Botschafter nicht von der Stelle, weil man sich nicht über eine Voraussetzung der Verhandlungen, den gegenwärtigen Status von Berlin, einigen konnte. Die Westmächte gingen davon aus, daß der in Potsdam 1945 festgelegte Status für *ganz* Berlin weiterhin bestand, die Sowjetunion wollte nur über West-Berlin sprechen und wenn möglich sogar einen Viermächte-Status nur für West-Berlin erreichen. Erst nachdem man sich darauf geeinigt hatte, die Status- und Rechtsfragen auszuklammern, machten die Verhandlungen Fortschritte: Am 5. Februar 1971 legten die Westmächte den Entwurf für ein Abkommen vor, am 26. März antworteten die Sowjets mit einem Gegenentwurf.

In der Präambel dieses Entwurfes ist zum ersten Mal weder von »Groß-Berlin« noch von »West-Berlin«, sondern nur noch von dem »betreffenden Gebiet« die Rede. Diese Formulierung ging später auch in das endgültige Abkommen ein. Andere Passagen des Entwurfs, durch die die Sowjetunion aus der Regelung des Zugangs nach West-Berlin herausgehalten und dieses Problem deutsch-deutschen Verhandlungen überlassen werden sollte, stießen bei den Botschaftern der Westmächte ebenso auf Ablehnung wie Versuche, die Bundespräsenz in West-Berlin erheblich einzuschränken.

Daß es schließlich zu einer Einigung kam, die der westlichen Position weitgehend Rechnung trug, ist nicht zuletzt auf die weltpolitische Entwicklung und die besondere Situation in der DDR und in der Sowjetunion im Sommer 1971 zurückzuführen. Am 3. Mai wurde Walter Ulbricht als Erster Sekretär des Zentralkomitees der SED von Erich Honecker abgelöst. Die neue DDR-Spitze schien sich weniger gegen Konzessionen in der Berlin-Frage zu sträuben als die alte. Mitte Juni kündigte US-Präsident Nixon seinen bevorstehenden Besuch in Peking an. Fortan war der Sowjetunion an einer Entspannung im Westen mehr gelegen als vorher.

Jedenfalls einigten sich die vier Botschafter bald über einen dreistufigen Aufbau der künftigen Berlin-Regelung: Grundlage sollte das Viermächte-Abkommen sein. Darauf aufbauen sollten Spezialvereinbarungen zwischen der Bundesregierung und dem Senat von West-Berlin einerseits, der DDR andererseits. Abgeschlossen werden sollte das Ganze durch ein Viermächte-Schlußprotokoll. Am 3. September 1971 wurde das eigentliche Viermächte-Abkommen unterzeichnet und das Schlußprotokoll paraphiert.

Das Abkommen[20]) besteht aus einer Präambel, zwei Teilen und vier Anlagen. Der erste Teil enthält »Allgemeine Bestimmungen« über die Friedenspflicht und den Gewaltverzicht der vier Mächte »in dem betreffenden Gebiet«. Darunter konnten die Sowjetunion West-Berlin, die Westmächte aber hauptsächlich West-Berlin, gelegentlich auch ganz Berlin verstehen. Teil II mit den »Bestimmungen, die die Westsektoren Berlins betreffen«, und vier dazu gehörige Anlagen machen den Kern des Viermächte-Abkommens aus:

Darin garantierte die Sowjetunion erstmals seit 1945 den unbehinderten Transitverkehr auf Straße, Schiene und Wasserweg zwischen der Bundesrepublik Deutschland und West-Berlin. Die Westmächte und die Bundesregierung hatten erreicht, daß nicht die DDR als Partner eines Transitabkommens mit den Westmächten auftrat, sondern daß die Sowjetunion ihre Rechte und Verantwortlichkeiten als Sieger- und Besatzungsmacht weiterhin anerkannte und damit die jahrelang von ihr bestrittene Viermächte-Verantwortung für Berlin bestätigte. Lediglich die Einzelheiten des Transitabkommens sollten Verhandlungen zwischen der Bundesrepublik und der DDR vorbehalten bleiben.

Die wichtigsten Punkte der Anlage I über den Transitverkehr nach West-Berlin bestimmten,

1. daß für die Beförderung von zivilen Gütern auf Straßen, Schienen- und Wasserwegen zwischen der Bundesrepublik und West-Berlin plombierte Fahrzeuge benutzt werden könnten und daß sich in diesen Fällen die Kontrolle auf die Prüfung der Plomben und der Begleitdokumente beschränken würde;

2. daß bei Fahrzeugen, die nicht verplombt werden können, in der Regel die Kontrolle auf die Begleitpapiere beschränkt bliebe, es sei denn, es bestünde ein »hinreichender Verdacht« auf »Mißbrauch« der Transitwege;

3. daß bei durchgehenden Zügen und Autobussen zwischen der Bundesrepublik und West-Berlin sich die Kontrolle auf die Identifizierung von Personen beschränken würde;

4. daß Einzelreisende, die die Transitwege benutzten, weder individuelle Gebühren bezahlen müßten noch durchsucht oder zurückgeschickt werden könnten, es sei denn, es bestünden *»hinreichende Verdachtsgründe (. . .), daß ein Mißbrauch der Transitwege für Zwecke beabsichtigt ist, die nicht mit der direkten Durchreise von und nach den West-Sektoren Berlins in Zusammenhang stehen und die den allgemein üblichen Vorschriften der öffentlichen Ordnung zuwiderlaufen«;*

5. daß als Kompensation für die entfallenden Gebühren und Abgaben sowie für die Instandhaltung der Transitwege die Bundesrepublik Deutschland der DDR jährlich eine Pauschalsumme zahlen würde.

Die Sowjetunion sicherte weiterhin zu, daß die »Kommunikationen« – worunter Besuchs- und Telefonverkehr, Wasser- und Energieversorgung etc. zu verstehen sind – zwischen West-Berlin einerseits, Ost-Berlin und der DDR andererseits verbessert werden sollten. Auch hier sollten die Einzelheiten durch Verhandlungen zwischen Vertretern der DDR und des Senats von (West-)Berlin geregelt werden.

Die Sowjetunion akzeptierte die Erklärung der drei Westmächte, *»daß die Bindungen zwischen den Westsektoren Berlins und der Bundesrepublik Deutschland aufrechterhalten und entwickelt werden, wobei sie berücksichtigen, daß diese Sektoren, sowie bisher, kein Bestandteil (konstitutiver Teil) der Bundesrepublik Deutschland sind und auch weiterhin nicht von ihr regiert werden«.*

Damit nahm die Sowjetunion (und die DDR) den existierenden Zustand, nämlich die faktische Einbeziehung West-Berlins in die Wirtschafts-, Gesellschafts- und Rechtsordnung der Bundesrepublik, hin. Als problematisch sollte sich freilich bald der Passus über die Entwicklung der »Bindungen« zwischen der Bundesrepublik und West-Berlin erweisen. Die DDR war von Anfang an bestrebt, den Begriff »Bindungen« (im offiziellen englischen Text des Abkommens »ties«, im französischen Text »liens« – eine allseits anerkannte offizielle deutsche Übersetzung existiert nicht) als »Verbindungen« im eingeschränkten Sinn von Kommunikationsmöglichkeiten (Straße, Wasserweg, Schiene, Telefon und Funk) zu interpretieren. Sie hat daher gegen jeden Versuch, die Bundespräsenz in West-Berlin zu verstärken, protestiert. Bei der Entwicklung der »Bindungen« zwischen der Bundesrepublik und West-Berlin geht daher die Bundesregierung trotz des Viermächte-Abkommens jeweils ein politisches Risiko ein.

Mit der Bestätigung der Westmächte, daß West-Berlin kein »konstitutiver Teil« der Bundesrepublik Deutschland sei, wurde einerseits klargestellt, daß West-Berlin kein Land der Bundesrepublik ist und daß Bundesgesetze nach wie vor nur mit alliierter Zustimmung und nach Übernahme durch das Berliner Abgeordnetenhaus für West-Berlin gelten können, andererseits wurde mit dieser Formulierung aber auch eine gewisse Zuordnung West-Berlins zur Bundesrepublik ausgesprochen, die der sowjetischen und der DDR-Formel von der »selbständigen politischen Einheit West-Berlin« widersprach.

Die Sowjetunion war einverstanden, daß die Interessen West-Berlins und seiner Bürger im Ausland von der Bundesrepublik vertreten werden und daß völkerrechtliche Vereinbarungen der Bundesrepublik auf West-Berlin ausgedehnt werden können, wenn dies ausdrücklich im Text erwähnt wird. Sie erhielt das Recht, in West-Berlin ein Generalkonsulat einzurichten, das bei den drei westlichen Stadtkommandanten akkreditiert werden sollte.

Das gleichzeitig mit dem Abkommen paraphierte Schlußprotokoll machte das Inkrafttreten des Abkommens abhängig von der Unterzeichnung deutsch-deutscher Spezialabmachungen über den Transitverkehr nach West-Berlin, über Besuchsregelungen für Westberliner in Ost-Berlin und in der DDR sowie über weitere Kommunikationen und den Gebietsaustausch zwischen West- und Ost-Berlin.

Verhandlungen über diese Problemkreise waren bereits Ende 1970 eingeleitet worden, als DDR-Ministerpräsident Stoph der Bundesregierung einen Meinungsaustausch über beide Seiten interessierende Fragen auch ohne vorherige völkerrechtliche Anerkennung der DDR vorgeschlagen hatte (29. Oktober 1970) und daraufhin am 27. November 1970 Gespräche zwischen dem Staatssekretär im Bundeskanzleramt, Egon Bahr, und dem DDR-Staatssekretär Michael Kohl in Ost-Berlin begonnen hatten. Diese Gespräche und das Angebot der DDR an den Westberliner Senat, über Passierscheinregelungen zu verhandeln (was die DDR jahrelang abgelehnt hatte) ließen allerdings bald erkennen, daß es der DDR primär darum ging, Transitabkommen und Besuchsregelung aus dem Viermächte-Abkommen heraus- und allein einer deusch-deutschen Regelung vorzubehalten. Da Bonn gerade das umgekehrte Ziel verfolgte, führten die Gespräche zu konkreten Abmachungen erst, nachdem das Viermächte-Abkommen unter Dach und Fach war.

Am 17. Dezember 1971 wurde das Transitabkommen zwischen der Bundesrepublik Deutschland und der DDR und am 20. Dezember 1971 das Besuchsabkommen zwischen der DDR und dem Senat von (West-) Berlin unterzeichnet. Das Transitabkommen[21]) wiederholte und präzisierte im wesentlichen die bereits im Berlin-Abkommen der vier Mächte getroffenen Regelungen. Seine entscheidende Aussage findet sich in Artikel 2.1, wo es heißt: *»Der Transitverkehr wird erleichtert werden und ohne Behinderung sein. Er wird in der einfachsten, schnellsten und günstigsten Weise erfolgen, wie es in der internationalen Praxis vorzufinden ist.«* Weitere Artikel regelten die Einzelheiten der Abfertigung und Kontrolle des Transitverkehrs, Artikel 16 stellte klar, daß »Mißbrauch der Transitwege« vorlag, *»wenn ein Transitreisender nach Inkrafttreten dieses Abkommens während der jeweiligen Benutzung der Transitwege rechtswidrig und schuldhaft gegen die allgemein üblichen Vorschriften der Deutschen Demokratischen Republik bezüglich der öffentlichen Ordnung verstößt, indem er*

a) Materialien verbreitet oder aufnimmt;
b) Personen aufnimmt;
c) die vorgesehenen Transitwege verläßt, ohne durch besondere Umstände, wie Unfall oder Krankheit, oder durch Erlaubnis der zuständigen Organe der Deutschen Demokratischen Republik dazu veranlaßt zu sein;
d) andere Straftaten begeht oder
e) durch Verletzung von Straßenverkehrsvorschriften Ordnungswidrigkeiten begeht.

Ein Mißbrauch liegt auch dann vor, wenn eine Person an der Mißbrauchshandlung eines Transitreisenden, die dieser nach Inkrafttreten dieses Abkommens während der jeweiligen Benutzung der Transitwege rechtswidrig und schuldhaft begeht oder begangen hat, als Mittäter, Anstifter oder Gehilfe teilnimmt.« Demnach konnte »Mißbrauch der Transitwege« nur während der Benutzung derselben möglich sein, nicht jedoch vor oder nach Antritt der Transitreise. Die Absicht beispielsweise, in West-Berlin gegen die Mauer zu demonstrieren, war demnach kein Mißbrauch der Transitwege und durfte daher nicht zur Zurückweisung des Transitreisenden durch DDR-Behörden führen.

Artikel 18 regelte die Pauschalierung bisher individuell erhobener Gebühren und Abgaben. Die Bundesrepublik verpflichtete sich, als Kompensation für Straßenbenutzungsgebühren, Steuerausgleichsabgabe,

Visagebühren und Lizenzausfälle von 1972 bis 1975 jährlich 235 Mill. DM zu zahlen. Danach sollte der Pauschalbetrag entsprechend dem Verkehrsaufkommen auf den Transitstrecken neu vereinbart werden.

Das Besuchsabkommen[22]) galt für alle Personen, die ihren ständigen Wohnsitz in West-Berlin hatten. Sie waren nunmehr berechtigt, einmal oder mehrfach bis zur Dauer von 30 Tagen in die DDR oder nach Ost-Berlin zu reisen, wobei die Gründe keine Rolle spielten. Westberliner waren damit besser gestellt als Westdeutsche und Ausländer. Gleichzeitig mit der Besucherregelung wurde eine Vereinbarung über den Austausch von Grenzgrundstücken und Enklaven abgeschlossen.

Bereits Ende September 1971 hatten die beiden deutschen Postministerien eine Vereinbarung[23]) über die Verbesserung des Post- und Telefonverkehrs getroffen, deren Berlin-Teil nun auch unter das Viermächte-Abkommen subsumiert und in das Schlußprotokoll mit aufgenommen wurde.

Insgesamt bedeuteten das Viermächte-Abkommen über Berlin und die dazu gehörenden deutsch-deutschen Abmachungen wichtige vertragliche Absicherungen der Lebensfähigkeit West-Berlins. Was die Sowjetunion und die DDR bisher stets bestritten hatten, die Bindungen West-Berlins an die Bundesrepublik und das Vertretungsrecht Bonns für West-Berlin und seine Bewohner, war nun von beiden anerkannt worden. Die Vereinbarungen über den Transit- und Besucherverkehr erleichterten die Verbindungen zwischen der Bundesrepublik und West-Berlin und zwischen dem West- und dem Ostteil der Stadt erheblich. Westdeutsche konnten ohne langwierige und lästige Kontrollen nach West-Berlin reisen, Westberliner endlich wieder den Ostteil der Stadt und die DDR besuchen. In der Praxis haben diese Regelungen des Berlin-Abkommens die geringsten Schwierigkeiten verursacht, wenn auch die DDR-Behörden gelegentlich Transitreisende mit politischen Begründungen abgewiesen haben. Konflikte und Spannungen erwuchsen eher aus den vagen Formelkompromissen über den Status von Berlin und die »Entwicklung der Bindungen« zwischen West-Berlin und der Bundesrepublik.

Vor der Unterzeichnung des Moskauer Vertrages hatte Außenminister Scheel die sowjetische Regierung darauf hingewiesen, daß die Bundesregierung den Vertrag erst dann dem Bundestag zur Ratifizierung vorlegen würde, wenn eine befriedigende Berlinregelung gefunden worden wäre. Am 27. September 1971 stellte die sowjetische Regierung ein »Gegenjunktim« her, als Außenminister Gromyko Scheel mitteilte, die Sowjetunion werde das Berlin-Abkommen erst in Kraft setzen, wenn der Bundestag die Verträge von Warschau und Moskau ratifiziert hätte.

Die Ratifizierung der Ostverträge aber schien im Frühjahr 1972 keineswegs gesichert, denn die sozialliberale Koalition hatte ihre Mehrheit im

Bundestag verloren, und die Opposition lehnte die Verträge in der vorliegenden Form ab. Ihr gingen die Zugeständnisse an die Sowjetunion und Polen zu weit. Hinzu kamen innenpolitische Überlegungen, wie sie der ehemalige Außenminister Schröder am 4. Februar 1972 in der »ZEIT« anstellte: *»Die derzeitige Politik dient nicht der Zusammenfassung und Fortentwicklung aller Kräfte im Innern, also einer nachhaltigen Stärkung der Bundesrepublik Deutschland, sondern eröffnet – sozusagen parallel zu den Verträgen – eine unheilvolle Linksverschiebung (. . .) So ist das ›Nein‹ zu den Verträgen nicht nur eine außenpolitische Aussage, sondern es unterstreicht auch eine notwendige innenpolitische Haltung.«*[24])
Angesichts dieser Konstellation versuchte die Opposition im April 1972, durch ein konstruktives Mißtrauensvotum den Kanzler zu stürzen. Das Mißtrauensvotum scheiterte an einer Stimme, die sozialliberale Regierung blieb weiter im Amt. Doch an den Mehrheitsverhältnissen für und wider die Ostverträge hatte sich dadurch nichts geändert. Die CDU/CSU-Opposition war gegen die Ostverträge, wollte andererseits aber auch nicht das Viermächte-Abkommen über Berlin durch eine Ablehnung der Ostverträge scheitern lassen. So versuchte Oppositionsführer Rainer Barzel, von der Sowjetunion »auslegende« Äußerungen zu den Verträgen zu erhalten, um damit seine Fraktion zur Zustimmung der Verträge zu bewegen.
Außerdem wurde zwischen Opposition und Koalition eine gemeinsame Erklärung[25]) ausgehandelt, in der es hieß: *»Die Verpflichtungen die die Bundesrepublik Deutschland in den Verträgen eingegangen ist, hat sie im eigenen Namen auf sich genommen. Dabei gehen die Verträge von den heute tatsächlich bestehenden Grenzen aus, deren einseitige Änderung sie ausschließen. Die Verträge nehmen eine friedensvertragliche Regelung für Deutschland nicht vorweg und schaffen keine Rechtsgrundlage für die heute bestehenden Grenzen.*
Das unveräußerliche Recht auf Selbstbestimmung wird durch die Verträge nicht berührt. Die Politik der Bundesrepublik Deutschland, die eine friedliche Wiederherstellung der nationalen Einheit im europäischen Rahmen anstrebt, steht nicht im Widerspruch zu den Verträgen, die die Lösung der deutschen Frage nicht präjudizieren. Mit der Forderung auf Verwirklichung des Selbstbestimmungsrechts erhebt die Bundesrepublik Deutschland keinen Gebiets- oder Grenzänderungsanspruch.
Der Deutsche Bundestag stellt fest, daß die fortdauernde und uneingeschränkte Geltung des Deutschlandvertrages und der mit ihm verbundenen Abmachungen und Erklärungen von 1954 sowie die Fortgeltung des zwischen der Bundesrepublik Deutschland und der Union der Sozialistischen Sowjetrepubliken am 13. September 1955 geschlossenen Abkommens von den Verträgen nicht berührt wird.

Die Rechte und Verantwortlichkeiten der Vier Mächte in bezug auf Deutschland als Ganzes und auf Berlin werden durch die Verträge nicht berührt. Der Deutsche Bundestag hält angesichts der Tatsache, daß die endgültige Regelung der deutschen Frage im Ganzen noch aussteht, den Fortbestand dieser Rechte und Verantwortlichkeiten für wesentlich.«
Diese Erklärung trug dazu bei, daß sich die Mehrheit der Unionsabgeordneten bei der Abstimmung über die Ostverträge am 17. Mai 1972 der Stimme enthielt und daß auch die CDU/CSU-Mehrheit im Bundesrat keinen Einspruch erhob.[26]) Mit der Ratifizierung war die von der sowjetischen Seite gestellte Bedingung für das Berlin-Abkommen erfüllt. Am 3. Juni 1972 trat das Viermächte-Abkommen über Berlin einschließlich der dazugehörenden deutsch-deutschen Zusatzvereinbarungen in Kraft.
Mit der Ratifizierung der Ostverträge und der Paraphierung des Verkehrsvertrags mit der DDR (s. unten S. 35) leistete die Bundesrepublik ihren Beitrag zur Entspannungspolitik, deren welt- und militärpolitischer Rahmen zur gleichen Zeit abgesteckt wurde durch das SALT-I-Abkommen zwischen den USA und der Sowjetunion. Am 26. Mai 1972 unterzeichneten US-Präsident Nixon und der sowjetische Generalsekretär Breschnew in Moskau einen Vertrag über die Begrenzung von balllistischen Raketenabwehrsystemen (ABM), ein Interimsabkommen zur Bregrenzung von strategischen Offensivwaffen und ein Protokoll dazu, das Einzelheiten über Umfang und Verfahren der Begrenzung von strategischen Offensivwaffen festlegte.[27]) Mit dem Interimsabkommen, das allerdings nur bis 1977 gelten sollte, wurde die Aufrüstung auf dem Gebiet der offensiven Trägerwaffensysteme (Interkontinentalraketen und Raketen auf U-Booten) zwar nicht verboten, aber auf den 1972 erreichten Stand begrenzt. Die unbefristete Begrenzung der Zahl der Raketenabwehrflugkörper (Raketen zur Vernichtung anfliegender Feindraketen vor Erreichung ihres Ziels) auf je 200 sollte einen Beitrag zur strategischen Stabilität zwischen den beiden Supermächten leisten und ihnen einen kostspieligen Rüstungswettlauf ersparen.
Weil das Interimsabkommen 1977 auslaufen sollte und SALT I eine qualitative Aufrüstung (etwa durch Ausstattung der zahlenmäßig begrenzten Interkontinentalraketen mit Mehrfachsprengköpfen) nicht ausschloß, waren Anschlußverhandlungen notwendig. Diese SALT-II-Verhandlungen begannen am 25. September 1973 in Genf und dauerten bis zum Sommer 1979.[28])

6. Verkehrsvertrag und Grundlagenvertrag mit der DDR

Das Transitabkommen zwischen der Bundesrepublik und der DDR und das Abkommen über die Regelung des Besuchsverkehrs zwischen der DDR und dem Senat von (West-) Berlin waren Spezialabkommen im Rahmen des Viermächte-Abkommens und Verträge zwischen den Regierungen, also keine Staatsverträge, die der Ratifizierung durch das Parlament bedurft hätten. Der erste selbständige, völkerrechtsverbindliche Staatsvertrag zwischen den beiden deutschen Staaten war der allgemeine Verkehrsvertrag.
Die Verhandlungen hierzu hatten auf der Grundlage der regelmäßigen Gespräche zwischen den Staatssekretären Bahr und Kohl über beide Seiten interessierende Fragen im Januar 1972 begonnen. Unter dem Druck und dem Eindruck der Auseinandersetzungen in der bundesdeutschen Öffentlichkeit über die Ratifizierung der Ostverträge kamen sie aber schnell voran. Am 12. Mai 1972 wurde der Vertrag von Kohl und Bahr paraphiert und sogleich veröffentlicht. Er lag also bei der Abstimmung über die Ostverträge am 17. Mai vor und hat das Abstimmungsverhalten zumindest einiger Abgeordneter beeinflußt. Unterzeichnet wurde der Vertrag am 26. Mai 1972, am gleichen Tag wie SALT I.
Der Vertrag[29]) regelt in erster Linie technische Einzelheiten des wechselseitigen Verkehrs. Seine politische Bedeutung liegt darin, daß er als Staatsvertrag die politische Gleichberechtigung der DDR mit der Bundesrepublik anerkannte und damit ihrer Position entgegenkam, wonach möglichst wenige Verbindungen der gemeinsamen staatlichen Vergangenheit überleben, sondern die Kontakte zwischen DDR und Bundesrepublik Deutschland allein durch zwischenstaatliche Vereinbarungen vökerrechtlich formalisiert werden sollten. Für die Bundesregierung wichtig waren dagegen die Reiseerleichterungen, die die DDR in einem zum Vertrag gehörenden Brief von Staatssekretär Kohl zusagte. Sie ermöglichten in erster Linie die mehrmalige Einreise von Bundesbürgern in die DDR zu Verwandtenbesuchen und zu kommerziellen, kulturellen, sportlichen, religiösen und touristischen Zwecken, wollten aber auch DDR-Bürgern »in dringenden Familienangelegenheiten« Reisen in die Bundesrepublik gestatten – allerdings ohne Gewährung von Ansprüchen.
War vor allem die Regelung der Ausreise von DDR-Bürgern noch unbefriedigend, so bedeuteten die Reiseerleichterungen doch einen großen Fortschritt gegenüber den früheren Bedingungen im innerdeutschen Reiseverkehr. Der Verkehrsvertrag wurde daher im Bundestag und im Bundesrat nicht nur mit den Stimmen der Regierungsparteien,

sondern auch mit Zustimmung der Opposition angenommen und am 17. Oktober 1972 in Kraft gesetzt.
Mit dem Verkehrsvertrag hatte die Bundesrepublik die Gleichberechtigung der DDR faktisch anerkannt. Was ihr noch fehlte, war die völkerrechtliche Anerkennung ihrer Souveränität und Eigenstaatlichkeit durch die Bundesrepublik mit allen Konsequenzen für die Grenzen, die Staatsangehörigkeit, die Wiedervereinigungspolitik und die Mitgliedschaft in internationalen Organisationen. Im Prinzip war die Bundesregierung zu dieser Anerkennung bereit. Für sie stand auch fest, daß sie eine Anerkennung der DDR durch neutrale Staaten, internationale Organisationen und schließlich ihre westlichen Verbündeten nicht mehr lange würde blockieren können. Worauf es ihr ankam, war die Sicherung von »besonderen Beziehungen« zwischen den beiden deutschen Staaten. Damit sollte einmal die Wiedervereinigung Deutschlands als Ziel- oder Wunschvorstellung gerettet werden, zum anderen an dem Konzept »Deutschland als Ganzes« festgehalten und die darauf basierende Verantwortlichkeit der vier Siegermächte für Berlin abgesichert werden.
Der Meinungsaustausch über einen »Grundvertrag«, der das Verhältnis der beiden deutschen Staaten zueinander regeln sollte, begann bald nach Unterzeichnung des Verkehrsvertrages am 15. Juni 1972. Am 16. August wurden die eigentlichen Verhandlungen – wieder zwischen Bahr und Kohl – eröffnet, am 8. November 1972 wurde der Vertrag in Bonn paraphiert und veröffentlicht. Nicht zufällig geriet er damit in die letzte Phase des Wahlkampfes zu den Bundestagswahlen vom 19. November 1972.
Die Vertragsgegner haben der Bundesregierung daher vorgeworfen, sie habe den »Grundlagenvertrag« übereilt und zu ungünstigen Bedingungen abgeschlossen, um noch vor den Wahlen vollendete Tatsachen zu schaffen. Es spricht aber einiges dafür, daß der Vertrag zu keinem günstigeren Zeitpunkt hätte unterzeichnet werden können. DDR und Sowjetunion hatten ein Interesse an einem Wahlsieg der sozialliberalen Koalition, die als entspannungsfreundlich galt. Beide sparten nicht mit Angriffen gegen die in ihren Augen entspannungsfeindliche CDU/CSU. Es ist daher anzunehmen, daß ein Vertrag, der unmittelbar vor der entscheidenden Wahl veröffentlicht wurde und der für die sozialliberale Koalition werben sollte, das Maximum der östlichen Zugeständnisse enthielt – mehr jedenfalls, als die DDR der sozialliberalen Koalition nach der Wiederwahl oder gar einer neugewählten CDU/CSU-Regierung gewährt hätte.
Der »Vertrag über die Grundlagen der Beziehungen zwischen der Bundesrepublik Deutschland und der Deutschen Demokratischen Republik«[30]) hatte folgenden Wortlaut:

»Die Hohen Vertragschließenden Seiten
eingedenk ihrer Verantwortung für die Erhaltung des Friedens,
in dem Bestreben, einen Beitrag zur Entspannung und Sicherheit in Europa zu leisten,
in dem Bewußtsein, daß die Unverletzlichkeit der Grenzen und die Achtung der territorialen Integrität und der Souveränität aller Staaten in Europa in ihren gegenwärtigen Grenzen eine grundlegende Bedingung für den Frieden sind,
in der Erkenntnis, daß sich daher die beiden deutschen Staaten in ihren Beziehungen der Androhung oder Anwendung von Gewalt zu enthalten haben, ausgehend von den historischen Gegebenheiten und unbeschadet der unterschiedlichen Auffassungen der Bundesrepublik Deutschland und der Deutschen Demokratischen Republik zu grundsätzlichen Fragen, darunter zur nationalen Frage,
geleitet von dem Wunsch, zum Wohle der Menschen in den beiden deutschen Staaten die Voraussetzungen für die Zusammenarbeit zwischen der Bundesrepublik Deutschland und der Deutschen Demokratischen Republik zu schaffen, sind wie folgt übereingekommen:

Artikel 1

Die Bundesrepublik Deutschland und die Deutsche Demokratische Republik entwickeln normale gutnachbarliche Beziehungen zueinander auf der Grundlage der Gleichberechtigung.

Artikel 2

Die Bundesrepublik Deutschland und die Deutsche Demokratische Republik werden sich von den Zielen und Prinzipien leiten lassen, die in der Charta der Vereinten Nationen niedergelegt sind, insbesondere der souveränen Gleichheit aller Staaten, der Achtung der Unabhängigkeit, Selbständigkeit und territorialen Integrität, dem Selbstbestimmungsrecht, der Wahrung der Menschenrechte und der Nichtdiskriminierung.

Artikel 3

Entsprechend der Charta der Vereinten Nationen werden die Bundesrepublik Deutschland und die Deutsche Demokratische Republik ihre Streitfragen ausschließlich mit friedlichen Mitteln lösen und sich der Drohung mit Gewalt oder der Anwendung von Gewalt enthalten.
Sie bekräftigen die Unverletzlichkeit der zwischen ihnen bestehenden Grenze jetzt und in der Zukunft und verpflichten sich zur uneingeschränkten Achtung ihrer territorialen Integrität.

Artikel 4

Die Bundesrepublik Deutschland und die Deutsche Demokratische Republik gehen davon aus, daß keiner der beiden Staaten den anderen international vertreten oder in seinem Namen handeln kann.

Artikel 5

Die Bundesrepublik Deutschland und die Deutsche Demokratische Republik werden friedliche Beziehungen zwischen den europäischen Staaten fördern und zur Sicherheit und Zusamenarbeit in Europa beitragen.

Sie unterstützen die Bemühungen um eine Verminderung der Streitkräfte und Rüstungen in Europa, ohne daß dadurch Nachteile für die Sicherheit der Beteiligten entstehen dürfen.

Die Bundesrepublik Deutschland und die Deutsche Demokratische Republik werden mit dem Ziel einer allgemeinen und vollständigen Abrüstung unter wirksamer internationaler Kontrolle der internationalen Sicherheit dienenden Bemühungen um Rüstungsbegrenzung und Abrüstung, insbesondere auf dem Gebiet der Kernwaffen und anderen Massenvernichtungswaffen, unterstützen.

Artikel 6

Die Bundesrepublik Deutschland und die Deutsche Demokratische Republik gehen von dem Grundsatz aus, daß die Hoheitsgewalt jedes der beiden Staaten sich auf sein Staatsgebiet beschränkt. Sie respektieren die Unabhängigkeit und Selbständigkeit jedes der beiden Staaten in seinen inneren und äußeren Angelegenheiten.

Artikel 7

Die Bundesrepublik Deutschland und die Deutsche Demokratische Republik erklären ihre Bereitschaft, im Zuge der Normalisierung ihrer Beziehungen praktische und humanitäre Fragen zu regeln. Sie werden Abkommen schließen, um auf der Grundlage dieses Vertrages und zum beiderseitigen Vorteil die Zusammenarbeit auf dem Gebiet der Wirtschaft, der Wissenschaft und Technik, des Verkehrs, des Rechtsverkehrs, des Post- und Fernmeldewesens, des Gesundheitswesens, der Kultur, des Sports, des Umweltschutzes und auf anderen Gebieten zu entwickeln und zu fördern. Einzelheiten sind in dem Zusatzprotokoll geregelt.

Artikel 8

Die Bundesrepublik Deutschland und die Deutsche Demokratische Republik werden ständige Vertretungen austauschen. Sie werden am Sitz der jeweiligen Regierung errichtet.

Die praktischen Fragen, die mit der Errichtung der Vertretungen zusammenhängen, werden zusätzlich geregelt.

Artikel 9

Die Bundesrepublik Deutschland und die Deutsche Demokratische Republik stimmen darin überein, daß durch diesen Vertrag die von ihnen früher abgeschlossenen oder sie betreffenden zweiseitigen und mehrseitigen internationalen Verträge und Vereinbarungen nicht berührt werden.

Artikel 10

Dieser Vertrag bedarf der Ratifikation und tritt am Tage nach dem Austausch entspechender Noten in Kraft.

ZU URKUND DESSEN haben die Bevollmächtigten der Hohen Vertragschließenden Seiten diesen Vertrag unterzeichnet.

GESCHEHEN in Berlin, am 21. Dezember 1972, in zwei Urschriften in deutscher Sprache.

Für die Bundesrepublik Deutschland
Egon Bahr

Für die Deutsche Demokratische Republik
Michael Kohl«

Wie alle Ostverträge enthielt der »Grundlagenvertrag« allgemeine Bekenntnisse zur Unverletzlichkeit der Grenzen, zur Achtung der Integrität und Souveränität der Staaten, zum Gewaltverzicht und zur Förderung der Abrüstung und der Sicherheit in Europa. Für das Verhältnis der beiden deutschen Staaten zueinander sind folgende Punkte wichtig:

1. Mit Artikel 3 erkannte die Bundesrepublik die bisherige »Zonengrenze« als Staatsgrenze der DDR an. Ein Zusatzprotokoll sah die Bildung einer gemeinsamen Grenzkommission vor, die die mit dem Grenzverlauf zusammenhängenden Probleme klären sollte.
2. Artikel 4 beendete den Alleinvertretungsanspruch der Bundesrepublik, und in Artikel 6 anerkannte die Bundesrepublik die DDR als gleichberechtigten und unabhängigen Staat.
3. Andererseits enthielt der Vertrag Formulierungen und Artikel, die dem Konzept der Bundesregierung von »Beziehungen besonderer Art zwischen den beiden deutschen Staaten« entgegenkamen und die offene völkerrechtliche Anerkennung der DDR als Ausland zu umgehen suchten. Statt Botschaften sollten »ständige Vertretungen« (. . .) »am

Sitz der jeweiligen Regierung« errichtet werden (Art. 8), wobei – wie ein Zusatzprotokoll festhielt – Anlaufstelle für die ständige Vertretung der DDR in Bonn nicht das Auswärtige Amt, sondern das Bundeskanzleramt sein sollte. An die Voraussetzung für die »besonderen Beziehungen«, nämlich die vergangene und die von der Bundesregierung als Ziel gewünschte zukünftige Einheit Deutschlands erinnerten nur die gelegentlich gebrauchte Formel »die beiden deutschen Staaten« und der Passus in der Präambel, der ausdrücklich feststellte, daß beide Seiten »unterschiedliche Auffassungen (. . .) zu grundsätzlichen Fragen, darunter zur nationalen Frage«, hätten.

4. Wichtiger als diese Äußerlichkeiten und Formulierungskunststücke im Vertrag war aber, daß der Vertrag nichts über die Frage der beiderseitigen Staatsangehörigkeit aussagte. Eine Protokollnotiz zum Vertrag hielt ausdrücklich die unterschiedlichen Auffassungen zu dieser Frage fest. Die Bundesrepublik erklärte: *»Staatsangehörigkeitsfragen sind durch den Vertrag nicht geregelt worden«*. Dagegen gab die DDR zu Protokoll: *»Die Deutsche Demokratische Republik geht davon aus, daß der Vertrag eine Regelung der Staatssangehörigkeitsfragen erleichtern wird.«* Für die Bundesrepublik existiert nach wie vor eine besondere DDR-Staatsangehörigkeit nicht. Vielmehr gilt weiterhin die Bestimmung des Grundgesetzes (Art. 116), wonach jeder Deutsche, also auch ein Bürger der DDR, das Bürgerrecht der Bundesrepublik Deutschland und den diplomatischen und konsularischen Schutz ihrer Auslandsvertretungen beanspruchen kann.

5. Einen weiteren Hinweis auf die deutsche Einheit und eine spätere Wiedervereinigung enthielt der Notenwechsel der beiden deutschen Staaten mit ihren jeweiligen »Schutzmächten«. Darin stellten Bundesrepublik und DDR übereinstimmend fest, *»daß die Rechte und Verantwortlichkeiten der vier Mächte und die entsprechenden diesbezüglichen vierseitigen Vereinbarungen, Beschlüsse und Praktiken durch diesen Vertrag nicht berührt werden können«*. Im Unterschied zu den entsprechenden Notenwechseln anläßlich der Ostverträge fehlte hier bezeichnenderweise aber der präzisierende Zusatz » . . . für Deutschland als Ganzes«, den die DDR nicht akzeptieren wollte. Schließlich übergab Egon Bahr seinem Verhandlungspartner Kohl anläßlich der Unterzeichnung des Vertrages den schon beim Moskauer Vertrag benutzten »Brief zur deutschen Einheit«, der feststellte, *»daß dieser Vertrag nicht im Widerspruch zu dem politischen Ziel der Bundesrepublik Deutschland steht, auf einen Zustand des Friedens in Europa hinzuwirken, in dem das deutsche Volk in freier Selbstbestimmung seine Einheit wiedererlangt«*. Dies alles waren Versuche, den »völkerrechtlichen Erinnerungsposten« (Zündorf) »Deutschland als Ganzes« aktenkundig zu halten.[31]) Wieweit

diese Versuche den praktischen Realitäten entsprechen oder die Wiedervereinigung Deutschlands tatsächlich vorbereiten können, ist eine andere Frage.

6. Der für die Normalisierung der Beziehungen zwischen beiden Staaten wichtigste, weil in die Zukunft weisende Teil, ist Artikel 7. Konkrete Abmachungen bzw. Zusicherungen, die für die westdeutsche Seite wichtig waren, enthielten die zum Vertragswerk gehörenden Briefwechsel und Protokollnotizen. Sie regelten die Arbeitsbedingungen für Journalisten (die bald durch eine DDR-Verordnung in starkem Maße reglementiert und eingeschränkt wurden), den nichtkommerziellen Warenverkehr (Geschenksendungen, Umzugsgut u. a.), Familienzusammenführung, Besuche und den kleinen Grenzverkehr.

7. Ein deutsch-deutscher Briefwechsel und eine Erklärung der vier Mächte (die alle ein Veto-Recht im UN-Sicherheitsrat haben) sahen die gleichzeitige Aufnahme beider deutscher Staaten in die Vereinten Nationen vor.

Nachdem die Bundestagswahlen für die sozialliberale Koalition erfolgreich verlaufen waren, wurde der Grundlagenvertrag am 21. Dezember 1972 in Ost-Berlin von Egon Bahr und Michael Kohl unterzeichnet. Am 11. Mai 1973 wurde er auch im Bundestag mit den Stimmen der Koalitionsfraktionen angenommen. Die Bundesratsmehrheit der CDU/CSU-regierten Länder lehnte den Vertrag in der ersten Lesung ab. In der zweiten Lesung stimmte nur noch Bayern dagegen. Am 20. Juni 1973 setzten die Bundesregierung und die Regierung der DDR durch einen Notenwechsel den Vertrag in Kraft, obwohl Bayern das Bundesverfassungsgericht angerufen hatte und dessen Entscheidung erst am 30. Juni ergehen sollte. Doch die Bundesregierung stand unter Zeitdruck: Am 21. Juni sollten die Beitrittsanträge der beiden deutschen Staaten im Sicherheitsrat der UNO behandelt werden, und Anfang Juli sollte in Helsinki die Konferenz für Sicherheit und Zusammenarbeit in Europa beginnen.

Das Bundesverfassungsgericht kam zu dem Urteil,[32]) daß der Vertrag »mit dem Grundgesetz vereinbar« sei, stiftete jedoch einige Verwirrung durch die Behauptung *»Das Deutsche Reich existiert fort, besitzt nach wie vor Rechtsfähigkeit, ist allerdings als Gesamtstaat mangels Organisation, insbesondere mangels institutionalisierter Organe selbst nicht handlungsfähig (. . .) Mit der Errichtung der Bundesrepublik Deutschland wurde nicht ein neuer westdeutscher Staat gegründet, sondern ein Teil Deutschlands neu organisiert. Die Bundesrepublik Deutschland ist also nicht ›Rechtsnachfolger‹ des Deutschen Reiches, sondern als Staat identisch mit dem Staat ›Deutsches Reich‹, – in bezug auf seine räumliche Ausdehnung allerdings ›teilidentisch‹, so daß insoweit die Identität keine Ausschließ-*

lichkeit beansprucht. (. . .) Die Deutsche Demokratische Republik gehört zu Deutschland und kann im Verhältnis zur Bundesrepublik Deutschland nicht als Ausland angesehen werden.«
Im Beschluß des Bundesverfassungsgerichts hieß es dann weiter: *»Die Wiedervereinigung ist ein verfassungsrechtliches Gebot. Es muß jedoch den zu politischem Handeln berufenen Organen der Bundesrepublik überlassen bleiben zu entscheiden, welche Wege sie zur Herbeiführung der Wiedervereinigung als politisch richtig und zweckmäßig ansehen (. . .) Ein breiter Raum politischen Ermessens besteht hier besonders für die Gesetzgebungsorgane. Das Bundesverfassungsgericht kann dem Gesetzgeber erst entgegentreten, wenn er die Grenzen dieses Ermessens eindeutig überschreitet, wenn seine Maßnahme also rechtlich oder tatsächlich einer Wiedervereinigung in Freiheit offensichtlich entgegensteht (. . .) Der Vertrag kann so interpretiert werden, daß er mit keiner der dargelegten Aussagen des Grundgesetzes in Widerspruch gerät. Keine amtliche Äußerung innerhalb der Bundesrepublik Deutschland kann dahin verstanden werden, daß sie bei der Interpretation des Vertrags diesen verfasssungsrechtlichen Boden verlassen hat oder verläßt.«*
Besondere Bedeutung maß das Bundesverfassungsgericht der Präambel des Grundlagenvertrages bei, in der die »unterschiedlichen Auffassungen der Bundesrepublik Deutschland und der Deutschen Demokratischen Republik zu grundsätzlichen Fragen, darunter zur nationalen Frage« konstatiert werden. Dazu bemerkte das Gericht: *»Die ›nationale Frage‹ ist für die Bundesrepublik Deutschland konkreter das Wiedervereinigungsgebot des Grundgesetzes, das auf die ›Wahrung der staatlichen Einheit des deutschen Volkes‹ geht. Die Präambel, so gelesen, ist ein entscheidender Satz zur Auslegung des ganzen Vertrags: Er steht mit dem grundgesetzlichen Wiedervereinigungsgebot nicht in Widerspruch. Die Bundesregierung verliert durch den Vertrag nicht den Rechtstitel, überall im internationalen Verkehr, auch gegenüber der Deutschen Demokratischen Republik, nach wie vor die staatliche Einheit des deutschen Volkes im Wege seiner freien Selbstbestimmung fordern zu können und in ihrer Politik dieses Ziel mit friedlichen Mitteln und in Übereinstimmung mit den allgemeinen Grundsätzen des Völkerrechts anzustreben. Der Vertrag ist kein Teilungsvertrag, sondern ein Vertrag, der weder heute noch für die Zukunft ausschließt, daß die Bundesregierung jederzeit alles ihr Mögliche dafür tut, daß das deutsche Volk seine staatliche Einheit wieder organisieren kann. Er kann ein erster Schritt sein in einem längeren Prozeß, der zunächst in einem der dem Völkerrecht bekannten verschiedenen Varianten einer Konföderation endet, also ein Schritt in Richtung auf die Verwirklichung der Wiedervereinigung des deutschen Volkes in einem Staat, also auf die Reorganisation Deutschlands.«*

Das Urteil wurde zumindest in Moskau als Abkehr der Bundesregierung von der Entspannungspolitik kritisiert und hat in den innenpolitischen Diskussionen der folgenden Jahre immer wieder eine Rolle gespielt, wenn Gegner der Ost- und Deutschlandpolitik aus dem Grundlagenvertrag resultierende Einzelregelungen umgehen wollten.
Am 12. und 13. Juni 1973 stellten die DDR und die Bundesrepublik ihre Anträge auf Beitritt in die Vereinten Nationen. Am 21. Juni empfahl der Sicherheitsrat der Generalversammlung die Annahme der Anträge. Am 18. September 1973 beschloß die UN-Generalversammlung durch Akklamation ohne Gegenstimme die Aufnahme der DDR und der Bundesrepublik Deutschland in die Vereinten Nationen.
Mit dem Inkrafttreten des Grundlagenvertrages und dem Beitritt der beiden deutschen Staaten zur UNO war die Ost- und Deutschlandpolitik der sozialliberalen Koalition – abgesehen vom noch ausstehenden Vertrag mit der Tschechoslowakei – in ihren Kernelementen abgeschlossen. Die Erwartungen von 1963 und 1969, durch einen aktiven deutschen Beitrag zur Entspannungspolitik einen Wandel im Innern des kommunistischen Systems herbeizuführen, waren im Laufe der Verhandlungen erheblich reduziert worden. Doch mit den Ostverträgen, dem Berlin-Abkommen und dem Grundlagenvertrag hörte Mitteleuropa auf, ein weltpolitischer Krisenherd erster Ordnung zu sein. Für seine Verdienste um den Frieden in Europa wurde Willy Brandt am 20. Oktober 1971 mit dem Friedensnobelpreis geehrt.
Die Bundesrepublik löste sich aus ihrem Sonderkonflikt mit der Sowjetunion, der DDR und den anderen Staaten des Warschauer Pakts und verschaffte sich größere außenpolitische Manövrierfähigkeit sowohl in Europa als auch gegenüber den USA und den Staaten der »Dritten Welt«. Die Situation West-Berlins und seine Verbindungen zur Bundesrepublik wurden vertraglich fixiert, die aus der Insellage der Stadt resultierenden Konflikte eskalierten nicht mehr zu Weltkrisen, sondern konnten im Rahmen des Vertragswerks als begrenzte Probleme diskutiert und gelegentlich auch gelöst werden.
Schließlich hat die neue Ost- und Deutschlandpolitik, die mit einer zwanzigjährigen Tradition der Illusionen und Fiktionen brach, zwar erbitterte innenpolitische Auseinandersetzungen, aber keine Staatskrise hervorgerufen. Der Sieg der sozialliberalen Koalition in den Bundestagswahlen vom November 1972 zeigte, daß die Mehrheit der Wähler die ost- und deutschlandpolitischen Entscheidungen der letzten drei Jahre akzeptierte. Mit dem Grundlagenvertrag wurde die Teilung Deutschlands vorerst hingenommen, die Wiedervereinigung für absehbare Zeit vertagt. Mit der Anerkennung der DDR erkannte die Bundesrepublik zugleich auch sich selbst an: Sie war längst kein Provisorium mehr, sondern ein

westeuropäischer Staat, der sein ökonomisches und politisches Gewicht für die westeuropäische Integration, das westliche Verteidigungsbündnis und darüberhinaus für den Ost-West- und den Nord-Süd-Dialog einsetzen mußte.
Insgesamt summierten sich die Ostverträge »zwar nicht in rein juristischer Auslegung, wohl aber in der praktischen politischen Wirkung zu einem Quasi-Friedensvertrag. Unter dem Signum der Entspannung setzen sie auf diese Weise einen Schlußpunkt zugleich hinter den Zweiten Weltkrieg und den Kalten Krieg in seiner alten, kruden Form«.[33])

III. Konstruktives Mißtrauensvotum und Neuwahlen April – November 1972

Die knappe Mehrheit von 12 Stimmen, mit der die sozialliberale Koalition 1969 angefangen hatte, war von vornherein prekär. Eine Reihe von FDP-Abgeordneten äußerten sich skeptisch gegen das Bündnis mit der SPD. Bei der Wahl des Bundeskanzlers erhielt Willy Brandt statt der 254 Stimmen der Koalitionsparteien nur 251 Stimmen. Die Opposition und der konservative Flügel der FDP verfolgten die Taktik, die Regierung zum vorzeitigen Rücktritt zu zwingen. Am 14. Juni 1970 verlor die FDP bei den Landtagswahlen in Niedersachsen und im Saarland so viele Stimmen, daß sie nicht wieder in den Landtagen vertreten war. Immerhin konnte sie sich bei den am gleichen Tage stattfindenden Landtagswahlen in Nordrhein-Westfalen behaupten und die Düsseldorfer Koalition mit der SPD fortsetzen, obwohl die CDU hier erstmals seit 1962 wieder stärkste Partei geworden war.[1]) Walter Scheel wurde zwei Wochen später mit eindeutiger Mehrheit als Parteivorsitzender bestätigt; Erich Mende, der Hauptexponent des konservativen Flügels der Partei, schied aus dem Parteivorstand aus. Kurz danach wechselte er mit zwei anderen FDP-Abgeordneten, Zoglmann und Starke, zur CDU über. Die Mehrheit der Koalition im Bundestag war damit auf sechs Stimmen geschrumpft.

Als sich die Koalitionsparteien bei den Landtagswahlen in Hessen und Bayern im November 1970 behaupten konnten, die FDP in Bayern sogar die 10%-Hürde überwandt und wieder im Landtag vertreten war, schien sich auch die Lage der FDP zu stabilisieren. Bei den Wahlen zum Berliner Abgeordnetenhaus am 14. März 1971 erlitt die SPD empfindliche Verluste, die von der CDU-Opposition nicht nur auf die Berliner Kommunalpolitik, sondern auch auf die Bonner Ostpolitik zurückgeführt wurden. Stimmenverluste mußten SPD und FDP am 21. März 1971 auch in Rheinland-Pfalz hinnehmen. Aber immerhin gelang es der FDP mit 5,9% gerade noch, die 5%-Hürde zu nehmen. In Schleswig-Holstein kam die FDP, die bisher eine Koalitionsregierung mit der CDU gebildet hatte, im April 1971 jedoch nicht wieder in den Landtag. Die Verluste der FDP setzten sich fort bei den Bürgerschaftswahlen in Bremen (Oktober 1971), wo die SPD Gewinne erzielen konnte, und die CDU Stimmen verlor. Im übrigen hatte die CDU bei allen Landtagswahlen Gewinne erzielt. Auf ihrem 19. Parteitag wurde im Oktober 1971 der bisherige Fraktionsvorsitzende Rainer Barzel zum Nachfolger von Kurt Georg Kiesinger als Parteivorsitzender gewählt. Im November einigten sich CDU und CSU darauf, Barzel als gemeinsamen Kanzlerkandidaten zu nominieren.

Ein Grund für diesen Führungswechsel war die Hoffnung, daß es Barzel eher als Kiesinger gelingen würde, die FDP zur CDU herüberzuziehen. Diese Bündnistaktik gegenüber der FDP verfolgte vor allem die CDU in den nord- und westdeutschen Bundesländern. Dagegen setzte die CSU in Bayern und die CDU in Baden-Württemberg und Nordhessen von vornherein auf einen harten Konfrontationskurs gegenüber SPD und FDP gleichermaßen.

Anfang 1972 setzte sich der Abbröckelungsprozeß der Koalition fort. Nicht nur FDP-Abgeordnete waren durch die »Politik der inneren Reformen« und die neue Ostpolitik der Regierung Brandt/Scheel irritiert, auch SPD-Abgeordnete wollten die neue deutschland- und ostpolitische Orientierung ihrer Partei nicht mehr mitmachen. Im Frühjahr 1972 verließen vier SPD-Abgeordnete, darunter der Bundesvorsitzende der Landsmannschaft Schlesien, Hupka, und drei Berliner Abgeordnete ohne Stimmrecht, die SPD und wechselten zur CDU über. Die Mehrheit der Koalition betrug nun nur noch vier Stimmen, weitere Parteiübertritte wurden befürchtet. Im Bundestag herrschte eine »Patt«-Situation, die parlamentarische Entscheidungen ausgerechnet vor der Ratifizierung der Ostverträge unmöglich machte, die Regierung blockierte und die Opposition veranlaßte, erstmals in der Geschichte der Bundesrepublik ein konstruktives Mißtrauensvotum einzubringen, um selbst die Regierung zu übernehmen.

Diese Vorgänge lösten in der Öffentlichkeit eine Diskussion darüber aus, ob Abgeordnete ihr Mandat mitnehmen durften, wenn sie die Partei wechselten. Die Gegner stellten sich auf den Standpunkt, daß bei dem in der Bundesrepublik bestehenden Wahlsystem der Abgeordnete sein Mandat an seine Partei zurückgeben müsse, da die Wähler nicht ihn, sondern seine Partei gewählt hätten. Die Befürworter des Mandatswechsels argumentierten, daß nicht nur der Wähler, sondern auch der Abgeordnete das Recht auf Meinungsänderung von Wahl zu Wahl habe und daß zugunsten der freien Meinungsbildung auch innerhalb der Parteien, Fraktionen und im Parlament insgesamt das freie Mandat des einzelnen Abgeordneten (Art. 38 GG) unverzichtbar sei.[2])

Das Problematische an den Mandatswechseln zwischen 1969 und 1972 war freilich, daß sich dadurch nicht nur die Mehrheitsverhältnisse im Bundestag verschoben, sondern auch der Sturz der Regierung und die

Bildung einer neuen Regierung möglich wurden, ohne daß der Wähler gefragt wurde. Verfassungsmäßig aber gab es keinen Zweifel: Art. 67 des Grundgesetzes sieht das konstruktive Mißtrauensvotum vor. Danach muß der Bundeskanzler zurücktreten, wenn die Mehrheit des Bundestages ihm das Mißtrauen ausspricht und zugleich einen Nachfolger wählt. Auslösende Momente für den Versuch der Opposition, die Regierung zu stürzen, waren die Landtagswahlen in Baden-Württemberg, wo die CDU am 23. April 1972 die absolute Mehrheit erreichte, und der am gleichen Tage erfolgende Fraktionswechsel des FDP-Abgeordneten Helms, der das Stimmverhältnis zwischen Koalition und Opposition auf 249 zu 247 senkte. Schon am nächsten Tag brachte die CDU/CSU-Fraktion »zur Generalabrechnung mit der Regierungspolitik« im Bundestag ihren Mißtrauensantrag ein.[3]) Der Oppositionsführer und Kanzlerkandidat Rainer Barzel war sicher, die notwendigen 249 oder sogar 250 Stimmen in geheimer Abstimmung zu erhalten. Bei der Abstimmung am 27. April erhielt Barzel 247 Stimmen, zwei weniger als erforderlich. Zehn Abgeordnete stimmten mit Nein, drei enthielten sich der Stimme, der Rest – d. h. fast alle Abgeordnete der Koalition – beteiligte sich nicht an der Abstimmung. Drei Abgeordnete der FDP hatten für Barzel gestimmt, also mußten mindestens zwei CDU/CSU-Abgeordnete gegen ihn gestimmt haben.

Das konstruktive Mißtrauensvotum war damit gescheitert, dennoch blieb die Regierung handlungsunfähig. Einen Ausweg boten nur noch vorzeitige Neuwahlen, die die Bundesregierung mit Unterstützung des Bundespräsidenten schließlich für den 19. November 1972 ansetzte.

Der Wahlkampf war gekennzeichnet durch die eindeutige Polarisierung zwischen CDU/CSU einerseits und SPD/FDP andererseits. Die Wahlen wurden allgemein als Entscheidung für oder wider die sozialliberale Koalition gewertet, denn die FDP hatte zum ersten Mal eine eindeutige Koalitionsaussage zugunsten der SPD gemacht. Ein Effekt dieser Polarisierung war die einmalig hohe Wahlbeteiligung von 91,17%. Das Wahlergebnis bestätigte die Koalition in einer Eindeutigkeit, die viele Beobachter überraschte. Die SPD gewann gegenüber 1969 drei Millionen Wähler hinzu und wurde erstmals in der Geschichte der Bundesrepublik stärkste Partei mit 45,8% vor der CDU/CSU mit 44,9% der Stimmen. Dabei hatten auch CDU und CSU von der Mobilisierung der Wähler profitiert und 1,6 Millionen Stimmen hinzugewonnen. Das relativ schlechte Abschneiden der CDU/CSU war hauptsächlich auf CDU-Verluste zurückzuführen; die CSU hatte sich behaupten können. Die CSU-Führung sah ihre Konfrontationstaktik gegenüber den Regierungsparteien durch den Wahlausgang bestätigt, die Spannungen zwischen den Unionsparteien wuchsen. Die FDP erzielte ihr (nach dem Erfolg von

1961) zweitbestes Ergebnis bei Bundestagswahlen. Gegenüber 1969 steigerte sich ihre Stimmenzahl von 1,9 auf 3,1 Mill. Wähler.[4]) Es war der Partei offenbar gelungen, ihre neue Wählerbasis, den »neuen Mittelstand« aus leitenden Angestellten, Beamten und aus Angehörigen der Freien Berufe zu halten und auszuweiten.

Das Ergebnis der Bundestagswahlen vom 19. November 1972
(in Klammern die Ergebnisse der Bundestagswahl 1969)

	%	Mandate
CDU/CSU	44,9 (46,1)	225 (242)
SPD	45,8 (42,7)	230 (224)
FDP	8,4 (5,8)	41 (30)

Damit verfügte die sozialliberale Koalition im Bundestag über eine stabile Mehrheit von 271 zu 225 Sitzen. Im Bundesrat sah die Situation allerdings anders aus: Fünf der zehn voll stimmberechtigten Länder wurden von der CDU oder CSU geführt, darunter so bevölkerungsstarke Länder wie Bayern und Baden-Württemberg. Die CDU/CSU verfügte daher noch immer über eine Mehrheit von 21 zu 20 Stimmen im Bundesrat und nutzte diese Mehrheit auch aus, um die Regierung unter Druck zu setzen.

IV. Wirtschaftliche Entwicklung und Wirtschaftspolitik

1. Beschäftigungs- und Währungsprobleme

Die Große Koalition zwischen CDU/CSU und SPD war eine Folge der Rezession von 1966/67. Hauptaufgabe und wichtigstes Ziel der Großen Koalition war daher auch die Überwindung dieser wirtschaftlichen Krise durch eine aktive staatliche Wirtschaftspolitik. Hatten vorhergehende Bundesregierungen sich damit begnügt, durch beratende Gremien, wie den seit 1963 bestehenden Sachverständigenrat, die wirtschaftliche Entwicklung beobachten zu lassen und dann daraus Konsequenzen zu ziehen oder auch nicht, so setzte die neue, verfassungsändernde Mehrheit aus CDU/CSU und SPD gegen den Widerstand der Liberalen das Stabilitäts- und Wachstumsgesetz (StWG) vom 8. Juni 1967[1]) durch, das die Einwirkungsmöglichkeiten der Bundesregierung auf die Wirtschaft auch gegenüber den Ländern und Gemeinden vergrößerte. Durch Änderung des Grundgesetzes (Art. 109, Abs. 2) erhielt der Bund das Recht, in die Haushaltswirtschaft der Länder einzugreifen.
Das Stabilitäts- und Wachstumsgesetz verpflichtete Bund und Länder, ihre wirtschafts- und finanzpolitischen Maßnahmen so zu treffen, daß sie zugleich Preisstabilität, hohen Beschäftigungsstand, außenwirtschaftliches Gleichgewicht und stetiges Wirtschaftswachstum, also das gesamtwirtschaftliche Gleichgewicht, sichern konnten. Eine Liste von Maßnahmen sollte helfen, diese Ziele zu erreichen. Dazu gehörten eine mittelfristige Finanzplanung (Mifrifi) (§§ 9 ff.) ebenso wie gesetzliche Möglichkeiten zu Steuererleichterungen für Investitionen oder zur Veränderung der Einkommens- und Körperschaftssteuer (§§ 26 – 28). Außerdem versuchte das Gesetz, durch institutionelle Vorkehrungen die wirtschaftlichen Aktivitäten der staatlichen Instanzen und der gesellschaftlichen Gruppen frühzeitig zu koordinieren. So wurde ein Konjunkturrat für die öffentliche Hand aus Vertretern des Bundes, der Länder und der Gemeinden (§ 18 StWG) gebildet, der regelmäßig über konjunkturpolitische Maßnahmen beraten sollte. Das Haushaltsgrundsätze-Gesetz (HGrG) vom August 1969[2]) setzte daneben noch den Finanzplanungsrat,

der die Finanzplanung des Bundes, der Länder und der Gemeinden auf mittlere Sicht koordinieren sollte.
Paragraph 3 des Stabilitäts- und Wachstumsgesetzes sah vor, daß die Regierung dann, wenn eines der gesamtwirtschaftlichen Ziele gefährdet ist, »Orientierungsdaten für ein gleichzeitiges, aufeinander abgestimmtes Verhalten (Konzertierte Aktion) der Gebietskörperschaften, der Gewerkschaften und Unternehmensverbände . . . zur Verfügung stellt«. Die ersten Orientierungsdaten gab die Bundesregierung 1967 einem Gesprächskreis bekannt, der aus Vertretern der Unternehmerverbände, des Deutschen Gewerkschaftsbundes, der Deutschen Angestelltengewerkschaft, des Wirtschafts- und Finanzministeriums, der Bundesbank und des Sachverständigenbeirats bestand. Mit dieser »Konzertierten Aktion« schien ein Forum gefunden worden zu sein, auf dem die Interessen der staatlichen Wirtschafts- und Finanzpolitik mit denen der Unternehmer und der Gewerkschaften abgestimmt werden konnten.
Seit 1968 muß die Bundesregierung (nach § 2,1 StWG) jeweils im Januar in einem Jahreswirtschaftsbericht ihre Orientierungsdaten dem Bundestag und dem Bundesrat vorlegen und zugleich Stellung beziehen zum Jahresgutachten des Sachverständigenrats, das gewöhnlich seit dem 15. November des Vorjahres vorliegt.
Der Katalog der wirtschaftspolitischen Instrumente und die institutionellen Regelungen zeigen, daß das Stabilitäts- und Wachstumsgesetz mehr war als ein wirtschaftspolitisches Notstandsgesetz, das den akuten Konjunktureinbruch beheben sollte; nämlich eine mittel- und langfristige Lösung, die die wirtschaftspolitische Kompetenz des Bundes gegenüber Ländern und Gemeinden stärken und die gesamtwirtschaftliche Entwicklung durch staatliche Einwirkung auf hohem Niveau stabilisieren und stetiger machen sollte. Der geistige Vater des Gesetzes, der Ökonomie-Professor und Wirtschaftsminister Karl Schiller, sprach denn auch von einem »Grundgesetz moderner Prozeßpolitik«.[3]) Das Gesetz wurde im In- und Ausland stark beachtet, denn hier schienen zum ersten Mal die Voraussetzungen gegeben zu sein für eine wirksame Steuerung des Wirtschaftsprozesses unter Beibehaltung der Marktwirtschaft. Entsprechend hoch waren die Erwartungen an die Auswirkungen des Gesetzes und der auf seiner Grundlage ergriffenen konjunkturpolitischen Maßnahmen.
Tatsächlich hat die wirtschaftliche Entwicklung in der Bundesrepublik nach 1967 wieder einen Aufschwung genommen; die Krise ging in einen Boom über, wie ihn so schnell und so intensiv kaum jemand erwartet hatte. Das Bruttosozialprodukt – wichtigster Indikator für wirtschaftliches Wachstum – lag 1970 um 22,9%, der private Verbrauch um 19,6% und die Investitionen für neue Anlagen um 34,9% höher als 1967.[4]) Die

Arbeitslosigkeit ging zurück, die Zahl der offenen Stellen nahm zu, die Zahl der ausländischen Arbeiter wuchs wieder: von 1 014 000 im Jahre 1967 auf 1 807 000 1971 und 2 595 000 1973. Auch die Löhne stiegen nicht nur nominal, sondern auch real. d. h. unter Berücksichtigung der Steuerabzüge, der Sozialabgaben und der Geldentwertung[5]):

Jahr	Bruttolohn je beschäftigt. Arbeitnehmer Zuwachs in % gegenüber Vorjahr – nominal –	Nettolohn je beschäft. Arbeitnehmer Zuwachs in % gegenüber Vorjahr – nominal –	Nettolohn je beschäft. Arbeitnehmer Zuwachs in % gegenüber Vorjahr – real –
1967	3,3	2,9	1,4
1968	6,2	4,8	3,5
1969	9,2	7,4	5,3
1970	14,7	12,2	8,7
1971	11,8	9,7	4,4
1972	9,0	9,0	3,5
1973	12,0	8,3	1,4.

Der Anteil der Arbeitnehmereinkommen am gesamten Volkseinkommen, die sog. Lohnquote, stieg von 1969 bis 1973 von 66% auf 71%, bereinigt um die Zunahme der Beschäftigten erhöhte sie sich von 62% auf 65%. Parallel dazu ging der Anteil der Einkommen aus Unternehmertätigkeit und Vermögen von 35% auf 30% zurück.[6])
Hervorgerufen hatte diesen Boom bereits die Krise, die ihm voranging. In der Rezession, die von Wirtschaftswissenschaftlern als Überproduktionskrise interpretiert wird, waren zahlreiche kleine und mittlere Betriebe bankrott gegangen, die Gewerkschaften hatten sich mit niedrigen Tarifabschlüssen begnügt. Beide Faktoren begünstigten die Startbedingungen für die überlebenden, meist größeren Unternehmen, für einen neuen Aufschwung. Außerdem verbesserte die anders verlaufende Konjunktur im Ausland die Exportmöglichkeiten der deutschen Industrie. Hatte der Anteil der Ausfuhren am Bruttosozialprodukt 1966 bei 16,4% gelegen, so stieg er 1967 auf 17,6%, 1968 auf 18,4% und 1969 auf 18,8%. Die Direktinvestitionen deutscher Unternehmer im Ausland, die von 1952 bis 1965 gerade 8,3 Milliarden DM erreicht hatten, verdoppelten sich zwischen 1965 und 1969 auf 17,6 Md. DM.[7])
Das Stabilitäts- und Wachstumsgesetz und die in Zusammenarbeit zwischen dem SPD-Wirtschaftsminister Schiller und dem CSU-Finanzminister Strauß entwickelten Konjunkturprogramme des Bundes und der

Länder haben den einsetzenden Aufschwung ohne Zweifel beschleunigt und verstärkt. Allerdings sind die wichtigsten gesamtwirtschaftlichen Ziele, die das Stabilitäts- und Wachstumsgesetz aufzählt: Preisstabilität, Wachstum und Vollbeschäftigung, in den nächsten Jahren nie gleichzeitig erreicht worden, wie die folgende Übersicht[8]) zeigt:

Jahr	Preisniveau[1])	Wachstum[2])	Arbeitslosenquote
1967	+ 1,4	– 0,2	2,1%
1968	+ 1,5	+ 7,1	1,5%
1969	+ 2,8	+ 8,2	0,8%
1970	+ 3,7	+ 5,9	0,7%
1971	+ 5,4	+ 2,7	0,8%
1972	+ 5,8	+ 2,9	1,1%

1) Preisindex der Lebenshaltung, 4-Personen-Arbeitnehmerhaushalt. Veränderungen gegenüber dem Vorjahr in %.

2) Bruttosozialprodukt in Preisen von 1962. Veränderungen gegenüber dem Vorjahr in %.

Wirtschaftliches Wachstum und Vollbeschäftigung sind also bald erreicht worden. Doch sie wurden erkauft durch steigende Preise und eine Inflation, die sich immer mehr beschleunigte. 1971 war die Inflationsrate bereits höher als die Wachstumsrate, die ihrerseits nur noch halb so hoch war wie im Jahr zuvor. Ein Jahr später stieg auch die Arbeitslosenquote wieder in auffälliger Weise. Wirtschaftswissenschaftler und -politiker waren bis dahin immer davon ausgegangen, daß Konjunktur und Preise sich parallel entwickelten, doch nun machten sie die neue Erfahrung, daß trotz Stagnation oder Rückgang der Konjunktur die Preise nicht sanken, sondern weiter stiegen. »Stagflation« hieß das Schlagwort für diese Erscheinung.

Das gleichzeitige Auftreten von Arbeitslosigkeit und Inflation stellte die Konjunkturpolitik von Bundesregierung und Bundesbank vor schwierige Probleme. Wollten sie die Inflation bekämpfen, so mußten sie die Nachfrage dämpfen. Damit aber hätten sie wiederum die Arbeitslosigkeit verstärkt, die es doch zu überwinden galt. Eine Stabilitätspolitik, die sich in erster Linie auf den Kampf gegen die Inflation konzentrierte, hätte bedeutet, daß der Staat weniger ausgab und daß die Bundesbank den Leitzins erhöhte, um die Nachfrage zu dämpfen. Dazu aber war die erste sozialliberale Regierung nicht bereit, hätte eine solche Politik doch das Ende aller Reformen bedeutet, die sie gerade eingeleitet hatte. Im Mai 1971 trat der sozialdemokratische Finanzminister Alex Möller zurück, weil er mit dem konjunkturpolitischen Kurs der Regierung nicht einverstanden war.

Sein Ressort wurde von Wirtschaftsminister Schiller mitübernommen. Doch auch zwischen dem »Superminister« und dem Rest des Kabinetts kam es bald zu Spannungen und schließlich zum offenen Konflikt: Nachdem die Regierung Brandt das konstruktive Mißtrauensvotum knapp überlebt hatte, forderte Schiller im Mai 1972 drastische Einsparungen bei den Ausgaben und gleichzeitige Steuererhöhungen, um Fehlbeträge im Haushalt auszugleichen.[9]) Bundeskanzler und Kabinett waren dazu nicht bereit. Im Juli 1972, kurz vor Auflösung des Bundestages und Ankündigung der Neuwahlen, trat Schiller als Wirtschafts- und Finanzminister zurück. Wenig später verließ er auch die SPD.

Schillers Nachfolger, Schmidt (SPD) und Friderichs (FDP), haben zunächst noch dem Kampf gegen die Arbeitslosigkeit den Vorrang vor der Dämpfung der Inflation gegeben: Im September 1972 empfahl der Finanzplanungsrat zwar, den Zuwachs bei den Ausgaben der öffentlichen Hand auf 10,5% zu begrenzen, aber die Haushalte des Bundes, der Länder und Gemeinden für 1973 gingen weit darüber hinaus. Doch seit 1973 machte sich die Bundesregierung das Konzept der Bundesbank zu eigen, wonach Stabilität der Wirtschaft in erster Linie Stabilität der Währung und der Preise sei. Am 17. Februar 1973 beschloß das Kabinett, eine Stabilitätsabgabe zu erheben und eine Stabilitätsanleihe aufzulegen, deren Erträge bei der Bundesbank eingefroren werden sollten, um überschüssige Nachfrage abzuschöpfen und den Preisauftrieb zu bremsen.[10])

Im 2. Stabilitätsprogramm vom 9. Mai 1973[11]) wurde dann auch noch eine Ergänzungsabgabe und eine Investitionssteuer eingeführt. Diese Maßnahmen verfehlten ihre Wirkung nicht. Die Preise stiegen weniger als in anderen Ländern, die Geldentwertung hielt sich vergleichsweise in Grenzen. Andererseits lief diese Stabilitätspolitik das Risiko, die Vollbeschäftigung zu verfehlen und Arbeitslosigkeit zu erzeugen. Hinzu kam das Problem, daß die Geldverknappung kleine und mittlere Unternehmen und zinsempfindliche Branchen wie die Bauindustrie und das Bauhandwerk härter traf als große Unternehmen. Die Stabilitätspolitik war geeignet, den Konzentrationsprozeß in der deutschen Wirtschaft zu fördern und die marktbeherrschende Stellung einiger Großunternehmen noch zu verstärken.

Die Versuche, die Inflation durch staatliche Haushalts- und Steuerpolitik zu bekämpfen, stießen hier an eine Grenze. Eine Ursache der Inflation war und ist die Preisgestaltung der großen nationalen und internationalen Konzerne. Sie sind wirtschaftlich so mächtig und marktbeherrschend auf ihrem Sektor, daß sie ihre Preispolitik weitgehend unabhängig von der Konjunkturentwicklung und dem Marktgesetz von Angebot und Nachfrage gestalten können. Das Bundeskartellamt warnte daher 1972, daß

»die in den vergangenen Jahren als Folge insbesondere von Konzentration und Verhaltensabstimmungen zu beobachtende ›schleichende Erosion der Marktwirtschaft‹ schwerwiegende ... Konsequenzen hat«.[12]) Und der Sachverständigenrat stellte ebenfalls 1972 fest: *»Vollbeschäftigung, stetiges Wachstum und Preisstabilität miteinander zu vereinbaren, wird daher um so schwerer gelingen, je stärker die Marktmacht der großen Anbieter und der großen gesellschaftlichen Gruppen ist«.*[13])

Mit den »großen gesellschaftlichen Gruppen« waren zum einen die Unternehmer- und Arbeitgeberverbände, zum anderen die Gewerkschaften angesprochen. Denn auch die Gewerkschaften verfügten über die Macht, Lohnforderungen durchzusetzen, die den Anstieg der Leistung je Arbeiter (Produktivität) überstiegen. Die so verursachten Kostensteigerungen wurden von den marktbeherrschenden Konzernen wieder auf die Preise aufgeschlagen, was die Inflation weitertrieb, oder aufgefangen durch Investitionen in Billiglohnländern und durch Rationalisierungen, die wiederum Arbeitsplätze kosteten. Eine Ursache für das stetige Steigen der Arbeitslosenquote noch vor dem großen Konjunktureinbruch von 1974/75 lag in der zunehmenden Ersetzung menschlicher Arbeitskraft durch neuartige Automaten und Computer. Mit gutem Grund spricht man seit Beginn der 70er Jahre von der »mikroelektronischen Revolution«.[14]) Die rapide Entwicklung der mikroelektronischen Technologie »setzte« Arbeitskräfte sowohl im Produktionsprozeß als auch im Bereich der Verwaltung und des Handels »frei«. Gerade die Zahl der durch Maschinen und arbeitslos gemachten Büroangestellten begann in diesen Jahren zu wachsen. Von 1970 bis 1973 nahm die industrielle Produktion um 13,1% zu, doch die Zahl der Beschäftigten sank im selben Zeitraum um 2,7% von 8 598 000 auf 8 368 000.[15])

Unter diesen Bedingungen konnte auch die »Konzertierte Aktion« nicht erfüllen, was man von ihr erwartet hatte. Von der Idee her sollte sie die Beteiligten zum Ausgleich ihrer Interessen im Sinne des gesamtwirtschaftlichen Gleichgewichts bringen, wobei die staatlichen Orientierungsdaten Hilfestellung leisten sollten. In der Praxis wurden in den Gesprächen, die keinen verpflichtenden Charakter hatten, weniger Fragen der Verteilung der ökonomischen Gewinne und Lasten als allgemeine konjunkturpolitische Fragen erörtert und die Orientierungsdaten der Regierung lediglich zur Kenntnis genommen. Den Verteilungskampf führten Unternehmer und Gewerkschaften weiterhin außerhalb der »Konzertierten Aktion« und ohne Rücksicht auf das gesamtwirtschaftliche Gleichgewicht und die Stabilität der Währung.

Als der Boom 1969 den Unternehmern enorme Gewinne bescherte, waren die Gewerkschaften noch an die niedrigen Tarifabschlüsse der Rezessionszeit gebunden. Erst durch »wilde Streiks« konnten sich die

Arbeiter 1969 einen Anteil an diesen Gewinnen sichern. Um die Führung der Arbeiter nicht zu verlieren, waren die Gewerkschaftsführungen fortan bestrebt, möglichst hohe Nominallohn-Abschlüsse durchzusetzen. Die Folgen dieser Preis- und Lohnerhöhungen wirkten sich vor allem in solchen Branchen negativ auf Umsatz und Beschäftigung aus, in denen es noch in- und ausländische Konkurrenz gab und die daher ihre Produkte nicht mit den in anderen Branchen vielleicht möglichen Preisaufschlägen absetzen konnten, so vor allem in der Textilindustrie und in der Bekleidungsbranche.[16])

Eine weitere Ursache für die Preissteigerungen in der Bundesrepublik und auf dem Weltmarkt ließ sich mit einzelstaatlichen Mitteln ebenfalls nur unzureichend meistern: die »importierte Inflation«. Sie hatte ihren Ursprung in den USA, wo infolge der enormen Ausgaben für den Vietnam-Krieg die Preise seit Ende der 60er Jahre ständig stiegen. Der Dollar verlor an Wert gegenüber anderen Währungen, da der Weltmarkt mit Dollars überschwemmt wurde.

Auf der Währungskonferenz von Bretton Woods, die im Juli 1944 das Währungssystem der kapitalistischen Welt geregelt hatte, war der Dollar als »Leitwährung« mit einem Wert von 1/35 Unze (= 0,888 g) Feingold festgesetzt worden. Das Verhältnis anderer Währungen zum Dollar regelte sich nicht durch den Markt, sondern durch Auf- und Abwertungen, die die Regierungen beschlossen. Schon 1968 wurde über eine Aufwertung der Mark gegenüber dem Dollar diskutiert und spekuliert. Doch die Bundesregierung der Großen Koalition beschloß am 19. November 1968, die Mark nicht aufzuwerten, sondern steuerliche Maßnahmen zur Regelung von Ein- und Ausfuhr und zur Verringerung des deutschen Außenhandelsüberschusses zu ergreifen, um so die Stabilität des internationalen Währungssystems zu retten. Als im Frühjahr 1969 erneut eine Aufwertung der D-Mark zur Debatte stand, waren die Meinungen innerhalb der Regierung geteilt: Der sozialdemokratische Wirtschaftsminister Schiller war dafür, der CSU-Finanzminister Strauß dagegen. Die sozialliberale Regierung Brandt beschloß dann am 24. Oktober 1969, die DM gegenüber dem Dollar um 8,5% aufzuwerten. Statt 4,00 DM war der Dollar nur noch 3,66 DM wert.[17])

Gut eineinhalb Jahre blieb es bei diesem Kurs. Im Mai 1971 aber gab die Bundesregierung den Wechselkurs der Mark frei. Im Laufe des Sommers 1971 fiel der Dollar um 9,3% unter die geltende Parität zur Mark, d. h. er war nur noch 3,32 DM wert. Am 15. August 1971 löste die amerikanische Regierung den Dollar vom Goldstandard; die Basis des internationalen Währungssystems war ernsthaft erschüttert. Im Dezember 1971 versuchte eine internationale Währungskonferenz in Washington, das System der festen Wechselkurse durch Festsetzen neuer Paritäten zu retten: Die Deutsche Mark wurde gegenüber dem Dollar um 13,57% aufgewertet, der neue Leitkurs lag nun bei 3,2225 DM für einen Dollar.[18]) Doch bereits im Februar 1973 mußte der amerikanische Dollar um 10% abgewertet werden – er war nur noch 2,90 DM wert.[19]) Im März 1973 brach das System von Bretton Woods zusammen, als die wichtigsten westeuropäischen Staaten, darunter die Bundesrepublik, beschlossen, ihre Währungen gemeinsam gegenüber dem Dollar »floaten« zu lassen, d. h. ihre Wechselkurse zum Dollar freizugeben, untereinander aber an Leitkursen festzuhalten. Der neue Dollar-Kurs lag nun bei 2,82 DM, tendierte aber weiter abwärts.[20])

Gegen die Aufwertung der Mark oder eine Freigabe der Wechselkurse hatte vor allem die deutsche Exportwirtschaft stets eingewandt, daß solche Maßnahmen die Preise für deutsche Waren auf dem Weltmarkt verteuern und damit den Export erschweren würden. Wie aber die Entwicklung des Außenhandels der Bundesrepublik zeigt, ist der Außenhandelsüberschuß[21]) der Bundesrepublik trotz DM-Aufwertung von 1969 bis 1974 ständig gestiegen. Danach verringerte er sich zwar aufgrund der gestiegenen Ölpreise, blieb aber immer noch auf hohem Niveau.

Jahr	Außenhandelsüberschuß (in Milliarden DM)
1969	15,58
1970	15,67
1971	15,892
1972	20,278
1973	32,979
1974	50,846
1975	37,276
1976	34,469.

Mit dem Übergang zu freien Wechselkursen war zwar ein wichtiger Konkurrenzvorteil der westdeutschen Wirtschaft auf dem Weltmarkt, die Unterbewertung der Mark, verlorengegangen, aufgefangen wurde dieser Nachteil aber durch eine restriktive Geld- und Finanzpolitik, die die Inflationsrate in der Bundesrepublik unter der anderer Industriestaaten hielt und damit die Wettbewerbsfähigkeit des deutschen Exports aufrechterhielt. Betrug die Inflationsrate in der Bundesrepublik 1975 6%, so lag sie in den USA bei 9,1%, in Japan und Frankreich bei 11,8% und in Großbritannien sogar bei 24,2%.[22])

Der Zusammenbruch des Systems von Bretton Woods und die Abdankung des Dollars als Leitwährung verursachte so viel Unruhe auf den

Währungsmärkten und eine gesteigerte Unsicherheit im internationalen Handel, daß Überlegungen für eine Ersatzlösung angestellt wurden. Um wenigstens die Schwankungen der wichtigsten europäischen Währungen auf ein erträgliches Maß zu beschränken, einigten sich die Mitglieder der Europäischen Wirtschaftsgemeinschaft (EWG) am 21. März 1972 darauf, die Schwankungsbreiten, innerhalb derer sich die Wechselkurse ihrer Währungen zueinander bewegten, schrittweise zu verringern.[23]) Spätestens am 2. Juli 1972 sollte der Abstand zwischen den Währungen von zwei Mitgliedsstaaten nicht größer als 2,25% sein. Es zeigte sich jedoch bald, daß einige Währungen international zu schwach waren, um in dieser europäischen »Schlange« mitzumachen, und daß andererseits die Mark immer wieder nach oben aus den festgesetzten Bandbreiten herausrutschte. Die Hoffnung, diese Vereinbarung könnte ein erster Schritt zur Bildung eines eigenständigen europäischen Währungsraums sein, hat sich bislang nicht erfüllt.

2. Die Ölkrise und ihre Folgen: Die Wirtschaftspolitik der Regierung Schmidt/Genscher

Seit dem Oktober 1973 begann der Preis für Öl, dem wichtigsten Energieträger der Industriestaaten, plötzlich zu steigen. Unmittelbarer Anlaß war der vierte Nah-Ost-Krieg zwischen Israel und den arabischen Staaten (6. Oktober – 11. November 1973). Am 17. Oktober 1973 beschloß die Organisation der Arabischen Ölexportierenden Staaten (OAPEC), die Produktion und den Export von Erdöl solange um 5% gegenüber September 1973 zu vermindern, bis Israel die besetzten Gebiete in Ägypten und Jordanien wieder räumte.[24]) Mit diesem Ölboykott wollten die arabischen Staaten vor allem die USA, aber auch die europäischen Staaten zwingen, ihre Haltung gegenüber Israel zu ändern und zugunsten der arabischen Staaten und der Palästinenser auf Israel einzuwirken. Zugleich aber war die mit dem Boykott einhergehende Erhöhung des Ölpreises eine Antwort auf die Inflation und den Verfall des Dollars (mit dem die Ölrechnungen bezahlt wurden). Die erdölproduzierenden und -exportierenden Länder wollten die steigenden Kosten für Anlagen und Waren, die sie in den Industriestaaten kauften, über höhere Ölpreise wieder hereinholen und hatten sich zu diesem Zweck in der OPEC (Organisation der erdölexportierenden Länder) eine schlagkräftige Organisation geschaffen, die den Industriestaaten die

Preise diktieren konnte, weil kein Ölstaat aus der Einheitsfront ausscherte.
Mit der Erdölverteuerung setzte eine weltweite Diskussion über Rohstoffreserven und -preise, Energieträger und -einsparungen und die »Grenzen des Wachstums« ein. Zugleich erlebte die Weltwirtschaft, insbesondere die westlichen Industriestaaten, die tiefste Krise seit der großen Depression von 1929.
Auch in der Bundesrepublik waren die Auswirkungen der Krise bald zu spüren: Im November und Dezember 1973 versuchte die Bundesregierung, durch Sonntagsfahrverbote und Geschwindigkeitsbegrenzungen Energie zu sparen. Von 1973 bis 1974 stieg der Preis für 1 t Erdöl trotz der Dollarentwertung von 82,20 DM auf 223,87 DM, d. h. um 172,2%. Insgesamt gab die Bundesrepublik 1974 22,956 Milliarden DM für Erdöl aus, das waren 152,7% mehr als 1973 (9,083 Md. DM).[25]) Das Bruttosozialprodukt, das 1973 noch um 5,1% gegenüber 1972 gewachsen war, stagnierte 1974 bei 0,4% und fiel 1975 um 3,4%.[26]) Daß der Einbruch nicht noch größer war, lag an den Rekordüberschüssen der Handelsbilanz von 50,846 Milliarden DM 1974 und immer noch 37,276 Md. DM im Jahre 1975. Die Industrieproduktion sank um 7,6%. Die Zahl der Arbeitslosen stieg von 273 000 im Jahre 1973 auf 582 000 1974 und 1 047 000 1975.[27]) Besonders auffällig war der Konjunktureinbruch im Baugewerbe: Hier ging die Zahl der Beschäftigten wegen der schlechten Auftragslage sogar um 20% von 1 527 000 auf 1 214 000 zurück.[28]) Die Zahl der »Gastarbeiter« fiel von 2 493 000 1973 auf 2 039 000 im September 1975. Die Inflationsrate war 1974 mit 7,1% beinahe ebenso hoch wie 1973 (7%).
1973 waren die Brutto-Löhne um durchschnittlich 12,0% gestiegen, nicht zuletzt weil eine Reihe von spontanen Streiks im Bergbau, in der Stahlindustrie und in der metallverarbeitenden Industrie die zwischen Arbeitgeberverbänden und Gewerkschaften ausgehandelten langfristigen Tarifverträge unterliefen. Auch 1974 stiegen die Brutto-Löhne noch einmal um durchschnittlich 11,4%,[29]) obwohl die Krise sich bereits bemerkbar machte. Besonderes Aufsehen erregten während der Tarifrunde 1974 die Auseinandersetzungen um Lohn- und Gehaltsforderungen im Öffentlichen Dienst, weil hier die Gewerkschaft ÖTV den Konflikt mit der sozialdemokratisch geführten Bundesregierung nicht scheute und ihre Forderungen schließlich mit einem Streik im Februar 1974 auch durchsetzte. Das Ergebnis lag mit 11% Lohn- und Gehaltserhöhung sehr hoch und erschien der Bundesregierung aus haushalts- und konjunkturpolitischen Gründen als gefährlich.
Dieser Abschluß und der dabei aufgetretene offene Konflikt mit einer wichtigen DGB-Gewerkschaft, die sich anscheinend nicht mehr länger in

die Wirtschaftspolitik der Regierung einbinden lassen wollte, war vermutlich einer der Gründe für den Rücktritt von Bundeskanzler Willy Brandt im Mai 1974. Anlaß für den Rücktritt war allerdings die Entdeckung, daß Brandts persönlicher Referent, Günter Guillaume, seit Jahren Spionage für die DDR betrieben hatte. Brandt übernahm die persönliche und politische Verantwortung für die Fahrlässigkeiten, die bei der Einstellung und Überprüfung Guillaumes vorgekommen waren, und reichte am 6. Mai 1974 sein Rücktrittsgesuch bei Bundespräsident Heinemann ein. Am 8. Mai 1974 erklärte er dazu im Fernsehen:
»Mein Rücktritt geschah aus Respekt vor ungeschriebenen Regeln der Demokratie und auch, um meine politische und persönliche Integrität nicht zerstören zu lassen. Dazu bedarf es eines erklärenden Wortes. Ich habe mich lange geprüft und kam zu dem Ergebnis: 1. Was immer mir an Ratschlägen gegeben worden war, ich hätte nicht zulassen dürfen, daß während meines Urlaubs in Norwegen im Sommer vergangenen Jahres auch geheime Papiere durch die Hände des Agenten gegangen sind. Mehr darüber zu sagen, verbietet das Sicherheitsinteresse unseres Staates. Doch ich warne davor, durch Indiskretionen und Spekulationen den Schaden zu vergrößern. 2. Als ich mich zum Rücktritt entschloß, war mit entscheidend, daß ich mich für einen Teil der Politik – hier meine ich unser Verhältnis zur DDR und zum Warschauer Pakt – zeitweilig nicht mehr unbefangen genug fühlte. 3. Es gab Anhaltspunkte, daß mein Privatleben in Spekulationen über den Spionagefall gezerrt werden sollte. Was immer noch darüber geschrieben werden mag, es ist und bleibt grotesk, einen deutschen Bundeskanzler für erpreßbar zu halten. Ich bin es jedenfalls nicht. Ich bleibe Vorsitzender meiner Partei und werde weiter mit aller Kraft für eine Politik arbeiten, die den Menschen und dem Frieden dient«.[41])
Die Londoner »Times« schrieb in ihrem Kommentar zu Brandts Rücktritt[42]) unter anderem:
»Es ist jedoch unmöglich, den Eindruck zu vermeiden, daß Herr Brandt gar nicht so abgeneigt war, einen Job aufzugeben, der ihm in so vieler Hinsicht eine Last geworden war. Er hatte die beiden historischen Aufgaben erreicht, die ihn wirklich interessierten – er hatte die Sozialdemokratische Partei zum ersten Mal seit mehr als 40 Jahren wieder zur Macht gebracht, und er hatte das unvollendete Geschäft des II. Weltkrieges zum Abschluß gebracht, indem er Beziehungen mit Deutschlands östlichen Nachbarn wiederherstellte. Diese beiden Errungenschaften verschaffen ihm einen soliden Platz in der Geschichte, vergleichbar mit dem von Dr. Adenauer, der die Wiederversöhnung mit Frankreich geschmiedet und Westdeutschland in der westlichen Allianz verankert hat. . . . Herr Brandt war mit innenpolitischen Problemen nicht sehr

vertraut. Die Inflation hat ernstliche Belastungen auferlegt, auch wenn Westdeutschland mit ihr besser fertig wurde als die meisten Länder, und der linke Flügel der Partei geriet in die Hände naiver Theoretiker, die nicht nur flottierende Wähler, sondern auch viele treue Anhänger der Partei entfremdet haben. Für Herrn Brandt schien die unmittelbare Zukunft durch Probleme beherrscht zu sein, mit denen fertigzuwerden er nach seinem Temperament nicht geeignet ist: Parteigezänk, taktische Nahkämpfe, komplexe wirtschaftliche Entscheidungen, Uneinigkeit in Europa. Es würde verständlich sein, wenn er nicht begierig wäre, sein Amt fortzusetzen.«

Angesichts der schwierigen wirtschaftlichen Situation in der Bundesrepublik war es folgerichtig, daß der bisherige Finanz- und Wirtschaftsminister Helmut Schmidt am 16. Mai 1974 als Nachfolger Willy Brandts zum Bundeskanzler gewählt wurde. Brandt blieb Vorsitzender der SPD. Helmut Schmidt (geboren 1918 in Hamburg) arbeitete nach Wehrdienst und Studium der Volkswirtschaft von 1949 bis 1953 als Referent und dann als Abteilungsleiter in der Behörde für Wirtschaft und Verkehr in Hamburg. Seit 1946 Mitglied der SPD und von 1947 bis 1949 Vorsitzender des Sozialistischen Deutschen Studentenbundes (SDS), wurde er 1953 zum ersten Mal in den Bundestag gewählt. Von 1961 bis 1965 war Schmidt Innensenator in Hamburg. Sein energisches Eingreifen bei der Flutkatastrophe im Februar 1962 verschaffte ihm den Ruf eines tatkräftigen Krisenmanagers. Seit 1965 wieder Bundestagsabgeordneter, wurde Schmidt 1967 nach dem Tode Fritz Erlers Fraktionsvorsitzender der SPD und 1968 stellvertretender Parteivorsitzender.

Im ersten Kabinett Brandt war Schmidt Verteidigungsminister. Er leitete eine Reihe von Reformen ein, die die Bundeswehr effektiver und attraktiver machen sollten. Dazu gehörte u. a. das Programm, längerdienenden Soldaten eine Berufsausbildung oder -weiterbildung anzubieten, und die Herabsetzung der Wehrpflicht von 18 auf 15 Monate. Als Karl Schiller am 6. Juli 1972 von seinem Amt als Bundesminister der Wirtschaft und der Finanzen zurücktrat, wurde Schmidt sein Nachfolger.[32]) Neuer Verteidigungsminister wurde Georg Leber. Nach den vorgezogenen Neuwahlen wurde Schmidt im November 1972 Finanzminister. Das Wirtschaftsministerium übernahm Hans Friderichs von der FDP.

Gleichzeitig mit der Ernennung Schmidts zum Bundeskanzler vollzog sich auch ein Wechsel im Amt des Vizekanzlers und Außenministers: Walter Scheel wurde am 15. Mai 1974 zum Bundespräsidenten gewählt. Sein Nachfolger als Außenminister (und als Parteivorsitzender der FDP) wurde der bisherige Innenminister Hans-Dietrich Genscher. – Nachfolger Schmidts als Finanzminister wurde Hans Apel (SPD). Die Minister

Klaus von Dohnanyi (Bildung und Wissenschaft) und Horst Ehmke (Forschung und Technologie) wurden ausgewechselt; Entwicklungsminister Eppler trat im Juli 1974 zurück. Da sich diese Minister für Reformen eingesetzt hatten, wurde ihr Abgang von kritischen Beobachtern als weiteres Indiz für das Ende der »Politik der inneren Reformen« interpretiert.

In seiner Regierungserklärung betonte Schmidt zwar, daß seine Regierung die bisherige innen- und außenpolitische Leitlinie weiterverfolgen werde, die Schwerpunkte der Regierungspolitik lagen fortan aber im wirtschaftlichen Bereich. Um das Bruttosozialprodukt nicht weiter absinken und die Arbeitslosenzahlen nicht höher steigen zu lassen, versuchte die Regierung Schmidt/Genscher, die Konjunktur durch direkte Investitionsanreize und staatliche Aufträge wieder anzukurbeln. Die Gewerkschaften sollten ihren Teil zur Dämpfung der Krise durch maßvolle Lohnforderungen beitragen. Tatsächlich lagen die Lohnsteigerungen der folgenden Jahre unter denen der Vorjahre. Vor allem die realen Einkommenszuwächse fielen sehr bescheiden aus[33]):

Jahr	Bruttolohn je beschäft. Arbeitnehmer Zuwachs in % gegenüber Vorjahr – nominal –	Nettolohn je beschäft. Arbeitnehmer Zuwachs in % gegenüber Vorjahr – nominal –	Nettolohn je beschäft. Arbeitnehmer Zuwachs in % gegenüber Vorjahr – real –
1973	12,0	8,3	1,4
1974	11,4	9,8	2,7
1975	7,0	7,2	1,0
1976	7,4	4,4	0,2.

Am 12. Dezember 1974 beschloß die Bundesregierung ein Konjunkturprogramm,[34]) das bereits am 19. Dezember praktisch einstimmig vom Bundestag angenommen wurde und »einen stabilitätsgerechten Aufschwung unserer Volkswirtschaft« (so der Bundeskanzler bei der Bekanntgabe des Programms) sichern sollte. Der Bund wollte für 1130 Millionen DM Investitionen im Bereich der Energieversorgung (310 Mill. DM), im Hochbau (280 Mill. DM), bei der Bundesbahn (330 Mill. DM), im Bau von Fernstraßen (200 Mill. DM) und für den Bundesgrenzschutz (10 Mill. DM) vornehmen. Außerdem wurden 600 Mill. DM bereitgestellt für »arbeitsmarktpolitische« Maßnahmen: Wer bis zum 1. Mai 1975 einen Arbeitslosen auf Dauer einstellte, erhielt ein halbes Jahr lang einen Lohnzuschuß von 60%. Arbeitslose, die ebenfalls bis zum 1. Mai 1975 durch Orts- oder Berufswechsel eine neue Tätigkeit aufnahmen, erhielten

eine einmalige »Mobilitätszulage« von 100 DM für jeden Monat der Arbeitslosigkeit (höchstens allerdings für sechs Monate). Die Dauer für den Bezug von Kurzarbeitergeld wurde von 12 auf 24 Monate verdoppelt. Unternehmen, Gewerbe und freie Berufe, die bis zum 30. Juni 1975 neue Anlagen bestellten oder in Angriff nahmen, erhielten eine Investitionszulage von 7,5%. Für bestimmte, energiesparende Investitionen konnte es – auch zusätzlich zu anderen Zuschüssen – ebenfalls einen Zuschuß von 7,5% geben.

Um diese Investitionen und Investitionsanreize finanzieren zu können, wurden Bund und Länder ermächtigt, die bei der Bundesbank stillgelegten 3,5 Milliarden DM aus dem Stabilitätszuschlag des Vorjahres anzugreifen und auch die 2,5 Milliarden DM der ebenfalls stillgelegten Stabilitätsanleihe von 1973 einzusetzen. Für 1975 jedoch zeitigte dieses Programm noch keine auffällige Wirkung. Vielmehr stieg die Arbeitslosenquote, die 1973 1,1% und 1974 3,4% betragen hatte, 1975 auf 6,2% an.[35]) Wenn die Investitionsanreize Erfolg hatten, dann führten sie weniger zur Schaffung neuer Arbeitsplätze als zu weiteren Rationalisierungen durch den Einsatz von Computern und Automaten. Von 1973 bis 1975 sank die Produktion um 7,6%, die Zahl der Beschäftigten aber fiel sogar um 8,7%.[36])

Besonders betroffen von der Arbeitslosigkeit waren Jugendliche (Arbeitskräfte unter 20 Jahren): 1973 waren 20 960 Jugendliche (= 9,6% aller Arbeitslosen) als arbeitslos registriert, 1974 waren es schon 69 793 (= 12,5% aller Arbeitslosen) und 1975 115 753 (= 11,5% aller Arbeitslosen).[37]) Der Konjunktureinbruch wirkte sich auf die Beschäftigungslage der Jugendlichen deshalb so katastrophal aus, weil die Unternehmen, ehe sie Arbeiter entließen, zunächst einmal die Neueinstellungen stoppten. Hinzu kam der Umstand, daß mit Beginn der 70er Jahre die geburtenstarken Jahrgänge 1955 – 1965 die Schule oder die Lehre verließen und nun auf einen Arbeitsmarkt drängten, der wegen der schlechten Konjunkturlage und der gleichzeitigen »Wegrationalisierung« von Arbeitsplätzen gerade auch Jugendlichen mit einer mittleren Qualifikation wenig Stellen zu bieten hatte.

Am 27. August 1975 beschloß das Bundeskabinett ein »Programm zur Stärkung von Bau- und anderen Investitionen«,[38]) um die Konjunktur zu beleben. Insgesamt sollten von Bund, Ländern und Gemeinden 5750 Mill. DM an Direktinvestitionen und Krediten eingesetzt und damit ein Auftragsvolumen von über 10 Milliarden DM in Gang gesetzt werden. Schwerpunkte dieses Investitions- und Arbeitsbeschaffungsprogramms sollten Stadtsanierung, Nahverkehr und Wohnungsmodernisierung sein. Zur Finanzierung wurden die noch vorhandenen »Konjunkturausgleichsrücklagen« des Bundes und der Länder (insgesamt 3850 Mill. DM) freigegeben. Der Rest von beinahe 2 Milliarden DM mußte durch Kredite, Steuererhöhungen und Einsparungen aufgebracht werden. Am 10. September 1975 faßte die Bundesregierung Beschlüsse zur »Verbesserung der Haushaltsstruktur«,[39]) die für die folgenden Jahre Einsparungen auf verschiedenen Gebieten vorsahen. Im Öffentlichen Dienst sollten allein 1976 1140 Mill. DM gespart werden. Folgenschwer für die von der sozialliberalen Regierung eingeleiteten »inneren Reformen« waren vor allem die vorgesehene Verringerung der Leistungen des Bundesministeriums für Arbeit und Sozialordnung um 900 Mill. DM für 1976 und die Einsparung von 343 Mill. DM im Bereich Bildung und Wissenschaft. Außerdem wurde zum 1. Januar 1976 der Beitrag zur Arbeitslosenversicherung von 2% auf 3% erhöht, um die Bundeszuschüsse für die Bundesanstalt für Arbeit verringern zu können, und für den 1. Januar 1977 die Anhebung der Mehrwertsteuer von 11 auf 13% (ermäßigter Satz von 5,5 auf 6,5%) angekündigt. Der Satz für Spar- und Wohnungsbauprämien wurde auf 15% bzw. 18% gesenkt.

Nicht zu Unrecht haben Kritiker der Konjunkturpolitik der Regierung vorgeworfen, daß durch diese Maßnahmen und die Einsparungen insbesondere im Bereich der Arbeitsförderung und der Bildung die einkommensschwachen Schichten und die Jugendlichen betroffen wurden,[40]) auch wenn die Regierung im Januar 1976 für Sondermaßnahmen (Arbeitsbeschaffung, Weiterbildung) zugunsten arbeitsloser Jugendlicher der Bundesanstalt für Arbeit 200 Mill. DM zur Verfügung stellte.[41])

Die Sparbeschlüsse von 1975 bedeuteten das Ende aller »Reformen, die Geld kosten«. Andererseits belebte sich 1976 die Konjunktur wieder etwas: Das Bruttosozialprodukt stieg um 5,5% und die Arbeitslosenquote sank von 5,9% oder 1 351 000 am 31. Januar 1976 auf 3,9% oder 893 700 am 30. September 1976[42]).

V. Die »Politik der inneren Reformen«

1. Voraussetzungen und Ziele

Die zentrale Bedeutung, die in der Regierungserklärung und in der Regierungstätigkeit der ersten sozialliberalen Koalition von 1969 die Ostpolitik auf außenpolitischem Gebiet einnahm, sollte in der Innenpolitik die »Politik der inneren Reformen« haben. Dieses Schlagwort war ein Sammelbegriff für eine Reihe von Reformvorhaben auf verschiedenen Gebieten. Dazu gehörten die Steuerreform, die Neuregelung der betrieblichen Mitbestimmung und der Ausbau der sozialen Sicherheit ebenso wie die allgemeine Bildungsreform, Reformen im Straf- und Familienrecht und die Herabsetzung des Wahlalters und der Volljährigkeit.
Manche dieser Reformvorhaben knüpften direkt an Reformen der vorausgegangenen Legislaturperiode an – so die Strafrechtsreform. Andere waren – wie Sozialreform, Ausweitung der Mitbestimmung und Bildungsreform – seit Jahren in der öffentlichen Diskussion. Daß sie 1969 zum Gegenstand staatlicher Aktivität wurden, erklärt sich aus dem Willen der neuen Regierung, ihren Wählern zu beweisen, daß sie mit den anstehenden Problemen besser fertig werde als die vorher regierende CDU/CSU, und der Absicht von FDP und SPD, neue Wähler für die Koalition zu gewinnen. Von ihrem Selbstverständnis her waren SPD und Gewerkschaften überdies verpflichtet, Forderungen wie die nach Verstärkung der Mitbestimmung der Arbeitnehmer in Betrieben und Unternehmen, nach größerer Chancengleichheit im Bildungswesen und nach Erhöhung der sozialen Sicherheit in die Tat umzusetzen.
Das Ziel der 1969 eingeleiteten Reformpolitik war die Modernisierung von Staat und Gesellschaft, ohne daß beide revolutionär verändert werden sollten. Die soziale Komponente der »Sozialen Marktwirtschaft« sollte verstärkt werden durch mehr soziale Sicherheit, größere Chancengleichheit und mehr Mitwirkungsmöglichkeiten für alle Bürger im gesellschaftlichen und politischen Bereich. Für die Verwirklichung der Reformvorhaben bestanden 1969 günstige politische und wirtschaftliche Voraussetzungen. Die Mobilisierung der Arbeiter und Studenten, der mittleren Angestellten und Beamten, der Frauen und Jungwähler für die

Koalitionsparteien erzeugte ein politisches Klima, das der sozialliberalen Reformpolitik förderlich war. Der wirtschaftliche Aufschwung Ende der 60er Jahre schien genügend Überschüsse abzuwerfen, um die geplanten Reformen auch zu finanzieren. Spätestens mit der 1973 einsetzenden Wirtschaftskrise verschlechterten sich diese Voraussetzungen freilich auch wieder, und eine Reihe von Reformmaßnahmen mußte abgebrochen oder zusammengestrichen werden.

2. Der Ausbau der sozialen Sicherheit

Das System der Sozialversicherung mit seinen drei Stützpfeilern Rentenversicherung, Krankenversicherung und Arbeitslosenversicherung ist in Deutschland seit seinen Anfängen unter Bismarck und seit Einführung der Arbeitslosenversicherung in der Weimarer Republik in den Grundzügen das gleiche geblieben. Die wichtigste Nachkriegsveränderung, die Rentenreform von 1957, betraf nicht den Aufbau, sondern die Leistungen der Sozialversicherung. Durch Dynamisierung wurden die Renten an die Lohn- und Gehaltsentwicklung angepaßt. Auch die Sozialpolitik der sozialliberalen Koalition zielte nicht auf eine Strukturreform der Sozialversicherung ab, sondern auf einen Ausbau der Leistungen und auf eine Ausweitung des Kreises der Leistungsempfänger.
Im Juli 1969 wurde noch von der Regierung der Großen Koalition der jahrelange Streit um die Lohnfortzahlung im Krankheitsfall endgültig geregelt: Die Arbeitgeber zahlten den Lohn in den ersten sechs Wochen der Krankheit weiter, danach übernahmen die Krankenkassen das Krankengeld in Höhe von 75% des Grundlohns. Mit dem Lohnfahrtzahlungsgesetz, das ab 1. Januar 1970 galt, wurde einmal die Gleichbehandlung von Arbeitern und Angestellten im Falle von Arbeitsunfähigkeit erreicht, zum anderen verschaffte es den Krankenkassen eine fühlbare finanzielle Entlastung.[1])
Eine erhebliche Ausweitung des Leistungsangebots der Sozialversicherung brachte das Rentenreformgesetz, das der Bundestag unmittelbar nach Einbringung des konstruktiven Mißtrauensvotums gegen Bundeskanzler Brandt am 20. September 1972 in zweiter Lesung beriet und – nachdem die CDU/CSU-Mehrheit wichtige Änderungen, wie die Vorziehung der Rentenanpassung um ein halbes Jahr, durchgesetzt hatte – am 21. September 1972 einstimmig annahm.[2]) Die seit 1916 geltende starre Altersgrenze von 65 Jahren wurde durch eine flexible Altersgrenze

ersetzt. Der einzelne Arbeitnehmer kann ab 63 bzw. bei Frauen ab 60 selbst entscheiden, wann er in den Ruhestand treten will. Die Situation der Kleinrentner wurde verbessert durch die Einführung einer Rente nach Mindesteinkommen. Diese Regelung kam vor allem Frauen zugute, die durch die Entwicklung der Löhne in den »typischen Frauenberufen« bzw. in den »Leichtlohngruppen« benachteiligt waren. Die jährliche Anpassung der Renten wurde um ein halbes Jahr vorgezogen. Der Kreis der Rentenberechtigten wurde ausgeweitet auf Selbständige und Hausfrauen.

War die Sozialversicherung lange Zeit als reine Fürsorge-Einrichtung für den Notfall angesehen oder nach dem Versicherungsprinzip betrachtet worden, wonach die Leistungen in einem bestimmten Verhältnis zu den Beiträgen standen, so ließen die Reformmaßnahmen, vor allem die Einführung der Mindestrente und der Hausfrauenrente, die Tendenz erkennen, den Versorgungscharakter der Rentenversicherung zu betonen. Danach sollte jeder Bürger relativ unabhängig von den geleisteten Beiträgen im Alter und im Falle der Arbeitsunfähigkeit sein Auskommen haben.

Im Bereich der Krankenversicherung machte das Krankenversicherungsänderungsgesetz vom 21. Dezember 1970 Vorsorgeuntersuchungen zur Früherkennung von Krankheiten zu Pflichtleistungen der Krankenkassen. Seit 1974 werden auch die Kosten für die Rehabilitation von Kranken von den Krankenkassen übernommen. Durch das Gesetz zur Verbesserung von Leistungen in der gesetzlichen Krankenversicherung (Leistungsverbesserungsgesetz) vom 19. Dezember 1973 wurden die Krankenkassen ab 1. Januar 1974 verpflichtet, Krankenhauspflege unbegrenzt zu gewähren. Außerdem räumte das Gesetz den Versicherten unter bestimmten Umständen Anspruch auf eine Haushaltshilfe bei Kranken- haus- und Kuraufenthalt und Krankengeld bei Erkrankung eines Kindes ein. Weitere Gesetze bezogen 1972 die Landwirte und 1975 die Studenten und Schwerbehinderten in die obligatorische Krankenversicherung ein, so daß 1976 ca. 92% der Bevölkerung von der gesetzlichen Krankenversicherung erfaßt wurden.[3])

Die zunehmende Beanspruchung der Sozialversicherung und die Ausweitung auf neue Leistungsberechtigte hat zu Überlegungen geführt, ob man nicht die Rentenversicherung in eine allgemeine Volksversicherung und die Krankenversicherung in eine öffentliche Gesundheitssicherung überführen solle, da die Rentenversicherung z. B. durch die Aufnahme von Selbständigen und Hausfrauen den Staat entlaste und die Krankenversicherung mit der Vorsorgeuntersuchung schon Kosten übernehme, die eigentlich ins öffentliche Gesundheitswesen gehören. Dies würde freilich eine grundlegende Strukturreform der Sozialversicherung bedeuten, denn während nach der Rentenreform von 1972 Personengruppen wie Hausfrauen und Selbständige im Vergleich zu anderen Versicherten mehr Leistungen erhalten, als sie an Beiträgen eingebracht haben, müßte eine allgemeine Volksversicherung von allen Steuerzahlern – und zwar entsprechend ihrem Einkommen – finanziert werden, d. h. daß gut verdienende Bürger im Verhältnis zu anderen mehr Beiträge zahlen, als sie an Leistungen in Anspruch nehmen würden. Gegen eine solche Umgestaltung und weitere Verstaatlichung der Sozialversicherung wurde von Befürwortern des bestehenden Systems eingewandt, daß gerade die Eigenverantwortlichkeit der Tarifparteien als Träger der Sozialversicherung eine wichtige Sicherung sei gegen Auswüchse, wie sie der »Wohlfahrtsstaat« und die staatliche Sozialversicherung in England und in Schweden mit sich gebracht hätten.[4])

Die Leistungsverbesserungen und die Ausweitung des Personenkreises waren möglich, weil nach Überwindung der Rezession von 1966/67 die Finanzen der Sozialversicherung konsolidiert waren und für die nächsten 15 Jahre mit Überschüssen gerechnet wurde. Doch die Krise von 1974/75 beendete den Ausbau der Leistungen. Statt dessen begann eine Diskussion über das »Loch« in der Rentenfinanzierung und die Alternative Leistungsabbau oder Beitragserhöhung.

Die Sozialausgaben stiegen von 174,7 Milliarden DM 1970 auf 252,6 Mrd. DM 1973, 334,1 Mrd. DM 1975 und 355 Mrd. DM 1976. Die sogenannte Sozialquote, die den Anteil der Sozialausgaben am Bruttosozialprodukt bezeichnet, betrug 1970 25,5%, 1973 27,3%, 1975 32,1% und 1976 31,8%.[5]) Pro Kopf der Bevölkerung wurden 1970 2879 DM an Sozialausgaben aufgewandt, 1973 waren es bereits 4076 DM, 1975 5396 DM und 1976 5769 DM. Der Überschuß zwischen Aufwendungen und Erträgen der Sozialversicherung, der 1973 noch 13,618 Mrd. DM betragen hatte, halbierte sich schon 1974 auf 6,322 Mrd. DM, und 1977 tauchte erstmals wieder seit 1968 und 1969 ein Defizit auf: Es betrug 2,213 Mrd. DM.[6])

Die Diskussion über die Ursachen dieser Entwicklung beschäftigte sich mit den Auswirkungen der steigenden Arbeitslosigkeit, der Rentendynamisierung und der Einführung der flexiblen Altersgrenze auf die finanzielle Lage der Sozialversicherung und konzentrierte sich schließlich auf die Kostenexplosion im Gesundheitswesen. Kritisiert wurde dabei die relativ schwache Position, die die Krankenkassen als Vertreter der Versicherten oder »Verbraucher« gegenüber den »Anbietern« von Gesundheitsleistungen, den ärztlichen Organisationen und der pharmazeutischen Industrie, einnahmen. Um die Kosten zu dämpfen, wurde von Mitgliedern der SPD und der Gewerkschaften, in der Presse, aber auch von Kreisen der Ärzteschaft eine umfassende Reform des gesamten Gesundheitswesens gefordert. Die Mehrheit der organisierten Ärzteschaft wandte sich gegen Pläne, die Krankenhäuser für die ambulante Krankenversorgung zu öffnen, und schlug vor, die Leistungen der Krankenkassen, etwa bei der Übernahme von Kuren, der Versorgung mit teuren Arzneimitteln und der Durchführung von eher kosmetischen Maßnahmen bei der Zahnprothetik, wieder einzuschränken.[7])

Im Wahlkampf zu den Bundestagswahlen 1976 versprachen SPD und FDP, die Renten zum 1. Juli 1977 zu erhöhen. Nach der Wahl aber wollte die siegreiche Koalition dieses Versprechen wieder zurücknehmen und die Rentenanpassung um sechs Monate verschieben, um die Renten- und Krankenversicherung zu sanieren. Erst die massive Kritik in der Öffentlichkeit und in den Reihen der eigenen Mitglieder am »Rentenbetrug« veranlaßte die Bundesregierung, die Renten, wie versprochen, zum 1. Juli 1977 um 9,9% anzuheben. Die nächste Rentenanpassung sollte dann aber erst zum 1. Januar 1979, und jede weitere ebenfalls zum Jahresanfang stattfinden.[8])

Eine Sanierung der Renten- und Krankenversicherung durch Erhöhung der Beiträge stieß bereits an eine Grenze: 1950 hatte ein Arbeitnehmer durchschnittlich 12,5% an Lohnsteuer und Sozialversicherungsbeiträgen von seinem Lohn oder Gehalt abzuführen (4,5% Lohnsteuer, 8% Sozialversicherung), 1975 waren es bereits 29% (16% Lohnsteuer, 13% Sozialversicherung). Ergebnis der Diskussion, die vor und nach den Wahlen 1976 erbittert geführt wurde, war das 20. Rentenanpassungsgesetz und das Krankenversicherungs-Kostendämpfungsgesetz vom 27. Juni 1977, das als »Anpassungsreform auf Zeit« charakterisiert werden kann.[9]) Das Loch in der Rentenversicherung sollte dadurch gestopft werden, daß die Zahlungen der Rentenversicherung an die Krankenversicherung für die Krankenversicherung der Rentner von 17% der Rentenausgaben auf 11% gesenkt wurde und die dadurch gewachsene Belastung der Krankenversicherung wiederumn durch begleitende Einsparungsmaßnahmen zur Kostendämpfung aufgefangen werden sollte.

3. Reformen der Betriebsverfassung und der Mitbestimmung

Eines der wichtigsten und umstrittensten Projekte im Reformprogramm der sozialliberalen Regierung war die Neuregelung der Mitbestimmung in den Betrieben (Betriebsverfassung) und die Ausweitung der bestehenden Regelungen über die Mitbestimmung auf Unternehmensebene.

Grundlage für die Beziehungen zwischen Kapital und Arbeit in der Bundesrepublik waren das Mitbestimmungsgesetz in der Montanindustrie von 1951 und das Betriebsverfassungsgesetz von 1952.[10]) Durch die Montan-Mitbestimmung waren Arbeitgeber und Arbeitnehmer in den Aufsichtsräten der Unternehmen der Eisen- und Stahlindustrie paritätisch vertreten, in der Regel durch je vier Vertreter und »einen weiteren Mann«. Von den vier Arbeitnehmervertretern stellten die im Betrieb vertretenen Gewerkschaften zwei Mitglieder. Zum Aufsichtsrat gehörte schließlich noch ein neutraler »elfter Mann«. Im Vorstand waren die Arbeitnehmer durch ein gleichberechtigtes Mitglied, den Arbeitsdirektor, vertreten und an den Unternehmensentscheidungen beteiligt.

Diese »qualifizierte Mitbestimmung« galt jedoch nur für den Montanbereich. Die Mitbestimmung in den übrigen Industriebereichen regelte das Betriebsverfassungsgesetz von 1952. Darin war lediglich eine drittelparitätische Vertretung der Arbeitnehmer im Aufsichtsrat und gar keine Vertretung im Vorstand vorgesehen (einfache Mitbestimmung). Für alle Betriebe, also auch für den Montanbereich, regelte das Betriebsverfassungsgesetz die Mitbestimmung des Betriebsrats als Vertretung der Arbeiter und Angestellten in sozialen und personellen Angelegenheiten wie Arbeitszeit, Urlaubspläne, Berufsausbildung, Verwaltung von betrieblichen Sozialeinrichtungen, Einstellungen, Umgruppierungen, Versetzungen und Entlassungen.

Seit Anfang der 60er Jahre strebten die Gewerkschaften eine Ausdehnung der qualifizierten Mitbestimmung auf alle Kapitalgesellschaften bzw. alle Unternehmen mit einer bestimmten Größe (über 2000 Arbeitnehmer, mehr als 150 Mill. DM Umsatzerlös, mehr als 75 Mill. DM Bilanzsumme) an. In seinem Veränderungsvorschlag zum Betriebsverfassungsgesetz von 1967 zielte der DGB außerdem ab auf eine Verbesserung der gesetzlichen Grundlage für die Zusammenarbeit zwischen Betriebsräten und Gewerkschaften, eine Erweiterung der Verhandlungsmacht des Betriebsrats durch Einschränkung der Sonderrechte bestimmter Arbeitnehmergruppen und die Ausweitung der Mitbestimmungsrechte des Betriebsrats in Fragen der Arbeitsorganisation und bei personellen Einzelmaßnahmen, wo er bisher nur Mitwirkungs- bzw. Informationsrechte hatte.

Die Mitbestimmungsdiskussion, in die sich neben Gewerkschaften und Arbeitgeberverbänden auch Vertreter der katholischen und der evangelischen Soziallehren und die Parteien einschalteten, gewann 1969 durch die Septemberstreiks an Aktualität. Die am 8. November 1967 von der Regierung Kiesinger/Brandt eingesetzte Sachverständigenkommission unter Leitung von Professor Kurt Biedenkopf legte 1970 ihren Bericht über die bisherigen Erfahrungen mit der Mitbestimmung vor und kam zu dem Ergebnis, daß sich die paritätische Mitbestimmung in der Montan-

industrie bewährt habe. Sie schlug in ihren Empfehlungen vor, die Zahl der Arbeitnehmervertreter zu vermehren, den Anteileignern jedoch ein zahlenmäßiges Übergewicht zu erhalten.[11])
Als führende Regierungspartei war die SPD nach den Wahlen 1969 in der Lage, den Wünschen der Gewerkschaften hinsichtlich einer neuen Betriebsverfassung entgegenzukommen. Andererseits mußte sie auf ihren Koalitionspartner und die von der FDP vertretenen Interessen des »neuen Mittelstands«, der leitenden Angestellten, Rücksicht nehmen. Hatte der Referentenentwurf des Bundesarbeitsministeriums vom Herbst 1970 den Wünschen der Gewerkschaften noch weitgehend Rechnung getragen, so zeigte der Regierungsentwurf zu einem neuen Betriebsverfassungsgesetz vom 29. 1. 1971 schon sehr stark den Einfluß der FDP: Gegen die Einflußmöglichkeiten der Gewerkschaften im Betrieb waren die Sonderrechte einzelner Arbeitnehmergruppen gestärkt und die noch im Referentenentwurf vorgesehenen Mitbestimmungsrechte des Betriebsrats zu Mitwirkungs- und Kontrollrechten reduziert worden.
Auch die Opposition lehnte eine gesetzliche Stärkung des gewerkschaftlichen Einflusses in den Betrieben ab und versuchte, die Gruppenrechte durch die Schaffung eines Sprecherrats für die leitenden Angestellten auszuweiten und dadurch die Verhandlungsmacht des Betriebsrats einzuschränken. Ergebnis der parlamentarischen Ausschußarbeit war ein Kompromiß, der als novelliertes Betriebsverfassungsgesetz[12]) am 19. Januar 1972 in Kraft trat.
Das neue Betriebsverfassungsgesetz zählt als »Allgemeine Aufgaben« (§ 80) des Betriebsrates auf:
»1. darüber zu wachen, daß die zugunsten der Arbeitnehmer geltenden Gesetze, Verordnungen, Unfallverhütungsvorschriften, Tarifverträge und Betriebsvereinbarungen durchgeführt werden; 2. Maßnahmen, die dem Betrieb und der Belegschaft dienen, beim Arbeitgeber zu beantragen; 3. Anregungen von Arbeitnehmern und der Jugendvertretung entgegenzunehmen und, falls sie berechtigt erscheinen, durch Verhandlungen mit den Arbeitgeber auf eine Erledigung hinzuwirken; er hat die betreffenden Arbeitnehmer über den Stand und das Ergebnis der Verhandlungen zu unterrichten; 4. die Eingliederung Schwerbeschädigter und sonstiger schutzbedürftiger Personen zu fördern; 5. die Wahl einer Jugendvertretung vorzubereiten und durchzuführen und mit dieser zur Förderung der Belange der jugendlichen Arbeitnehmer eng zusammenzuarbeiten; er kann von der Jugendvertretung Vorschläge und Stellungnahmen anfordern; 6. die Beschäftigung älterer Arbeitnehmer im Betrieb zu fördern; 7. die Eingliederung ausländischer Arbeitnehmer im Betrieb und das Verständnis zwischen ihnen und den deutschen Arbeitnehmern zu fördern.«

Und über die Mitbestimmungsrechte des Betriebsrates heißt es in § 87: *»(1) Der Betriebsrat hat, soweit eine gesetzliche oder tarifliche Regelung nicht besteht, in folgenden Angelegenheiten mitzubestimmen: 1. Fragen der Ordnung des Betriebs und des Verhaltens der Arbeitnehmer im Betrieb; 2. Beginn und Ende der täglichen Arbeitszeit einschließlich der Pausen sowie Verteilung der Arbeitszeit auf die einzelnen Wochentage; 3. vorübergehende Verkürzung oder Verlängerung der betriebliche Arbeitszeit; 4. Zeit, Ort und Art der Auszahlung der Arbeitsentgelte; 5. Aufstellung allgemeiner Urlaubsgrundsätze und des Urlaubsplans sowie die Festsetzung der zeitlichen Lage des Urlaubs für einzelne Arbeitnehmer, wenn zwischen dem Arbeitgeber und den beteiligten Arbeitnehmern kein Einverständnis erzielt wird; 6. Einführung und Anwendung von technischen Einrichtungen, die dazu bestimmt sind, das Verhalten oder die Leistung der Arbeitnehmer zu überwachen; 7. Regelungen über die Verhütung von Arbeitsunfällen und Berufskrankheiten sowie über den Gesundheitsschutz im Rahmen der gesetzlichen Vorschriften oder der Unfallverhütungsvorschriften; 8. Form, Ausgestaltung und Verwaltung von Sozialeinrichtungen, deren Wirkungsberreich auf den Betrieb, das Unternehmen oder den Konzern beschränkt ist; 9. Zuweisung und Kündigung von Wohnräumen, die den Arbeitnehmern mit Rücksicht auf das Bestehen eines Arbeitsverhältnisses vermietet werden, sowie die allgemeine Festlegung der Nutzungsbedingungen; 10. Fragen der betrieblichen Lohngestaltung, insbesondere die Aufstellung von Entlohnungsgrundsätzen und die Einführung und Anwendung von neuen Entlohnungsmethoden sowie deren Änderung; 11. Festsetzung der Akkord- und Prämiensätze und vergleichbarer leistungsbezogener Entgelte, einschließlich der Geldfaktoren; 12. Grundsätze über das betriebliche Vorschlagswesen.*

(2) Kommt eine Einigung über eine Angelegenheit nach Absatz 1 nicht zustande, so entscheidet die Einigungsstelle. Der Spruch der Einigungsstelle ersetzt die Einigung zwischen Arbeitgeber und Betriebsrat.«

Gegenüber den ursprünglichen Forderungen des DGB waren manche Mitbestimmungsrechte des Betriebsrates zu »Unterrichtungs- und Beratungsrechten« abgeschwächt worden. Nach § 90 hat der Arbeitgeber den Betriebsrat *»über die Planung*

1. von Neu-, Um- und Erweiterungsbauten von Fabrikations-, Verwaltungs- und sonstigen betrieblichen Räumen, 2. von technischen Anlagen, 3. von Arbeitsverfahren und Arbeitsabläufen oder 4. der Arbeitsplätze rechtzeitig zu unterrichten und die vorgesehenen Maßnahmen insbesondere im Hinblick auf ihre Auswirkungen auf die Art der Arbeit und die Anforderungen an die Arbeitnehmer mit ihm zu beraten. Arbeitgeber und Betriebsrat sollen dabei die gesicherten arbeitswissenschaftlichen Er-

kenntnisse über die menschengerechte Gestaltung der Arbeit berücksichtigen.«

Ein – wenn auch eingeschränktes – Mitbestimmungsrecht bei der Gestaltung des Arbeitsablaufs und der Arbeitsorganisation räumt § 91 dem Betriebsrat ein: *»Werden die Arbeitnehmer durch Änderungen der Arbeitsplätze, des Arbeitsablaufs oder der Arbeitsumgebung, die den gesicherten arbeitswissenschaftlichen Erkenntnissen über die menschengerechte Gestaltung der Arbeit offensichtlich widersprechen, in besonderer Weise belastet, so kann der Betriebsrat angemessene Maßnahmen zur Abwendung, Milderung oder zum Ausgleich der Belastung verlangen. Kommt eine Einigung nicht zustande, so entscheidet die Einigungssstelle. Der Spruch der Einigungsstelle ersetzt die Einigung zwischen Arbeitgeber und Betriebsrat.«*

In wirtschaftlichen Angelegenheiten erhielt der Betriebsrat nur dann ein volles Mitspracherecht, wenn es darum ging, die sozialen Auswirkungen unternehmerischen Verhaltens zu regeln, z. B. bei Betriebsverkleinerungen, -zusammenlegungen oder -schließungen. So konnte der Betriebsrat nach § 112 bei Betriebsänderungen einen Sozialplan erzwingen. Schließlich sah das Gesetz eine Erhöhung der Betriebsratsmitglieder, mehr Bildungsurlaub und bessere Sprechstundenregelungen vor, die der Information und Einwirkungsmöglichkeit des Betriebsrats zugute kommen konnten.

Trotz der Abstriche gegenüber dem Gewerkschaftskonzept begrüßte der DGB die neue Betriebsverfassung insgesamt »als einen großen Schritt nach vorn«, dem aber weitere Mitbestimmungsregelungen auf anderer Ebene folgen müßten: *»Die neue Betriebsverfassung ist nur eine Stufe eines umfassenden Systems von Beteiligungsrechten der Arbeitnehmer im Arbeits- und Wirtschaftsleben. Dazu gehört unabdingbar auch die Verwirklichung der Mitbestimmung auf Unternehmensebene und im gesamtwirtschaftlichen Bereich«.*[13]) Doch die Regelung der Mitbestimmung auf Unternehmensebene außerhalb des Montanbereichs gestaltete sich komplizierter als die Neuregelung der Betriebsverfassung, da hier die Auffassungen der Koalitionspartner so entgegengesetzt waren, daß das Mitbestimmungsproblem zum Prüfstein der sozialliberalen Koalition zu werden drohte.

Die sozialdemokratische Fraktion wollte wie die Gewerkschaften das Mitbestimmungsmodell des Montanbereichs auf den gesamten Bereich der Großindustrie ausweiten und schlug daher in einem Gesetzesentwurf die paritätische Besetzung der Aufsichtsräte vor, wobei sie insofern hinter den Forderungen der Gewerkschaften und dem Vorbild der Montanindustrie zurückblieb, als sie den Gewerkschaften für die Besetzung der Arbeitnehmersitze im Aufsichtsrat kein Entsendungsrecht, sondern nur

ein Vorschlagsrecht zubilligen wollte. Gegen diesen auf der Parität von Kapital und Arbeit beruhenden Plan führte die FDP als dritten Faktor die »Disposition«, vertreten durch die leitenden Angestellten, in die Mitbestimmungsdebatte ein. Nach den Vorstellungen der Freien Demokraten sollten die leitenden Angestellten die jeweils einseitige Interessenorientierung von Kapital und Arbeit ausbalancieren. Auf dem Freiburger Parteitag der Liberalen wurde 1971 mit knapper Mehrheit das nach dem damaligen nordrhein-westfälischen Wirtschaftsminister benannte Riemer-Modell angenommen, wonach die Aufsichtsratssitze unter den Faktoren »Kapital«, »Arbeit« und »Disposition« (= leitende Angestellte) im Verhältnis 6:4:2 verteilt sein sollten.[14])
Da jede Gruppe ihre Vertreter in getrennten Wahlgängen wählen sollte, lief der FDP-Vorschlag auf eine Zersplitterung der Arbeitnehmer und auf eine Ablehnung des von den Gewerkschaften geforderten Delegationsrechts hinaus.
Auch das Mitbestimmungsmodell der CDU, wie es nach heftigen internen Auseinandersetzungen, zuletzt noch auf dem Parteitag in Hamburg 1973, angenommen wurde, sah eine besondere Vertretung der leitenden Angestellten auf der Arbeitnehmerseite vor. Arbeitgeber- und Arbeitnehmerseite sollten paritätisch besetzt sein, doch die im CDU-Entwurf vorgesehenen Regelungen für den Fall einer Patt-Situation und die weitgehende Handlungsfreiheit, die dem Vorstand bei Sachentscheidungen zugesprochen wurde, schränkten die Mitbestimmungsmöglichkeiten der Arbeitnehmer wieder ein.[15])
Nach langen Ausgleichsbemühungen einigten sich die beiden Koalitionspartner am 20. Februar 1974 auf einen Regierungsentwurf, der wiederum zu heftigen Auseinandersetzungen mit der Opposition im Parlament und in der Öffentlichkeit führte. Haupteinwände der Opposition beruhten auf der Furcht vor einem Übergewicht, das die Gewerkschaften durch die geplante Neuordnung der »Machtverhältnisse« in der Wirtschaft erlangen könnten, auf der Sorge um eine lähmende Wirkung der Parität auf die Unternehmensentscheidungen, und schließlich auf Rücksichten bezüglich der leitenden Angestellten. Auch verfassungsrechtliche Bedenken wegen der Beeinträchtigung der Eigentumsgarantie nach Art. 14 des Grundgesetzes und der Tarifautonomie nach Art. 9, Abs. 3 GG wurden vorgebracht.
In weiteren Verhandlungen zwischen den Koalitionspartnern und der Opposition wurde der Regierungsentwurf zugunsten einer stärkeren Berücksichtigung der Gruppeninteressen abgeändert. Auf dieser Basis verabschiedete schließlich am 18. März 1976 der Bundestag mit überwältigender Mehrheit (es gab nur 22 Gegenstimmen) das Mitbestimmungsgesetz,[16]) dessen Kompromißcharakter darin deutlich sichtbar wird, daß

manche Punkte den Vorstellungen der FDP und der CDU näher kamen als den Ausgangsvorschlägen der Gewerkschaften und der SPD.
Die neue Mitbestimmungsregelung gilt für ca. 650 Unternehmen, die mehr als 2000 Beschäftigte haben. Ausgenommen wurden auf Drängen der FDP sogenannte Tendenzbetriebe (z. B. Presseverlage), ausgenommen wurde auf Drängen der SPD auch der Montanbereich, für den nach wie vor das – für die gewerkschaftliche Interessenvertretung vorteilhaftere – Gesetz von 1951 gilt. Für Betriebe mit weniger als 2000 Beschäftigten gilt nach wie vor das BVG von 1952. Je nach Unternehmensgröße schreibt das neue Gesetz für den Aufsichtsrat ein Verhältnis von 6:6, 8:8 oder 10:10 zwischen Belegschaftsvertretern und Anteilseignern vor. Die zahlenmäßige Parität täuscht allerdings über die Kräfteverteilung hinweg, denn die zur Arbeitgeberseite tendierenden leitenden Angestellten, denen mindestens ein Sitz reserviert ist, werden auf der Arbeitnehmerseite mitgezählt. Außerdem stattet das Gesetz den Aufsichtsratsvorsitzenden bei Patt-Situationen mit einer zweiten Stimme aus. Der gewerkschaftliche Einfluß auf die Aufsichtsratsbesetzung ist nicht nur durch die Reservierung von Sitzen auf der »Arbeitnehmerbank« für die leitenden Angestellten beschränkt, sondern auch durch die Regelung, daß die Gewerkschaften keine Vertreter delegieren, sondern nur zur Wahl vorschlagen können, und zwar zwei »Externe« in Betrieben mit weniger als 20 000 Beschäftigten und drei in größeren Betrieben.
Anders als das neue Betriebsverfassungsgesetz stieß das neue Mitbestimmungsgesetz bei den Gewerkschaften auf heftige Kritik, wobei auch der Streik als Mittel zur Durchsetzung weiterer Mitbestimmungsforderungen nicht ausgeschlossen wurde.[17]) Andererseits fühlten sich die Unternehmer in ihrem Recht auf Eigentum verletzt und erhoben Klage vor dem Bundesverfassungsgericht. Das Urteil erging allerdings erst am 1. März 1979 und kam zu dem Ergebnis, daß der Gesetzgeber nicht gegen das Grundgesetz verstoßen habe. Nach Ansicht des Gerichts behielten die Anteilseigner *»die alleinige Zuständigkeit für die Grundlagenentscheidungen, die nach wie vor von der Anteilseignerversammlung getroffen werden.«* Als Begründung führte das Gericht an, daß trotz der gleichen Zahl von Aufsichtsratsmitgliedern auf Arbeitnehmer- und Arbeitgeberseite der Arbeitgeberseite *»ein leichtes Übergewicht«* zukomme, da sie im Konfliktfall die Zweitstimme des Aufsichtsratsvorsitzenden nutzen könne. *»Darüberhinaus begünstigen die Vorschriften über die Zusammensetzung der Arbeitnehmerseite im Aufsichtsrat und über die Wahl der Aufsichtsratsmitglieder einerseits der Anteilseigner, andererseits der Arbeitnehmer, tendenziell ein geschlosseneres Abstimmungsverhalten und damit stärkere Durchsetzungsmöglichkeiten der Anteilseignerseite im Aufsichtsrat«*, hieß es in der Begründung weiter.[18])

4. Die Diskussion um die Reform des § 218

Die Rechtspolitik der sozialliberalen Koalition führte Reformen fort, die bereits in der Zeit der Großen Koalition unter dem Justizminister und späteren Bundespräsidenten Gustav Heinemann in Gang gesetzt worden waren. Die wichtigsten und sowohl im Parlament wie in der Öffentlichkeit am meisten umstrittenen Änderungen betrafen das Strafrecht und das Ehe- und Familienrecht.
Bereits das erste und das zweite Gesetz zur Reform des Strafrechts vom 25. Juni und vom 4. Juli 1969 hatten das Konzept von Schuld und Sühne, das dem deutschen Strafgesetzbuch von 1871 zugrundelag, abgelöst zugunsten des Prinzips von Toleranz und Resozialisation. Der Staat sollte darauf verzichten, der ganzen Gesellschaft die Sittlichkeits- und Moralvorstellungen bestimmter Bevölkerungsgruppen vorzuschreiben und mit Hilfe des Strafrechts durchzusetzen. Statt dessen ging es dem neuen Strafrecht in erster Linie um die Verhinderung sozialschädlichen Verhaltens. Strafrechtliche Grenzen sollten erst dort gezogen werden, wo die Freiheit des Einzelnen in Widerspruch zur Freiheit der anderen geriet und wo Leben, Gesundheit, Eigentum und die Entwicklung Jugendlicher vom Staat gegen Übergriffe geschützt werden mußten.
Das alte Strafrecht hatte zwischen Strafen und Maßregeln zur Besserung und Sicherung unterschieden. Das erste Gesetz zur Reform des Strafrechts vom 25. Juni 1969[19]) hob die Unterschiede zwischen Zuchthaus, Gefängnis und Haft auf, so daß seitdem nur noch eine einheitliche Haftstrafe besteht – abgesehen von der besonderen Form der Jugendstrafe und dem im Wehrstrafrecht weiterhin vorgesehenen Strafarrest. Gleichzeitig waren neue Richtlinien für die Strafzumessung gegeben worden. Bei Ahndung der Straftat sollten die Wirkungen von Haft- oder Geldstrafen auf das künftige Leben des Täters, seine Wiedereingliederung in die Gesellschaft vor allem, berücksichtigt werden. Daher sollten Haftstrafen unter einem halben Jahr ab 1. September 1969 in der Regel durch Geldstrafen ersetzt werden. Die Geldstrafen wurden durch die Einführung der sogenannten Tagessätze den wirtschaftlichen Verhältnissen des Angeklagten angepaßt. Die Richter können seitdem zwischen 5 und 360 Tagessätze verhängen, wobei der Tagessatz je nach Einkommenslage des Täters zwischen 2,– DM und 10 000 DM liegen kann.
Der Katalog von Maßregeln zur Besserung und Sicherung wurde ergänzt durch die Führungsaufsicht und die mögliche Versorgung in einer sozialtherapeutischen Anstalt. Beide sollten der Resozialisierung vor allem von Rückfalltätern, gefährdeten Jugendlichen und psychisch gestörten Tätern dienen.

Die seit 1969 betriebenen Reformen des Besonderen Teils des Strafgesetzbuches und der Strafprozeßordnung wurden ergänzt durch eine Anpassung des Allgemeinen Teils des Strafgesetzbuches, der den Gedanken der Resozialisierung noch einmal zum Ausdruck brachte, und das Einführungsgesetz zum Strafgesetzbuch vom 2. März 1974. Beide traten zum 1. Januar 1975 in Kraft.[20])

Die Orientierung der Reformmaßnahmen im Strafrecht nicht an religiösen oder weltanschaulichen Werten, sondern an Prinzipien wie Menschenwürde, Toleranz, Jugendschutz und Resozialisierung war schon im Falle der Reform des Sexualstrafrechts 1969 auf Kritik gestoßen. Die heftigste öffentliche Auseinandersetzung entwickelte sich in den folgenden Jahren um die Reform des Abtreibungsparagraphen 218 StGB. Die Fassung des § 218, wie sie seit 1871 gültig war, lautete:

»(1) Eine Frau, die ihre Leibesfrucht abtötet oder die Abtötung durch einen anderen zuläßt, wird mit Gefängnis, in besonders schweren Fällen mit Zuchthaus bestraft. (2) Der Versuch ist strafbar. (3) Wer sonst die Leibesfrucht einer Schwangeren abtötet, wird mit Zuchthaus, in minder schweren Fällen mit Gefängnis bestraft. (4) Wer einer Schwangeren ein Mittel oder einen Gegenstand zur Abtötung der Leibesfrucht verschafft, wird mit Gefängnis, in besonders schweren Fällen mit Zuchthaus bestraft.«

Die Befürworter einer Reform oder Streichung des § 218 vertraten den Standpunkt, daß die rigorose Strafandrohung des Strafgesetzbuches gerade das nicht leistete, was sie zu leisten beanspruchte, nämlich den Schutz des ungeborenen Lebens, sondern daß sie im Gegenteil Jahr für Jahr Zehntausende, wenn nicht Hunderttausende von Frauen in den Untergrund trieb, wo oft nicht nur das Leben des ungeborenen Kindes, sondern auch das der Mutter vernichtet würde. Zu den schwerwiegenden Auswirkungen des § 218 gehörte auch die soziale Ungerechtigkeit, daß werdende Mütter, die die nötigen Mittel besaßen, eine fachgerechte illegale Abtreibung vornehmen lassen konnten, während unbemittelte Frauen bei nicht fachgerecht ausgeführten illegalen Abtreibungen oft ihr Leben riskierten. Statt zu strafen, sollte der Gesetzgeber Möglichkeiten zur medizinischen und sozialen Beratung und Hilfe schaffen und den Schwangerschaftsabbruch straffrei lassen.

Die Gegner einer Streichung des § 218 sahen darin einen Verzicht auf den Schutz des werdenden Lebens. Sie befürchteten, daß auch eventuell eingerichtete Beratungsstellen weniger Schwangerschafts- als Abbruchberatung betreiben würden und daß die staatlich sanktionierte Erleichterung der Abtreibung letztlich die moralischen Grundlagen von Familie und Gesellschaft aushöhlen müßte. Während die meisten Befürworter einer Reform des § 218 für die sogenannte Fristenlösung, d. h. den straffreien Abbruch der Schwangerschaft in den ersten drei Monaten, eintraten, wollten die Gegner den Schwangerschaftsabbruch grundsätzlich weiter unter Strafe stellen und ihn nur in Fällen schwerer gesundheitlicher Gefährdung oder außergewöhnlicher seelischer Belastung (medizinische und ethische Indikation) straffrei lassen.

Im Zuge der Bemühungen um eine Reform des Strafrechts legte die Bundesregierung einen Entwurf zur Neufassung des § 218 vor, der die bereits in anderen Ländern (Österreich, Dänemark, Schweden, England, Frankreich und USA) praktizierte Fristenregelung einführen sollte.[20a])

Danach sollte ein Schwangerschaftsabbruch in den ersten drei Monaten der Schwangerschaft straffrei sein, allerdings nur nach vorhergehender sozialer Beratung und einer Bedenkzeit von drei Tagen zwischen Beratung und Abbruch.

Am 26. April 1974 wurde die Vorlage mit den Stimmen der Koalitionsparteien im Bundestag angenommen. Doch am 10. Mai 1974 lehnte der Bundesrat mit der Mehrheit der CDU/CSU-regierten Länder die Gesetzesvorlage und die bereits am 21. März vom Bundestag beschlossenen sozialpolitischen Ergänzungsmaßnahmen (Beratungsstellen) ab und rief den Vermittlungsausschuß an. Die CDU/CSU lehnte die Fristenlösung ab und trat für die Indikationslösung ein, wobei sie zwar die medizinische und die ethische Indikation, aber nicht die soziale gelten lassen wollte. Da zwischen den beiden Vorlagen keine Einigung zu erreichen war, wies der Vermittlungsausschuß die Anrufung des Bundesrats am 21. Mai ab. Der Bundesrat wiederholte am 31. Mai seine Entscheidung. Darauf verabschiedete am 5. Juni 1974 der Bundestag in namentlicher Abstimmung mit 260 gegen 218 Stimmen bei 4 Enthaltungen noch einmal die Fristenlösung. Am 10. Juni beschloß der Bundesvorstand der CDU, das Bundesverfassungsgericht anzurufen, um die Verfassungsmäßigkeit der Fristenregelung gemessen an Artikel 2 (Recht auf Leben und körperliche Unversehrtheit) des Grundgesetzes überprüfen zu lassen. Am 18. Juni 1974 unterzeichnete Bundespräsident Heinemann das Gesetz. Es wurde am 21. Juni 1974 im Bundesgesetzblatt veröffentlicht und konnte damit in Kraft treten.[21])

Doch inzwischen hatte die Landesregierung von Baden-Württemberg eine Normenkontrollklage beim Bundesverfassungsgericht angekündigt und eine einstweilige Verfügung gegen das Inkrafttreten des Gesetzes beantragt. Diese einstweilige Verfügung verkündete der Präsident des BVerfG, Ernst Benda, noch am Abend des 21. Juni 1974. Sie ordnete die Aussetzung der Fristenregelung an und setzte eine teilweise modifizierte Indikationsregelung inkraft, damit die Richter »nicht mehr als notwendig geboten von der Entscheidung des Gesetzgebers abweichen«[22]) mußten.

Danach war bis zur Entscheidung des BVerfG über die Normenkontrollklage der Schwangerschaftsabbruch frei:
1. bei Gefahr für Leib und Leben der Mutter (enggefaßte medizinische Indikation) ohne Fristenbegrenzung;
2. wenn dringende Gründe für die Annahme bestanden, daß das Kind krank zur Welt kommen würde (eugenische bzw. kindliche Indikation), während der ersten 5 Schwangerschaftsmonate;
3. wenn die Schwangerschaft die Folge eines Notzuchtverbrechens, des sexuellen Mißbrauchs von Kindern bis zu 14 Jahren oder des Widerstandes Unfähiger war (ethische Indikation): in diesem Fall war die Straffreiheit auf die ersten 3 Schwangerschaftsmonate beschränkt.
Straffrei war auch die medikamentös vorgenommene Beseitigung der Leibesfrucht während der ersten 13 Schwangerschaftstage. Schließlich setzte das Bundesverfassungsgericht für die Zeit bis zur Entscheidung über die Normenkontrollklage die Strafverfahren in solchen Fällen, die nach der Fristenregelung nicht strafbar wären, aus.
Das endgültige Urteil des Bundesverfassungsgerichts erging am 25. Februar 1975.[23]) Mit fünf zu drei Stimmen stellte der 1. Senat des BVerfG fest, daß die Fristenregelung der Verpflichtung aus Art. 2, Abs. 2 des Grundgesetzes, »das werdende Leben wirksam zu schützen, nicht in dem gebotenen Umfang gerecht geworden ist«.
Durch die völlige Aufhebung der Strafbarkeit des Schwangerschaftsabbruchs sei *»eine Schutzlücke entstanden, welche die Sicherung des sich entwickelnden Lebens in einer nicht geringen Anzahl von Fällen gänzlich beseitigt, indem es dieses Leben der völlig freien Verfügungsgewalt der Frau ausliefert«*. Doch die Verpflichtung des Staates, *»das sich entwickelnde Leben in Schutz zu nehmen«*, bestehe grundsätzlich auch gegenüber der Mutter. Mit der dem Gesetzgeber obliegenden Lebensschutzpflicht sei unvereinbar, *»daß Schwangerschaftsabbrüche auch dann rechtlich nicht mißbilligt und nicht unter Strafe gestellt werden, wenn sie aus Gründen erfolgen, die vor der Wertordnung des Grundgesetzes keinen Bestand haben«*.
Die Mehrheit des 1. Senats stellte dann weiter fest:
»Wer überhaupt den Vorrang des Lebensschutzes vor dem Anspruch der Frau auf freie Lebensgestaltung anerkennt, wird in diesen durch keine besondere Indikation gedeckten Fällen den Unrechtsgehalt der Tat nicht bestreiten können. Die leidenschaftliche Diskussion der Abtreibungsproblematik mag Anlaß zu der Befürchtung geben, daß in einem Teil der Bevölkerung der Wert des ungeborenen Lebens nicht mehr voll erkannt wird. Das gibt jedoch dem Gesetzgeber nicht das Recht zur Resignation. Er muß vielmehr den ernsthaften Versuch unternehmen, durch eine Differenzierung der Strafandrohung einen wirksameren Lebensschutz

und eine Regelung zu erreichen, die auch vom allgemeinen Rechtsbewußtsein getragen wird.«
Gegen die These der Senatsmehrheit, »der Schwangerschaftsabbruch ist eine Tötungshandlung«, vertrat die Richterin Wiltraud Rupp-von Brünneck in dem von ihr und dem Richter Helmut Simon unterzeichneten Minderheitenvotum die Auffassung, daß *»die Weigerung der Schwangeren, die Menschwerdung ihrer Leibesfrucht in ihrem Körper zuzulassen, nicht allein nach dem natürlichen Empfinden der Frau, sondern auch rechtlich etwas wesentlich anderes (sei) als die Vernichtung selbständig existenten Lebens. Schon deswegen verbietet es sich von vornherein, die Abtreibung im ersten Stadium der Schwangerschaft mit Mord oder vorsätzlicher Tötung prinzipiell gleichzustellen. Erst recht ist es verfehlt, wenn nicht unsachlich, die Fristenlösung in die Nähe der Euthanasie oder gar der ›Tötung unwerten Lebens‹ zu rücken, um sie von daher zu diskriminieren – wie dies in der öffentlichen Diskussion geschehen ist.«*
Weiter heißt es in dem Minderheitenvotum: *»Die Angst der Schwangeren, daß die ungewollte Schwangerschaft zu einem irreparablen Einbruch in ihre persönliche Lebensgestaltung oder den Lebensstandard der Familie führen wird, das Empfinden, daß sie beim Austragen ihrer Leibesfrucht nicht auf eine wirksame Hilfe der Umwelt rechnen kann, sondern daß die nachteiligen Folgen eines nicht nur von ihr zu verantwortenden Verhaltens sie allein treffen, lassen ihr die Schwangerschaftsunterbrechung häufig als einzigen Ausweg erscheinen. Selbst wo nach der persönlichen Situation nichteinsichtige Motivationen der Bequemlichkeit, des Egoismus, besonders des Konsumstrebens im Vordergrund stehen, kann dies nicht ausschließlich der Frau zur Last gelegt werden, sondern spiegelt zugleich die materialistische, weitgehend kinderfeindliche Gesamteinstellung der ›Wohlstandsgesellschaft‹ wider.«*
Die Unterzeichner des Minderheitenvotums kamen daher zu dem Schluß, daß die Fristenregelung *»die Eigenverantwortung der Frau und Mutter in einer ihr Lebensschicksal betreffenden Frage am besten respektiert und vermeidet, sie den schon mit der Verfahrensprozedur vor einer Gutachterstelle verbundenen Eingriffen in ihren Persönlichkeitsbereich auszusetzen. Daß die Entscheidung des deutschen Gesetzgebers für die Fristen- und Beratungsregelung weder einer sittlich noch rechtlich zu mißbilligenden Grundhaltung entspringt, noch von offensichtlich falschen Prämissen in der Beurteilung der Lebensverhältnisse ausgeht, wird durch gleiche oder ähnliche Reformvorschriften in zahlreichen ausländischen Staaten bestätigt . . .«*
Die Bundesregierung mußte den Spruch des BVerfG akzeptieren, auch wenn sie – wie Justizminister Vogel am 25. Februar 1975 erklärte – weiterhin davon überzeugt war, daß die Fristenregelung besser für den

Schutz des ungeborenen Lebens sorge als die Strafandrohung vom ersten Tage an und daß sie die Zahl der Abbrüche auf längere Sicht senken werde.[24])

Am 3. Februar 1976 legte der Sonderausschuß für Strafrechtsreform des Bundestags einen mit den Stimmen der SPD und der FDP verabschiedeten Entwurf zur Reform des § 218 vor, der dem Urteil des BVerfG insofern gerecht zu werden versuchte, als er das grundsätzliche Verbot des Schwangerschaftsabbruchs und die Strafandrohung auch auf die ersten drei Monate der Schwangerschaft ausdehnte. Straffrei sollte aber die Schwangere bleiben, wenn der Eingriff nach Beratung von einem Arzt innerhalb der ersten 22 Wochen durchgeführt wurde. Und auch wenn diese Voraussetzungen nicht gegeben waren, sollte das Gericht von einer Bestrafung der Schwangeren absehen können, wenn sie in »besonderer Bedrängnis« gehandelt hätte. Diese an den CDU-Vorschlag erinnernde erweiterte ethische Indikation und die ebenfalls erweiterte medizinische Indikation wurden ergänzt durch eine soziale Indikation, wenn es im Entwurf hieß:

»Der Abbruch der Schwangerschaft durch einen Arzt ist nicht nach § 218 strafbar, wenn er unter Berücksichtigung der gegenwärtigen und zukünftigen Lebensverhältnisse der Schwangeren nach ärztlicher Erkenntnis angezeigt ist, um eine Gefahr für das Leben oder die Gefahr einer schwerwiegenden Beeinträchtigung des körperlichen oder seelischen Gesundheitszustandes der Schwangeren abzuwenden, und die Gefahr nicht auf eine andere für die Schwangere zumutbare Weise abgewendet werden kann. Diese Voraussetzungen gelten auch als erfüllt bei zu erwartender schwerer, nicht behebbarer gesundheitlicher Schädigung des Kindes, bei einer durch Straftat aufgezwungenen Schwangerschaft sowie bei einer schwerwiegenden, nicht auf andere zumutbare Weise abwendbaren Notlage der Schwangeren«.[25]) Zulässig sollte der Eingriff in diesen Fällen aber nur nach vorheriger Beratung der Schwangeren durch eine Beratungsstelle oder einen sachkundigen Arzt sein. Außerdem mußte die schriftliche Feststellung eines Arztes, ob die Voraussetzungen für eine Indikation gegeben seien, vorliegen, ehe ein anderer Arzt die Schwangerschaft abbrechen durfte.

Im Sinne dieses Antrages verabschiedete der Bundestag am 12. Februar 1976 eine Neufassung des § 218 StGB, die aber von der CDU/CSU-Mehrheit im Bundesrat am 12. März 1976 abgelehnt wurde. Die CDU/CSU sah in der Gesetzesvorlage eine verkappte Fristenlösung und wandte sich im einzelnen u. a. gegen die Regelung, wonach die Frau grundsätzlich straffrei bleiben und für die Überprüfung der Indikation nur ein Arzt zuständig sein sollte. Nachdem der Vermittlungsausschuß die Vorlage unverändert zurückgereicht hatte, legte der Bundesrat am 9.

April erneut Einspruch ein. Am 6. Mai 1976 lehnte der Bundestag in namentlicher Abstimmung mit 265 gegen 170 Stimmen diesen Widerspruch ab. Damit war die sogenannte »weitgefaßte Indikationsregelung« angenommen. Sie gilt seit dem 21. Juni 1976.[26])

Verlauf und Ergebnis des Entscheidungsprozesses um die Reform des § 218 sind interessant, weil hier nicht nur das Tauziehen der drei Gewalten Bundestag, Bundesrat und Bundesverfassungsgericht und ihre Ausnutzung durch die Parteien exemplarisch studiert werden können, sondern weil darüberhinaus auch eine öffentliche Auseinandersetzung über das Recht zum Schwangerschaftsabbruch und die Rolle des Staates in dieser Frage geführt wurde. In dieser Auseinandersetzung kristallisierte sich eine neue, autonome Frauenbewegung heraus, die mit der provozierenden Parole »mein Bauch gehört mir« oder mit dem öffentlichen Eingeständnis »ich habe abgetrieben« den meist männlichen Politikern und den von ihnen dominierten etablierten Parteien das Recht absprach, eine Angelegenheit, die so entscheidend in die körperliche, seelische und soziale Verfassung der Frau eingreift wie die Schwangerschaft, über die Köpfe der Frauen hinweg zu regeln.

Auch nach der Verabschiedung der »weitgefaßten Indikationsregelung« bleibt das Problem der sozialen Ungerechtigkeit und der regionalen Unterschiede in der Anwendung des Gesetzes bestehen. Frauen, die das nötige Geld haben, können sich der komplizierten Prozedur bis zum Schwangerschaftsabbruch in der Bundesrepublik entziehen und ihn in Ländern, die die Fristenlösung praktizieren, vornehmen lassen. In stark katholisch geprägten Regionen der Bundesrepublik oder in Gegenden, die nur über kirchliche Krankenhäuser verfügen, ist es fast unmöglich, einen Schwangerschaftsabbruch nach der gesetzlichen Regelung vornehmen zu lassen, da sich kaum ein Arzt oder Krankenhaus zur Feststellung der Indikation und zum Eingriff selbst bereit finden, denn seit Inkrafttreten des reformierten § 218 hat vor allem die katholische Kirche immer wieder eindeutig gegen die Neuregelung Stellung bezogen.

5. Das neue Ehe- und Familienrecht

Bei der Reform des Ehe- und Familienrechts ging es darum, die im Grundgesetz verankerte Gleichberechtigung von Mann und Frau auch in diesem Bereich zu verwirklichen, den Begriff der »elterlichen Gewalt« durch den der »elterlichen Sorge« zu ersetzen und die gewachsene

Selbständigkeit und Eigenverantwortlichkeit von Jugendlichen und Heranwachsenden durch eine rechtliche Neuregelung ihres Verhältnisses zu den Eltern und ihrer Stellung in der Gesellschaft stärker zu berücksichtigen.

Am 18. Juni 1970 setzte der Bundestag einstimmig das Alter für das aktive Wahlrecht von 21 auf 18, für das passive Wahlrecht von 25 auf 21 Jahre herab.[27])

Am 22. März 1973 wurden auch Volljährigkeit und Ehemündigkeit von 21 auf 18 Jahre heruntergesetzt. Die neue Regelung trat am 1. Januar 1975 in Kraft.[28])

Am 7. November 1973 wurde der »Entwurf eines Gesetzes zur Neuregelung des Rechts der elterlichen Sorge« vom Kabinett verabschiedet. Er sah mehr Mitwirkungsrechte und einen verstärkten Schutz des Kindes vor, indem er u. a. bestimmte, daß »die Eltern auf den Willen und die Belange des einsichtsfähigen Kindes Rücksicht zu nehmen und Maßnahmen im Bereich der elterlichen Sorge mit ihm zu erörtern haben – mit dem Ziel, gegenseitiges Einverständnis herbeizuführen«. Bei Scheidungen sollte der Wunsch des Kindes, bei welchem Elternteil es bleiben wolle, stärker als bisher berücksichtigt werden. Zum Schutz des Kindes sollte das Vormundschaftsgericht nicht nur bei schuldhaftem Versagen der Eltern, sondern bereits bei einer »objektiven Gefährdung des Kindeswohls« (etwa durch schlechte Wohnverhältnisse) von Amts wegen eingreifen.[29]) Der Entwurf wurde jedoch in der 1976 ablaufenden Legislaturperiode nicht mehr vom Bundestag beschlossen. Die Neuregelung des Elternrechts fand erst 1979 statt.

Grundlage für die Reform des Ehe- und Scheidungsrechts waren die im Mai 1970 vorgelegten Empfehlungen einer Sachverständigenkommission, die bereits im November 1967 gebildet worden war. Am 20. September 1971 legte die Bundesregierung dem Bundestag den Entwurf eines ersten Gesetzes zur Reform des Ehe- und Familienrechts vor, der sich vor allem mit der Ehescheidung und den Scheidungsfolgen befaßte. Wegen der vorzeitigen Auflösung des Bundestages 1972 wurde dieser Entwurf aber nicht mehr im Bundestag beraten.

Am 28. März 1973 nahm das Bundeskabinett einen verbesserten Entwurf zum Ehe- und Familienrecht an, über den der Bundestag am 8. Juni 1973 in erster Lesung beriet. Justizminister Jahn erklärte bei dieser Gelegenheit: *»Trotz zahlreicher Änderungen im Laufe der Zeit ist bis zum heutigen Tage ein einseitiger Vorrang des Mannes aufrechterhalten geblieben. Das hat nicht nur zur rechtlichen Benachteiligung der Frauen in der Ehe geführt. Gerade in den Fällen, in denen die Ehe scheiterte, ergeben sich vielfältige soziale und rechtliche Nachteile. Ziel des Entwurfes ist ein Eherecht, das dem partnerschaftlichen Eheverständnis ent-*

spricht, ein faires und ehrliches Scheidungsrecht und ein gerechtes Scheidungsfolgenrecht«.[30])

Ausgangspunkt der Reformkonzeption war der Grundsatz, daß die Funktions- und Aufgabenteilung in der Ehe den Ehepartnern überlassen bleiben solle, wobei die Haushaltsführung dem Beitrag zum Familienunterhalt gleichgestellt wurde. Der Gesetzesentwurf wollte damit das überholte Leitbild der »Hausfrauenehe« abbauen. Auf dem Gebiet der Ehescheidung ging der Entwurf vom Schuldprinzip ab und nahm als einzigen Scheidungsgrund das Scheitern der Ehe an, ging also zum Zerrüttungsprinzip über. Daraus ergaben sich auch Neuerungen hinsichtlich der Unterhaltsfrage. Hatte bisher der schuldige Ehepartner die Unterhaltspflicht für den anderen Partner und die gemeinsamen Kinder tragen müssen, so sollte nunmehr der wirtschaftlich stärkere Partner den wirtschaftlich schwächeren unterstützen.

Außerdem sah der Entwurf einen Versorgungsausgleich vor, durch den geschiedene Ehegatten gleichmäßig an den von ihnen während der Ehe erworbenen Anrechten auf Versorgung beteiligt werden sollten. Begünstigt werden sollten durch diese Regel vor allem Hausfrauen, die keine eigene Alters- oder Invaliditätsversicherung besaßen. Schließlich sah der Entwurf die Einrichtung von Familiengerichten vor, die Scheidung und Scheidungsfolgen zusammen verhandeln sollten.

Die parlamentarische Beratung dieses Entwurfs zog sich bis 1976 hin. Am 14. Juni 1976 wurde das erste Gesetz zur Reform des Ehe- und Familienrechts[31]) verkündet. In seinem ersten Teil enthielt es das neue Eherecht, im zweiten die Reform des Scheidungsrechts und im dritten Teil die Neuordnung des Scheidungsverfahrens mit der Einführung der Familiengerichte.

Als erstes Element des neuen Eherechts trat am 1. Juli 1976 das neue Namensrecht in Kraft. Es brach mit der jahrhundertealten Tradition, daß der Name des Mannes automatisch der gemeinsame Familienname wurde, und bestimmte, daß Verlobte bei der Eheschließung entweder den Namen des Mannes oder den der Frau zum gemeinsamen Familiennamen und damit auch zum Nachnamen ihrer künftigen Kinder wählen konnten. Der Ehepartner, dessen Name nicht gemeinsamer Familienname wurde, konnte seinen Geburtsnamen dem Ehenamen voranstellen. Entgegen dem ursprünglichen Regierungsentwurf durfte ein aus den beiden Geburtsnamen zusammengesetzter Doppelname nicht mehr zum Familiennamen gewählt werden. Das neue Namensrecht galt entgegen dem Entwurf auch nicht für alle Ehen, sondern nur für Ehen, die nach dem 1. Juli 1976 geschlossen wurden.

Alle übrigen Bestimmungen des neuen Ehe- und Scheidungsrechts traten am 1. Juli in Kraft. Für das Eherecht bedeutete die Reform den Fortfall der alten Regelung, wonach die Frau in erster Linie zur Haushaltsführung, der Mann zum finanziellen Unterhalt der Familie verpflichtet war und die Ehefrau nur dann berufstätig sein durfte, wenn sie ihre familiären Verpflichtungen nicht vernachlässigte, bzw. dann berufstätig sein mußte, wenn die Einkünfte des Mannes für den Familienunterhalt nicht ausreichten. Stattdessen sollten nach dem neuen Eherecht die Ehepartner die Haushaltsführung in gegenseitigem Einverständnis regeln. Beide sind berechtigt, berufstätig zu sein, beide müssen auf die Familie Rücksicht nehmen.

Auch das neue Scheidungsrecht entsprach weitgehend dem Entwurf von 1973: Die Abschaffung des Schuldprinzips und den Übergang zum Zerrüttungsprinzip drückt der § 1565 des Bürgerlichen Gesetzbuchs so aus: *»Eine Ehe kann geschieden werden, wenn sie gescheitert ist. Die Ehe ist gescheitert, wenn die Lebensgemeinschaft nicht mehr besteht und nicht erwartet werden kann, daß die Ehegatten sie wiederherstellen.«* Im einzelnen setzte das Gesetz bestimmte Trennungsfristen, nach deren Ablauf die Scheidung nur unter bestimmten Bedingungen (Trennung unter einem Jahr), nur bei Zustimmung beider Partner (Trennung von mehr als einem Jahr) oder auch gegen den Willen eines Partners (nach mehr als drei- bzw. fünfjähriger Trennung) möglich sein sollte.

Auch hinsichtlich der Unterhaltspflicht und des Versorgungsausgleichs folgte das neue Scheidungsrecht dem Regierungsentwurf: Unterhalt soll der wirtschaftlich stärkere Partner zahlen; die Anwartschaftsrechte auf eine Altersversorgung, also Pensions-, Renten- und Lebensversicherungsansprüche, werden je nach Dauer der Ehe geteilt. Wer kurz verheiratet war, erhält wenig oder nichts, wer lange verheiratet war, kann bis zur Hälfte der Ansprüche des Ehepartners erhalten.

Diese Neuregelungen kamen dem wirtschaftlich schwächeren Ehepartner, in den meisten Fällen also der geschiedenen Ehefrau, zugute. Kritiker des neuen Ehescheidungsrechts haben dem Gesetzgeber daher vorgeworfen, er habe das bisherige rechtliche Übergewicht des Mannes durch das Gegenteil, eine rechtliche Bevorzugung der Frau, ersetzt und damit das Gleichberechtigungsgebot des Grundgesetzes verletzt. Außerdem benachteilige das Gesetz die berufstätige Frau, die nach der Scheidung nicht viel zu erwarten habe, es sei denn, sie verdiene erheblich weniger als der Mann. Vorteilhaft sei das Gesetz ausgerechnet für Nur-Hausfrauen, die das neue Eherecht eigentlich gar nicht mehr vorgesehen habe. Sie erhielten nach der Scheidung die Hälfte des in der Ehe erwirtschafteten Zugewinns und einen entsprechenden Anspruch auf die Altersversorgung des Mannes.[32])

Diese Kritik setzte voraus, daß der rechtliche Anspruch der geschiedenen Frau auf Unterhaltszahlung auch tatsächlich eingelöst wurde. Wie sich

aber aus dem zweiten Familienbericht der Bundesregierung entnehmen läßt, erhielt etwa ein Drittel der unverheirateten oder geschiedenen Mütter in der Bundesrepublik gar keine Unterhaltszahlungen von den Vätern und ein weiteres Drittel mußte »längere Zahlungsausfälle in Kauf nehmen«.
Die Einführung der Familiengerichte durch das neue Ehe- und Scheidungsrecht verfolgte den Zweck, die bisherige Zersplitterung des Scheidungsverfahrens auf Landgericht (Scheidung), Amtsgericht (Unterhalt) und Vormundschaftsgericht (Sorgerecht für die Kinder) zugunsten einer gemeinsamen Zuständigkeit der neuen Familienrichter aufzuheben.

6. Die Bemühungen um eine Bildungsreform

6.1. Ziele und institutionelle Voraussetzungen

Seit Mitte der 60er Jahre setzte in der Bundesrepublik eine Diskussion über den Zustand und die weitere Entwicklung des Bildungswesens ein, die seitdem nicht mehr abgerissen ist und Bildungspolitik als einen zentralen Bereich staatlichen Handelns im öffentlichen Interesse verankert hat.[33]) Das Stichwort für diese Diskussion prägte 1964 Georg Picht, als er von der deutschen »Bildungskatastrophe« sprach. Picht und andere Kritiker des deutschen »Bildungsnotstands« wiesen mit eindrucksvollen Zahlen nach, daß die Bundesrepublik im Vergleich zu anderen Industriestaaten einen großen Nachholbedarf hatte: beim Anteil der Schüler mit mittlerer Reife und Abitur an den einzelnen Jahrgängen, bei der Länge der Schulzeit, der Ausstattung der Schulgebäude und Schulräume, der Durchschnittsgröße der Schulklassen, der Anzahl der Schüler pro Lehrer, beim Anteil der Studenten an den jeweiligen Jahrgängen usw.
Diese Katastrophenmeldungen fielen bei vielen Publizisten und Politikern auf fruchtbaren Boden, weil in ihnen der Mangel an qualifiziertem Nachwuchs vorausgesagt wurde. Damit wäre die Konkurrenzfähigkeit der deutschen Wirtschaft im internationalen Wettbewerb und in der industriellen Entwicklung überhaupt gefährdet gewesen. Die Bildungskatastrophe würde, wenn man nicht schleunigst handelte, in eine Wirtschaftskatastrophe münden. Diese Argumentation, die mit den Bedürfnissen und Leistungsanforderungen der modernen Industriegesellschaft arbeitete, zielte auf eine Ausweitung des Bildungswesens ab, aber sie hatte auch eine inhaltliche Seite: Bildungsinhalte und Schwer-

punkte des Schulunterrichts und der Hochschullehre in der Bundesrepublik waren nach Ansicht ihrer Kritiker in starkem Maße noch der philosophischen oder philologisch-historischen Tradition des 19. Jahrhunderts verpflichtet. Das Gewicht der naturwissenschaftlich-technischen und der sozialwissenschaftlichen Fächer an Schulen und Hochschulen war erheblich hinter ihrer Bedeutung in der modernen Gesellschaft zurückgeblieben. Hieraus ergab sich die Forderung nicht nur nach Ausweitung, sondern auch nach inhaltlicher Umgestaltung von Bildung und Ausbildung.

Ein weiteres Antriebsmotiv für die Bildungsreform brachte Ralf Dahrendorf 1965 auf den Begriff, als er Bildung als »allgemeines Bürgerrecht« forderte. Angesprochen war damit vor allem der geringe Anteil von Arbeiterkindern unter den Schülern der weiterführenden Schulen und unter den Studenten, aber auch das Bildungsgefälle zwischen Stadt und Land, zwischen Jungen und Mädchen, zwischen Protestanten und Katholiken, zwischen Nord- und Süddeutschland. Gefordert wurde Chancengleichheit im Bildungswesen. Ungeachtet seiner sozialen Herkunft sollte jeder Bürger die gleiche Chance zu einer qualifizierten Ausbildung und Bildung haben. Dahinter stand die Auffassung, daß der gesellschaftliche Status des einzelnen heute immer stärker von seiner Ausbildung bestimmt wird und daß die Ausbildung Lebenschancen erschließen, aber auch abschneiden kann. Bildungspolitik, die Chancengleichheit in diesem Sinne anstrebt, ist damit zugleich Gesellschaftspolitik. Daraus erklärt sich auch die Heftigkeit der Auseinandersetzungen über die Bildungspolitik und einzelne Reformmaßnahmen in den 70er Jahren.

Eng mit dem Ziel der Chancengleichheit verknüpft war die Absicht, das Bildungs- und Ausbildungssystem an die Werte und Anforderungen einer demokratischen Gesellschaft anzupassen. Das betraf einmal die Mitbestimmungs- und Mitwirkungsmöglichkeiten von Lehrern, Schülern und Eltern an den Schulen und von Professoren, akademischem Mittelbau und Studenten an den Hochschulen, vor allem aber die Frage, wie mehr Chancengleichheit, Selbständigkeit, Urteilsfähigkeit und produktives Denken gefördert werden könnten, damit die Bürger fähig würden, sich in der Gesellschaft zurechtzufinden und an den öffentlichen Entscheidungen mit Sachverstand mitzuwirken. Daraus ergab sich die weitere Frage, mit welchen Lern- und Unterrichtsformen sich diese Ziele am ehesten erreichen ließen.

In der Kulturhoheit der Länder und der Zersplitterung der Kompetenzen für das Bildungswesen in der Bundesrepublik sahen die Kritiker des Bildungsnotstands eine seiner Ursachen. Sie forderten eine gesamtstaatliche, umfassende Bildungsplanung und -politik. Die bereits 1946 zur

Koordinierung der Kulturpolitik der Länder gegründete Ständige Konferenz der Kultusminister (KMK) zog noch 1964 Konsequenzen aus diesen Forderungen: Bund und Länder schlossen ein Verwaltungsabkommen, das am 15. Juli 1965 zur Gründung des Deutschen Bildungsrates führte. Nach dem Vorbild des 1957 geschaffenen Wissenschaftsrats, der für Forschung und wissenschaftliche Ausbildung zuständig war, gehörten dem Bildungsrat Vertreter des Bundes und der Länder sowie Sachverständige aus Wissenschaft, Bildung und Wirtschaft an. Er hatte wie der Wissenschaftsrat beratende Funktion und sollte

1. Bedarfs- und Entwicklungspläne für das deutsche Bildungswesen entwerfen, die den Erfordernissen des kulturellen, wirtschaftlichen und sozialen Lebens entsprachen und den zukünftigen Bedarf an ausgebildeten Kräften berücksichtigten,
2. Vorschläge für die Struktur des Bildungswesens machen und den Finanzbedarf berechnen,
3. Empfehlungen für eine langfristige Planung auf verschiedenen Stufen des Bildungswesens aussprechen.[34])

Es dauerte bis 1970, ehe der Bildungsrat seinen »Strukturplan für das deutsche Bildungswesen« vom Kindergarten bis zum Hochschulbereich und zur Erwachsenenbildung vorlegte. Inzwischen hatten die Kultusminister der Bundesländer ihre eigenen Maßnahmen zur Überwindung des Bildungsnotstands ergriffen. Eine intensive Bildungswerbung erhöhte die Zahl der Übergänge von der Grundschule aufs Gymnasium und auf die Realschule. Die »Abiturientenquote«, die zwischen 1950 und 1960 ziemlich konstant bei 5% gelegen hatte, schnellte bis 1972 auf 18% in die Höhe, immer mehr Schulabsolventen drängten in die Hochschulen und Fachhochschulen, die Hauptschule drohte zur »Restschule« zu werden.[35])

Doch diese Bildungsexpansion war noch keine Bildungsreform. Denn weder wurde das Schulwesen neu gegliedert oder inhaltlich neu bestimmt, noch wurden neue Bildungsgänge und Abschlüsse angeboten. Daraus resultierte bald der Zwang, den Zugang zu den Hochschulen, die dem Andrang nicht mehr gewachsen waren, zu beschränken (numerus clausus) bzw. auch den Hochschulbereich auszuweiten, ohne ihn zu reformieren. So wurden die vorhandenen Hochschulstrukturen beibehalten, neue Universitäten und Fakultäten gegründet, die vorhandenen räumlich und personell vergrößert, was wieder neue Probleme schuf, die sich mit den alten verbanden und einen Auslösefaktor für die Studentenrevolte ab 1967 bildeten.

Diese Entwicklung und die allgemein wachsende Bereitschaft zu mehr Planung in allen Bereichen der Politik (vgl. Mittelfristige Finanzplanung) führten dazu, daß noch unter der Großen Koalition die Kompetenzen des

Bundes für das Bildungswesen – bezeichnenderweise im Zusammenhang mit der Finanzverfassungsreform – ausgeweitet wurden. In das Grundgesetz wurde im Mai 1969 ein Abschnitt »VIIa. Gemeinschaftsaufgaben« eingeführt. Nach Art. 91a und 91b erhielt der Bund darin die Kompetenz, den Hochschulausbau mitzuplanen und mitzufinanzieren und an der Bildungs- und Forschungsplanung mitzuwirken. In Art. 75, 1a wurde dem Bund außerdem die Kompetenz zur Rahmengesetzgebung für das Hochschulwesen eingeräumt. Doch die Möglichkeiten zur Einflußnahme, die die Bundesregierung damit wenigstens im Hochschulbetrieb gewonnen hatte, stießen ab 1969, als die sozialliberale Koalition ihr Reformprogramm startete, bald auf den Widerstand der unionsregierten Länder.

Im April 1970 veröffentlichte der Deutsche Bildungsrat seinen Strukturplan und schlug u. a. vor: *»Einführung der Vorschulerziehung für alle Drei- und Vierjährigen; Einschulung mit fünf, statt bisher sechs Jahren; Einführung des 10. Pflichtschuljahres . . . ; Einführung eines Abitur I (Sekundarabschluß I) genannten qualifizierten mittleren Abschlusses für alle Schüler; Neugestaltung des Curriculums für den mit dem sog. Abitur II abzuschließenden Sekundarbereich II; Erweiterung des Zugangs zum Hochschulstudium über Berufsfachschulen und andere nichtgymnasiale Ausbildungsgänge; Neugestaltung und Vereinheitlichung der Lehrerausbildung«.*[36]) Der im Juni 1970 vorgelegte erste Bildungsbericht der Bundesregierung folgte in seinen Grundzügen dem Strukturbericht des Bildungsrates.

Am 25. Juni 1970 unterzeichneten Bundeskanzler Brandt und die Regierungschefs der Länder ein Verwaltungsabkommen über die Errichtung einer gemeinsamen Kommission für Bildungsplanung.[37]) Aufgabe dieser Bund-Länder-Kommission sollte sein »die Vorbereitung eines langfristigen Rahmenplans für eine abgestimmte Entwicklung des gesamten Bildungswesens«. Sie sollte »den voraussichtlichen Finanzbedarf für die Verwirklichung der Pläne und Projekte ermitteln und in einem gemeinsamen Bildungsbudget Vorschläge für die Finanzierung und die Bereitstellung der erforderlichen Mittel ausarbeiten«. Anders als der Wissenschafts- und der Bildungsrat hatte das neue Gremium Beschlußkompetenz. Es setzte sich je zur Hälfte aus Vertretern des Bundes und der Länder zusammen, Beschlüsse wurden nicht wie bei der KMK einstimmig, sondern mit Dreiviertel-Mehrheit gefaßt. Die Beschlüsse mußten von den Regierungschefs des Bundes und der Länder abgesegnet werden. Dabei war die Zustimmung von mindestens 9 Regierungschefs notwendig. Die Vertreter von Minderheitsvoten brauchten sich allerdings nicht an den Mehrheitsbeschluß zu halten. Wurde mit dieser Neukonstruktion auch die Schwerfälligkeit der KMK, die bis zur politischen Unbeweglichkeit ging, überwunden, weil nun wenigstens eine Gruppe von Ländern anzeigen konnte, daß sie gemeinsam zu Reformen entschlossen war, so konnte das mögliche Ausscheren einzelner Länder aus den Mehrheitsbeschlüssen andererseits die Einheitlichkeit des Bildungssystems in der Bundesrepublik gefährden.

Die Bund-Länder-Kommission legte 1973 einen Bildungsgesamtplan vor, der von der Bundesregierung und den Länderregierungen verabschiedet wurde (20. 9./30. 11. 1973). Weil diese Beschlüsse auch von den bis dahin weniger reformfreundlichen Bundesländern mitgefaßt worden sind, ist der Bildungsgesamtplan etwas optimistisch als »Grenzlinie« bezeichnet worden, »hinter die niemand mehr zurück kann und die als Startlinie für den Beginn einer Strukturreform des Bildungswesens vorgezeichnet ist«.[38])

Erfolge haben die Bemühungen um eine Bildungsreform seit 1969 vor allem in quantitativer Hinsicht, in der Ausweitung des Erziehungs- und Bildungswesens und der von ihm erfaßten Bevölkerungsschichten gehabt, bis die wirtschaftliche Rezession 1974 auch dieser Expansion ein Ende setzte. Die Grundgesetz-Änderung von 1969 hatte den Bund auch die konkurrierende Gesetzgebung für die Ausbildungsbeihilfen (Art. 74. Nr. 13 GG) eingeräumt. Auf dieser Grundlage wurde 1971 das Bundesausbildungsförderungsgesetz (BAFöG) erlassen, das die Studienförderung nach dem »Honnefer Modell« ablöste. Das gleichzeitig erlassene Graduiertenförderungsgesetz sollte dem wissenschaftlichen Nachwuchs helfen. Seit Inkrafttreten des BAFöG (1972) bis 1976 haben Bund und Länder, die sich die Kosten im Verhältnis 65:35 teilen, mehr als 10 Mrd. Mark für die Förderung von Studenten und Schülern ausgegeben. 1975 wurden von 1,08 Mill. Schülern der Sekundarstufe II 285 000 (= 26%) und von 792 000 Studenten 334 000 (= 42%) durch BAFöG gefördert.[39])

Die öffentlichen Bildungsausgaben von Bund, Ländern und Gemeinden stiegen von 27,6 Milliarden DM 1970 auf 56,2 Milliarden DM im Jahre 1975. Mit 15% durchschnittlicher Steigerung pro Jahr lagen ihre Zuwachsraten erheblich über der der gesamten öffentlichen Ausgaben und des Bruttosozialprodukts.[40]) Doch im Mai 1974 stellte die Konferenz der Länderfinanzminister in einem Gutachten fest, daß die im Bildungsgesamtplan 1973 für 1985 gesetzten Ziele im Rahmen der »allgemein für tragbar gehaltenen Steuerlastquote« nicht finanziert werden könnten.[41]) Reformvorhaben im Bildungswesen, die Geld kosteten, wurden zurückgestellt oder gestrichen; der Deutsche Bildungsrat löste sich 1975 auf.

Die Bemühungen um strukturelle und inhaltliche Reformen im Bildungswesen stießen nicht so sehr auf finanzielle Schwierigkeiten als vielmehr auf den politischen Widerstand verschiedener gesellschaftlicher Kräfte und ihrer Organisationen. Öffentliche Kontroversen über Strukturprobleme des Bildungswesens lösten insbesondere die Gestaltung der vorschulischen Erziehung, die Neuorganisierung des Schulwesens durch Einführung der Gesamtschule sowie die Frage der Mitbestimmung, des Zugangs und der Verweildauer an den Hochschulen aus. Eine Diskussion über Inhalte des Schulunterrichts entzündete sich an den 1972 vorgelegten hessischen Rahmenrichtlinien für Deutsch und Gesellschaftslehre.

6.2. Kindergarten und Vorschule

Ende der 60er Jahre standen in der Bundesrepublik für ca. 3 Millionen Kinder im Alter von 3 bis 5 Jahren nur ca. 1 Million Plätze in Kindergärten zur Verfügung. Nur ein gutes Drittel der Kinder im Vorschulalter konnte also in Kindergärten oder anderen vorschulischen Einrichtungen untergebracht werden, wobei zwischen den einzelnen Bundesländern und zwischen Stadt und Land noch erhebliche Unterschiede bestanden. Dagegen konnten in Frankreich 1965 74,9% der Vierjähringen und 98,3% der Fünfjährigen einen Kindergarten besuchen, in Belgien sogar 95,5% bzw. 99,9%.[42])

Dieser Zustand wurde nicht nur unter dem Gesichtspunkt der Versorgung der Kinder berufstätiger Mütter, sondern auch unter dem Gesichtspunkt der Chanchengleichheit kritisiert. Erziehungswissenschaftler wiesen darauf hin, daß die Erziehung in der Kleinfamilie der Entfaltung der individuellen Fähigkeiten Grenzen setze, da das Kind vom dritten Lebensjahr an einen größeren Erfahrungskreis, den Kontakt mit anderen Kindern und die Orientierung an anderen Erwachsenen brauche. Zum anderen ergäben sich aus den unterschiedlichen Kontakten und Anregungen schon in diesem frühen Stadium oft lebenslange Benachteiligungen von Kindern der unteren sozialen Schichten gegenüber Kindern höherer sozialer Schichten. Kinder aus den »benachteiligten« Schichten hätten zumindest schlechtere Startbedingungen in der Schule als Kinder aus sozial besser gestellten Schichten. Wenn man größere Chancengleichheit im Bildungswesen verwirklichen wollte, dann müßte man mit den Veränderungen bereits in der Elementar- oder Vorschulphase beginnen und Einrichtungen schaffen, die die Familienerziehung ergänzten oder kompensierten und dazu beitrügen, die herkunftsbedingten Schranken gegen eine weiterführende Bildung zu senken.

Der Bildungsbericht der Bundesregierung sah 1970 den Ausbau des Elementarbereichs als vordringliche Aufgabe an. Der Bildungsgesamtplan der Bund-Länder-Kommission setzte 1973 die notwendigen Schritte für desen Ausbau fest. Entsprechend dem Strukturplan des Bildungsrats von 1970 sollten die Drei- bis Vierjährigen in Kindergärten gehen und für die Fünfjährigen eine Vorschulstufe in der Grundschule eingerichtet

werden. Die Zahl der Kindergartenplätze sollte von 27% eines Jahrgangs 1970 auf 52% 1975 und 70% im Jahre 1980 gesteigert werden, das Zahlenverhältnis zwischen Kindern und Erziehern von 20:1 im Jahre 1970 bis 1980 auf 18:1 oder 17:1 verbessert werden. Tatsächlich wurden die für 1975 angepeilten Ziele erreicht und teilweise sogar übertroffen: 1975 standen knapp 1,5 Mill. Kindergartenplätze und 99 000 Erzieher zur Verfügung. Damit haten 65% der Kinder zwischen drei und sechs Jahren die Möglichkeit, einen Kindergarten zu besuchen. Die Relation zwischen betreuten Kindern und Erziehern war mit durchschnittlich 15:1 besser als vom Bildungsrat vorausgesehen.[43]) Die neueingeführten Vorschulklassen für die Fünfjährigen gehören meist zum Grundschulbereich, sollen aber keine vorgezogene erste Klasse sein, sondern Eingangsstufe, die den Übergang vom spielerischen zum systematischen Lernen erleichtert.
Wieweit Kindergarten und Vorschule die angestrebte doppelte »kompensatorische Erziehung« – nämlich die Ausweitung der Erfahrungswelt über die Kleinfamilie hinaus und die Überwindung der herkunftsbedingten Bildungsschranken – leisten kann, ist nach wie vor ein Thema der wissenschaftlichen und öffentlichen Diskussion. Dabei spielen in der Öffentlichkeit weniger die inhaltlichen Probleme eine Rolle als die Auseinandersetzung darüber, ob der Elementarbereich von Kindergarten und Vorschule die Familie ergänzen oder ersetzen wolle. In der Befürchtung, die Vorschulerziehung wolle die Rolle der elterlichen Erziehung übernehmen, liegt eine der Ursachen für die Opposition der CDU/CSU gegen die Einführung einer obligatorischen Vorschulklasse oder Eingangsstufe an allen deutschen Schulen.
Einigkeit scheint aber darüber zu bestehen, daß der Leistungsdruck der Schule und die damit oft einhergehenden Leistungserwartungen der Eltern nicht auch noch in den Vorschulbereich hineingetragen werden sollen, da sie nur Angst und Verklemmungen erzeugen würden, statt Anregungen und Entfaltungsmöglichkeiten zu geben.

6.3. Schule und Berufsausbildung

Im Vordergrund der Diskussion über die zukünftige Gestaltung des bundesdeutschen Schulwesens stand in der 70er Jahren das Problem der Gesamtschule. Das herkömmliche dreigliedrige Schulsystem mit seiner »Unterscheidung zwischen volkstümlich-praktischer Bildung für Hauptschüler, gehobener Praxis und berufsorientierter Bildung für Realschüler und wissenschaftsorientierter Bildung für Gymnasiasten«[44]) erschien dem Deutschen Bildungsrat 1970 »mit dem Selbstverständnis einer offenen und demokratischen Gesellschaft« ebenso wenig vereinbar wie es der »fortschreitenden technologischen und wissenschaftlichen Entwicklung« entsprach. Verschiedene Untersuchungen hatten gezeigt, daß die drei Schultypen sich im großen und ganzen, wenn auch nicht mehr so ausschließlich wie im 19. Jahrhundert, bestimmten sozialen Schichten zuordnen ließen. In der Sicht seiner Kritiker verfestigte das dreigliedrige Schulsystem die Schranken, die sich aus der sozialen Herkunft der Schüler ergaben, oder wie die Kommission der »Organisation für wirtschaftliche Zusammenarbeit und Entwicklung« (OECD) 1970 in ihrem Bericht über das deutsche Bildungssystem feststellte:[45]) *»Im traditionellen Schulsystem ist die Struktur des Bildungswesens Spiegelbild der gesellschaftlichen Klasseneinteilung. Es bestehen zwei parallellaufende, aber ganz in sich geschlossene und voneinander unabhängige Schultypen: einer für die Bildungsansprüche der Führungsschicht, der andere für das Fußvolk. Es gibt wenige – wenn überhaupt – Möglichkeiten, von einem System in das andere überzuwechseln.«*

Als eine Möglichkeit, die Schranken zwischen den sozialen Schichten abzubauen und allen Schülern die gleichen Bildungschancen zu geben, wurde die Gesamtschule angesehen. Das Konzept der Gesamtschule, alle Schüler in einer gemeinsamen Schule zu unterrichten, war in verschiedenen europäischen Staaten und in den USA seit langem erprobt und verwirklicht. In Deutschland gab es die Gesamtschule seit der Weimarer Zeit für die ersten vier Jahre, die Grund- oder Volksschule, die alle Schüler gemeinsam besuchen mußten, ehe sie sich trennten, um die Realschule oder das Gymnasium zu besuchen oder auf der Volks- bzw. Hauptschule zu bleiben.

Die Befürworter der Gesamtschule knüpften an die pädagogische Diskussion der Weimarer Republik an, wenn sie forderten, den Zeitpunkt der Selektion, also der Entscheidung über den weiteren Bildungsgang und die Vorentscheidung über den späteren Beruf vom Ende des vierten Schuljahrs einige Jahre hinauszuschieben, um damit auch den durch ihre soziale Herkunft benachteiligten Schülern eine Chance für höhere Bildung zu geben.

Ein erster Schritt zur Überwindung des dreigliedrigen Schulsystems schien daher die Einführung von Orientierungsstufen zu sein. Statt die Schüler am Ende des 4. Schuljahres auf ihre Eignung für die weiterführenden Schulen zu prüfen, wurde diese Entscheidung um zwei Jahre an das Ende der nun zur Orientierungsstufe erklärten 5. und 6. Klasse verschoben.[46]) In dieser Zeit sollten Eltern, Schüler und Lehrer die Möglichkeit haben, sich über den weiteren Bildungsgang des Schülers klar zu werden, und gemeinsam eine Entscheidung treffen. Gleichzeitig sollten die Schüler gefördert werden. Aber wo die Orientierungsstufe organisatorisch angesiedelt sein sollte, ob an der Grundschule, an den weiterführenden Schulen oder »schulformunabhängig«, darüber bestand

Uneinigkeit unter den Schulpolitikern. Während z. B. Niedersachsen die »schulformunabhängige« Orientierungsstufe einführte und damit einen Schritt in Richtung Gesamtschule machte, legten Baden-Württemberg, Bayern, Rheinland-Pfalz, Schleswig-Holstein und das Saarland in einem Sondervotum zum Bildungsgesamtplan 1973 Wert darauf, daß die Orientierungsstufe organisatorisch den drei herkömmlichen Schulformen zugeordnet werden kann.
Der Deutsche Bildungsrat schlug in seinem Strukturplan 1970[47]) vor, den Bildungsgang in drei Stufen zu gliedern: Primarstufe (1. bis 4. Schuljahr), Sekundarstufe I oder Mittelstufe (5. bis 9. bzw. 10. Schuljahr) und Sekundarstufe II oder Oberstufe (11. bis 13. Schuljahr). Diese Stufen sollten quer zu den drei herkömmlichen Schultypen verlaufen und zur Vereinheitlichung des Bildungswesens führen. Der Bildungsrat empfahl, »mindestens 40 integrierte Gesamtschulen« einzurichten, um diese neue Schulform in der Bundesrepublik zu erproben. Auch die Kultusministerkonferenz sprach sich für Gesamtschulversuche aus. Diese verliefen in Form und Anzahl in den einzelnen Bundesländern jedoch höchst unterschiedlich.
Zu differenzieren ist dabei zwischen additiver, kooperativer und integrierter Gesamtschule. Im Fall der *additiven* Gesamtschule werden Hauptschule, Realschule, Gymnasium mit jeweils eigener Schulleitung, eigenen Lehrern und eigenen Lehrplänen unter einem Dach zu einem Schulzentrum vereinigt. Zentrale Einrichtungen wie Turnhallen, Musikräume, Labors etc. werden von allen drei Schulen gemeinsam benutzt.
Die *kooperative* Gesamtschule hat eine gemeinsame Orientierungsstufe, so daß die Schüler bis zur sechsten Klasse gemeinsam unterrichtet werden. Erst von der 7. Klasse an gliedert sie sich in die herkömmlichen Schultypen, die aber bei der Aufstellung der Stundenpläne oder beim Austausch von Lehrern miteinander kooperieren.
Die *integrierte* Gesamtschule hebt die Unterschiede zwischen Hauptschule, Realschule und Gymnasium zwischen der 5 und 10. Klasse auf. Es gibt keine Schulleiter mehr, sondern Abteilungsleiter, die für die jahrgangsbezogenen Stufen (5. bis 6., 7. bis 8., 9. bis 10. und wenn vorhanden 11. bis 13. Schuljahr) zuständig sind. Kennzeichnend für die integrierte Gesamtschule ist die fachliche und leistungsmäßige Differenzierung der Schüler. Die Schüler eines Jahrgangs werden nicht mehr nach Klassen aufgeteilt, die jeweils in allen Fächern gemeinsam Unterricht haben, sondern von der Klassengemeinschaft bleibt nur noch die »Stamm-« oder »Kerngruppe« übrig, die gemeinsam Unterricht in Fächern wie Sozialkunde, Biologie, Sport und Musik erhält. In diesem »Kernunterricht« lernen alle Schüler gemeinsam, »was sie lernen müssen«, im übrigen besucht der einzelne Schüler je nach seiner Begabung

und Leistung verschiedene »Leistungskurse«, z. B. in Deutsch, Englisch, Mathematik, wo er sich mit gleich leistungsstarken Schülern aus anderen »Kerngruppen« derselben Jahrgangsstufe trifft. Hinzu kommt eine weitere Differenzierung nach Neigung im »Wahlpflichtunterricht« etwa einer 2. Fremdsprache und im »Wahlunterricht«.
Unter den Erziehungswissenschaftlern und meist auch in der öffentlichen Diskussion wird unter Gesamtschule dieser Typ der integrierten Gesamtschule verstanden. In West-Berlin wurde die integrierte Gesamtschule neben Hauptschule, Realschule und Gymnasium bereits 1970 als »Regelschule« im Gesetz verankert. In den anderen Bundesländern wurde sie als »Versuchsschule« oder »Angebotsschule« eingeführt.
Insgesamt gab es 1976 in der Bundesrepublik 156 integrierte Gesamtschulen,[48]) davon
64 in Hessen,
28 in Nordrhein-Westfalen,
25 in Berlin,
8 in Hamburg,
4 in Bremen,
13 in Niedersachsen,
6 in Baden-Württemberg,
2 in Rheinland-Pfalz,
3 in Bayern,
2 in Schleswig-Holstein und
1 im Saarland.

Die meisten integrierten Gesamtschulen (129) wurden in sozialliberal regierten Bundesländern eingeführt. Die CDU/CSU forderte auf dem Düsseldorfer Parteitag 1972 zwar eine Verbesserung der Chancengleichheit und eine Modernisierung des Bildungswesens, verhielt sich aber skeptisch bis ablehnend gegenüber der integrierten Gesamtschule als Mittel, diese Ziele zu erreichen. So haben die CDU/CSU-regierten Länder sich 1973 im Bildungsgesamtplan nur für die additive Form der Gesamtschule ausgesprochen und erreicht, daß die Entscheidung darüber, welche Struktur die Sekundarstufe I, also das 5. bis 10. Schuljahr, haben sollte, noch einmal um eine Experimentierphase bis mindestens 1976 vertagt wurde.
Die Befürworter der integrierten Gesamtschule erwarteten von der neuen Schulform die »soziale Integration« von Schülern unterschiedlicher sozialer Herkunft. Darüberhinaus sollte die Differenzierung nach Leistungs- und Neigungskursen und -gruppen die individuellen Fähigkeiten der Schüler besser fördern, als es die Differenzierung nach Schultypen und Jahrgangsklassen getan hatte, und damit die Forderung nach

Chancengleichheit im Bildungsbereich auch für sozial benachteiligte Schüler einlösen. Politisch unterstützt wurden diese Ziele von der SPD, der FDP und den Gewerkschaften.
Die Gegner der integrierten Gesamtschule sahen in ihr den Versuch, über die Schule und eine staatlich verordnete Einebnung von natürlichen Begabungsunterschieden gesellschaftliche Veränderungen herbeizuführen. Die integrierte Gesamtschule würde begabte Kinder zu kurz kommen lassen, den schwächeren Schülern zu einem »Billig-Abitur« verhelfen und das Bildungs- und Leistungsniveau allgemein senken. Diese Kritik kam vor allem von Seiten der CDU/CSU, von ihr nahestehenden Elternverbänden, Arbeitgebervereinigungen und von den Standesorganisationen der Gymnasiallehrer.
Die Kontroverse zwischen Befürwortern und Gegnern der Gesamtschule hat sich im Laufe der Jahre verschärft und dazu geführt, daß die Praxis der Gesamtschule von allen Seiten kritisch beobachtet und öffentlich diskutiert wurde. Beschränkt sich die Diskussion auf die bildungspolitische Ebene im engeren Sinne, so wird als Leistung der Gesamtschule gelegentlich auch von ihren Gegnern die soziale Integration und die Förderung der Benachteiligten anerkannt. Andererseits wird kritisiert, daß die starke Leistungsdifferenzierung gerade das von der Gesamtschule angestrebte Ziel des »sozialen Lernens« verfehle, daß die Größe der neuen Schulen und die Auflösung der Klassengemeinschaft die Kontakte der Schüler untereinander und zu den Lehrern erschwere, und daß die Hochbegabten zu wenig gefördert würden.
Greift die Diskussion aber auf die gesellschaftspolitische Dimension der Gesamtschulversuche über, wird sie leicht zum politischen Grundsatzstreit, in dem sich die Positionen unversöhnlich gegenüberstehen. Da das Schulwesen in die Kulturhoheit der Länder fällt, ist die Einheit des Bildungswesens in der Bundesrepublik wegen dieser grundsätzlich unterschiedlichen Auffassungen zwischen SPD/FDP-regierten Ländern und CDU- bzw. CSU-regierten Ländern stets gefährdet. So haben sich die Kultusminister der Länder in einem Rahmenabkommen zwar über die Anerkennung der Gesamtschulabschlüsse geeinigt, aber dieses Abkommen läuft 1981 aus.
Die Diskussion über die Gesamtschule kreiste und kreist um Probleme der Sekundarstufe I oder Mittelstufe, die Klassen 5 bis 10 also, da die Unterstufe (1. bis 4. Schuljahr) in der gemeinsamen Grundschule bereits integriert war und die über die Schuljahre der herkömmlichen Hauptschule und der Realschule hinausreichenden Klassen 11 bis 13 des Gymnasiums, die Oberstufe oder Sekundarstufe II, mit diesen Schultypen nicht integriert werden mußte.
Der wichtige Aspekt, wieweit die Sekundarstufe II der allgemeinbilden-

den Schulen, sei sie nun im herkömmlichen Gymnasium oder in der neuen Gesamtschule verankert, mit dem System der Berufsbildung verbunden werden könnte, spielte in der öffentlichen Diskussion eine untergeordnete Rolle. Nachdem das Berufsbildungsgesetz 1969 den Wildwuchs in diesem Bereich eher festgeschrieben denn beseitigt hatte,[49]) empfahl der Bildungsrat 1970, nach der Sekundarstufe I ein 11. Schuljahr als Berufsgrundschuljahr einzuführen und die studienbezogene Ausbildung mit dem Ziel der Hochschulreife stärker mit der berufsbezogenen Ausbildung zu verzahnen. Im November 1973 verabschiedete das Bundeskabinett »Markierungspunkte« zur Reform der beruflichen Bildung, die die Grundlage eines Referentenentwurfs für ein neues Berufsbildungsgesetz im Februar 1974 wurden. Gegen diesen Entwurf erhoben die Opposition und die Arbeitgeberverbände alsbald den Vorwurf, er werde das Angebot an Ausbildungsplätzen verringern und die Jugendarbeitslosigkeit nur vergrößern.
An der Berufsbildungsreform scheiterte der Minister für Bildung und Wissenschaft Klaus von Dohnanyi im Mai 1974. Sein Nachfolger Rohde mußte weitere Abstriche am Entwurf vornehmen, nachdem auch beim Koalitionspartner FDP Widerstände deutlich wurden. Einwände richtete die FDP vor allem gegen solche Elemente der geplanten Berufsbildungsreform, die den Interessen der mittelständischen Wirtschaft abträglich zu sein schienen. So lehnte Bundeswirtschaftsminister Friderichs z. B. den verstärkten Ausbau von überbetrieblichen Ausbildungszentren ab.
Das 1976 verabschiedete Ausbildungsplatzförderungsgesetz (APlFG) leistete nicht die ursprünglich beabsichtigte Strukturreform des Berufsbildungssystems, sondern versuchte nur noch, die inzwischen eingetretene Verschlechterung des Angebots an Ausbildungsplätzen auf dem Arbeitsmarkt zu bewältigen. Das herkömmliche duale System der beruflichen Bildung blieb in wesentlichen erhalten. Auf Vorschlag der CDU wurde das Berufsgrundbildungsjahr auf das 10. Schuljahr vorverlegt und damit ein Ansatz zur Integration der beiden Bereiche – Berufsgrundbildungsjahr als erstes Jahr einer integrierten Sekundarstufe II – wieder blockiert. Den größten Teil der Ausbildungszeit nimmt mit ca. 80% immer noch der berufspraktische Bereich im Betrieb in Anspruch, nur ca. 20% entfallen auf die staatlich kontrollierte Ausbildung in der Berufsschule.
Reformen im Bereich der Sekundarstufe II konzentrieren sich auf die Oberstufe des Gymnasiums. 1972 beschlossen die Kultusminister der Länder einstimmig, die Klassen 11 bis 13 des Gymnasiums als Studienstufe neu zu konzipieren und in ein System von Grund- und Leistungskursen aufzulösen.[50]) Das Schuljahr wurde in zwei Semester geteilt. Von den insgesamt 6 Semestern sollte das erste (oder die ersten zwei) zur

Orientierung dienen. Der Unterrichtsstoff wurde in einen Pflichtbereich mit drei Aufgabenfeldern (sprachlich-literarisch-künstlerisch, mathematisch-naturwissenschaftlich, gesellschaftswissenschaftlich) und einen Wahlbereich gegliedert. Die Leistungen der Schüler wurden nicht mehr punktuell mit Zensuren von 1 bis 6, sondern fortlaufend mit Punkten, die als Guthaben gespeichert wurden, bewertet.

Die Auflösung in Grund- und Leistungskurse, die Möglichkeit, zwischen verschiedenen Wahlpflichtfächern und Wahlfächern zu wählen, sollte die individuellen Fähigkeiten und Neigungen der Schüler fördern und entwickeln helfen, sie für bestimmte Studienrichtungen interessieren und auf die Universität vorbereiten. Das Problematische dieser Reform lag darin, daß auch die reformierte Oberstufe einseitig auf Hochschulreife und Hochschulstudium orientierte und daß ihre Einführung zeitlich zusammenfiel mit der verstärkten Anwendung des numerus clausus an den Hochschulen.

Statt ihren Neigungen und Fähigkeiten zu folgen, orientierten sich die Oberstufenschüler in zunehmendem Maße an dem Notendurchschnitt, der zur Zulassung für ein bestimmtes Studienfach vorzuweisen war, und wählten daher Kurse, die zwar nicht ihren Interessen entsprachen, in denen sie aber relativ leicht eine möglichst hohe Punktzahl zu erhalten hofften. Der Effekt war wiederum, daß zwar der Notendurchschnitt der Abiturienten stieg, die Durchschnittsnoten für die Zulassung zum Medizinstudium beispielsweise jedoch ebenfalls, und daß die Hochschulen über mangelhafte oder ungenügende Vorbildung der Studienanfänger zu klagen begannen.

Die politischen Auseinandersetzungen über die Entwicklung des Bildungswesens in der Bundesrepublik betrafen nicht nur – wie im Fall der Gesamtschule – Aufbau und Organisation des Schulwesens, sie entzündeten sich auch an inhaltlichen Fragen des Schulunterrichts. Das beste Beispiel hierfür ist die Debatte über die hessischen Rahmenrichtlinien.[51])

Nachdem Ende der 60er Jahre in Hessen die schulgesetzlichen Maßnahmen für die Einführung der Orientierungsstufe und der Gesamtschule geschaffen worden waren, sollte diese »äußere Schulreform« ergänzt werden durch eine »innere Schulreform«, die Neugestaltung der Lehrpläne nämlich. Der Versuch, eine grundlegende »Curriculumrevision« durch eine Expertenkommission unter möglichst breiter Beteiligung der Lehrerschaft durchzuführen, scheiterte 1970. Das Kultusministerium berief daraufhin Arbeitsgruppen, die stufen- und fächerbezogene Richtlinien ausarbeiten sollten. Die ersten Entwürfe wurden im Februar 1972 den Lehrerverbänden, dem Landeselternrat und der Landesschülervertretung zur Stellungnahme zugeleitet. Im Mai 1972 einigten sich Kultus-

ministerium, Landeselternrat und Hauptpersonalrat der Lehrer auf eine freiwillige Teilerprobung der Rahmenrichtlinien im Schuljahr 1972/73. Öffentliches Interesse erregten die Rahmenrichtlinien, als die FDP, Koalitionspartner der SPD in der hessischen Landesregierung, Ende März 1973 eine »Große Anfrage« zu den Rahmenrichtlinien im hessischen Landtag einbrachte. Aus der parlamentarischen Debatte entwickelte sich eine immer heftiger werdende öffentliche Kontroverse, die über Hessen hinaus bundesweite Aufmerksamkeit erregte und bald neben den direkt betroffenen Schülern, Lehrern und Eltern auch die Parteien, verschiedene Interessenverbände und Fachwissenschaftler aus Pädagogik, Geschichtswissenschaft und Germanistik auf den Plan rief. Die Diskussion beschränkte sich auf die Rahmenrichtlinien für die Fächer Deutsch und Gesellschaftslehre, obwohl zur gleichen Zeit auch Rahmenrichtlinien für andere Fächer vorgelegt worden waren.
Die hessischen Rahmenrichtlinien waren keine verbindlichen Lehrpläne, sondern Richtlinien, die erprobt und revidiert werden sollten. Sie unterschieden sich von vorangegangenen Lehr- oder Bildungsplänen auch dadurch, daß sie nicht auf die verschiedenen Schultypen, sondern auf die quer dazu liegenden Schulstufen zugeschnitten waren – allerdings befaßten sich die Rahmenrichtlinien von 1972 nur mit der Sekundarstufe I. Außerdem versuchten sie bisher selbständige Fächer wie Geschichte, Geographie und Politik mit einer Einführung in die Wirtschaftslehre zum neuen Fach Gesellschaftslehre zu verbinden. Und schließlich führten sie nicht nur einen Katalog von Unterrichtsgegenständen auf, sondern bemühten sich, Inhalte und Methoden der Unterrichtsfächer von übergeordneten Lernzielen abzuleiten.
Die theoretischen Begründungen der Lernziele und die unterrrichtspraktischen Beispiele ließen überall das politisch-didaktische Prinzip erkennen, durch einen Vergleich zwischen Verfassungsgebot und Verfassungswirklichkeit die Möglichkeit und Notwendigkeit von Veränderungen in Wirtschaft, Gesellschaft und Politik aufzuzeigen und deutlich zu machen, daß Widersprüche und Ungleichheiten durch die Austragung von Konflikten gelöst werden müssen. Die Verfasser der Rahmenrichtlinien konnten sich hier auf den liberalen Soziologen Ralf Dahrendorf berufen, der 1965 geschrieben hatte: *»Konflikt bedeutet die große Hoffnung einer würdigen und rationalen Bewältigung des Lebens in Gesellschaft, Antagonismen und Konflikte machen selbst den menschlichen Sinn der Geschichte aus: Gesellschaften bleiben menschliche Gesellschaften, soweit sie das Unvereinbare in sich vereinen und den Widerspruch lebendig erhalten«.*[52]) Da die Rahmenrichtlinien zugleich die Interessen und Bedürfnisse der Menschen stärker als die Ansprüche von Staat und Gesellschaft zum Gegenstand des Unterrichts machen und an die

unmittelbare Lebenswelt der Schüler anknüpfen wollten, sollten auch Konflikte in Familie und Schule im Unterricht angesprochen werden.
An dieser den Rahmenrichtlinien zugrundeliegenden Konflikt-Orientierung vor allem entzündete sich die öffentliche Auseinandersetzung. Den Verfassern und dem hessischen Kultusminster Ludwig v. Friedeburg (SPD) wurde vorgeworfen, sie wollten die Schüler zum Klassenkampf erziehen und gleichzeitig die Familie zerstören, indem sie das Prinzip der Kritik und des Konflikts sowohl im großen gesellschaftlichen wie im kleinen häuslichen oder schulischen Rahmen über Gebühr betonten und demgegenüber die Möglichkeit und Notwendigkeit von Loyalität und Kompromiß unterbewerteten. Manche Gegner der hessischen Rahmenrichtlinien gingen sogar so weit, ihnen Verfassungsfeindlichkeit vorzuwerfen, weil sie mit Klassenkampfparolen zum Umsturz der bestehenden Gesellschaftsordnung aufriefen und Werte wie Menschenwürde, Toleranz und den Schutz der Familie infrage stellten oder vernachlässigten.
Gegen die Rahmenrichtlinien traten vor allem die CDU, die Arbeitgeberverbände, der CDU-orientierte hessische Elternverein und der Philologenverband, aber auch der Koalitionspartner der SPD in Hessen und in Bonn, die FDP, auf. Für die Rahmenrichtlinien setzten sich die SPD, die Gewerkschaften, der Landeselternbeirat und die in der GEW organisierten Lehrer ein. Die Fronten der Auseinandersetzung verliefen also ungefähr entlang denselben Linien wie bei der gleichzeitigen Auseinandersetzung über die Gesamtschule.
Die CDU veröffentlichte eine Dokumentation über »Sozialismus im hessischen Schulwesen« und eine Broschüre mit dem Titel »Marx statt Rechtschreibung« und veranstaltete am 24. Februar 1973 eine Fachtagung in Gießen, auf der die damalige Staatssekretärin im Kultusministerium von Rheinland-Pfalz, Hanna Laurien, den Rahmenrichtlinien u. a. vorwarf, sie verfälschten durch die »Vorherrschaft des Konfliktdenkens . . . Schule zur Schulung«.[53]) Im »Arbeitgeber«, dem offiziellen Organ des Bundes deutscher Arbeitgeber, hieß es im Mai 1973: *»Eine auch nur stellenweise positive Darstellung der geltenden Gesellschaftsordnung findet in den hessischen Rahmenrichtlinien nicht statt. Schlimmer: Die Schüler werden nicht zu loyalen Staatsbürgern in einer Gemeinschaft mit harmonisierenden Spielregeln erzogen, sondern zu ideologisch programmierten Revoluzzern abgerichtet, die Kritik zum allgemeinen Maßstab ihrer ›Mündigkeit‹ zu machen haben. Schule wird zur Schulung.«*[54])
Der Referent der CDU-Fraktion, Dr. Hartmut Müller-Kinet, kritisierte die politische und wissenschaftliche Einseitigkeit der Rahmenrichtlinien, die zu der »geradezu monomanischen Konfliktideologie als ausschließlicher Interpretationsgrundlage der gesellschaftlichen Realität« geführt

habe[55]), und forderte eine Neukonzeption von Bildungsplänen unter Berücksichtigung des »politischen und wissenschaftlichen Pluralismus«. Die »ideologische Blickverengung« wurde auch von Sprechern der FDP kritisiert, die im übrigen dem Kultusminister vorwarfen, daß er Koalitionspartner, Eltern und Lehrer überrumpelt habe, statt einen so wichtigen Schritt wie eine »qualitative Schulreform« mit allen Betroffenen gründlich vorzubereiten und abzuklären.[56])

In seiner Antwort auf die »Große Anfrage« der FDP verteidigte Kultusminister v. Friedeburg[57]) am 29. März 1973 die mit den Rahmenrichtlinien verfolgten bildungspolitischen Absichten der Regierung und begründete das Beharren der Rahmenrichtlinien auf Begriffen wie »Interessen« und »Konflikt« unter Rückgriff auf Dahrendorf damit, daß in einer sich als pluralistisch verstehenden Gesellschaft *»verschiedene Interessen angesprochen und vertreten werden können, daß sie auch gegeneinander stehen und in Konflikten ausgetragen werden. Wenn es überhaupt eine generelle Formel gibt für den Unterschied zwischen einer demokratischen Ordnung und einer, die nicht auf demokratischen Prinzipien aufbaut, so ist sie ja gerade an diesem Punkt festzumachen.«*

Die Gegner der hessischen Rahmenrichtlinien buchten es als einen Erfolg ihrer Öffentlichkeitsarbeit und ihres Drucks auf die Regierung, als das Kultusministerium im Dezember 1973 eine überarbeitete Fassung der Rahmenrichtlinien Gesellschaftslehre herausbrachte.[58]) In der Tat wurden in dieser zweiten Fassung die Notwendigkeit von Kompromissen und der Gedanke der Toleranz in stärkerem Maße berücksichtigt als in der kritisierten Erstfassung. Die Rahmenrichtlinien sahen aber weiterhin die »Möglichkeit und Notwendigkeit«, die in der Bundesrepublik »vorhandenen Interessengegensätze zu überbrücken«,und stießen damit bei ihren Kritikern ebenso auf Ablehnung wie mit der Forderung nach einer Erziehung zur »kritischen Loyalität« gegenüber der Verfassungswirklichkeit in der Bundesrepublik.

Die öffentliche Auseinandersetzung über die Rahmenrichtlinien erreichte 1974 noch einmal einen Höhepunkt, als sie in den Wahlkampf zum hessischen Landtag geriet. Das Ergebnis der Landtagswahlen vom 27. Oktober 1974[59]) war eine herbe Enttäuschung für die regierende SPD-FDP-Koalition. Die SPD büßte 2,7 Prozentpunkte gegenüber der Landtagswahl von 1970 (43,2% zu 45,9%) und sogar 5,3 Prozentpunkte gegenüber der Bundestagswahl von 1972 (48,5%) ein und verlor die Mehrheit in Großstädten wie Frankfurt, Darmstadt und Gießen an die CDU. Die Verluste der FDP lagen bei 2,7 Prozentpunkten gegenüber der letzten Landtagswahl bzw. 2,8 Prozentpunkte gegenüber der Bundestagswahl. Der große Gewinner war die CDU. Sie legte 7,6 Prozentpunkte (47,3% zu 39,7%) gegenüber den Landtagswahlen von 1970 und 7,0

Prozentpunkte gegenüber den Bundestagswahlen zu und nahm der SPD die Mehrheit in den erwähnten Großstädten ab.
Vom liberalen Koalitionspartner wurde das schlechte Abschneiden der Regierungskoalition bei der Wahl nicht zuletzt auf die Schulpolitik der Landesregierung zurückgeführt. Die FDP forderte und erreichte, daß Kultusminister von Friedeburg dem neuen Kabinett nicht mehr angehörte. Sein Nachfolger wurde der bisherige Minister für Landwirtschaft und Umweltschutz, Hans Krollmann. Mit der Verschärfung der wirtschaftlichen und internationalen Lage, dann mit den Aktionen von Terroristengruppen geriet die Diskussion über die hessischen Rahmenrichtlinien immer mehr in den Hintergrund des öffentlichen Interesses, obwohl ihre Erprobung weiterlief. Eine verbindliche Fassung der Rahmenrichtlinien in Gesellschaftslehre existiert allerdings bis heute nicht.
Eine über Hessen hinausreichende Wirkung hatte die heftige Auseinandersetzung um die Rahmenrichtlinien insofern, als sie andere Kultusministerien veranlaßte, auf eine grundlegende Reform ihrer Richtlinien für den politischen Unterricht ganz zu verzichten oder – wie in Hamburg – bei der Wahl der Begriffe behutsamer vorzugehen. In Nordrhein-Westfalen versuchte die Opposition die 1973 unabhängig von den Hessischen Rahmenrichtlinien erlassenen »Richtlinien für den politischen Unterricht« mit den Hessischen Rahmenrichtlinien gleichzusetzen. Als Folge der daraufhin einsetzenden öffentlichen Diskussion und zur Verdeutlichung der ursprünglichen Absichten wurden diese Richtlinien überarbeitet und 1974 in der zweiten Auflage unter der Bezeichnung »Richtlinien für den Politik-Unterricht« vom Kultusminister erlassen.

6.4. Probleme der Hochschulreform

Die Alarmrufe über die deutsche Bildungskatastrophe und die Studentenbewegung rückten Ende der 60er Jahre die Universitäten und Hochschulen in den Blickpunkt des öffentlichen Interesses. Die Konflikte und Kontroversen innerhalb und außerhalb der Hochschulen kreisten um drei Problembereiche:
1. den numerus clausus, der sich auf immer mehr Fächer ausdehnte,
2. die innere Organisation der Hochschulen, also Personalstruktur und Selbstverwaltung,
3. die Organisation des Studiums, die Reform der Studiengänge und Abschlüsse.
Nicht nur die geburtenstarken Jahrgänge, sondern vor allem die Bildungswerbung und Ausbildungsförderung sowie die einseitige Orientierung der Oberstufenschüler auf das Hochschulstudium führten dazu, daß

seit 1965 die Zahl der Abiturienten und Studenten schneller wuchs als die entsprechenden Jahrgänge der Bevölkerung. Zwischen 1965 und 1975 sank die Zahl der 20jährigen leicht ab, doch im gleichen Zeitraum verdoppelte sich die der Studienanfänger.
Die Zahl der Studenten an den Universitäten, Technischen Hochschulen, Pädagogischen Hochschulen, Fachhochschulen, Kunsthochschulen und Gesamthochschulen[60]) betrug

1965	384 400
1970	510 000
1975	842 200
1976	877 300.

Die Zahl der Studienanfänger betrug

1965	85 770
1970	125 700
1975	166 600
1976	168 100.

Der Anteil der Studienanfänger an der Altersgruppe der 19- bis 21jährigen lag

1965 bei 13,3%
1970 bei 15,4%
1975 bei 19,5%
1976 bei 19,1%.

Gab es 1965 66 Studenten auf 10 000 Einwohner der Bundesrepublik, so waren es 1970 schon 84 Studenten, 1975 bereits 135 und 1976 sogar 152.

Nachdem der Hochschulbau 1969 zur Gemeinschaftsaufgabe von Bund und Ländern erklärt worden war, wurden bis 1973 80 000 neue Studienplätze geschaffen; 1972 war zum ersten Mal die Zahl der neuen Studienplätze größer als die Zahl der Studienanfänger. Doch eine Lockerung des numerus clausus bewirkte den Ausbau der Hochschulen nicht. Von Fächern, die traditionell Zulassungsbeschränkungen aufwiesen, wie Medizin und Zahnmedizin, dehnte er sich zunächst auf alle Naturwissenschaften und Ingenieurwissenschaften aus und griff dann auch auf Fächer über, die nicht auf Labor- und Praktikantenplätze angewiesen waren, wie die Wirtschafts-, Sozial- und Geisteswissenschaften.
Da mit finanziellen Mitteln allein dem numerus clausus offenbar nicht beizukommen war und ab 1974/75 diese Mittel auch knapper wurden, andererseits eine hohe Abiturienten- und Studentenquote im Interesse der Leistungsfähigkeit der deutschen Wirtschaft und Gesellschaft wün-

schenswert erschien, versuchten die für das Hochschulwesen verantwortlichen staatlichen Stellen durch Verwaltungsvorschriften und -maßnahmen die Verweildauer der Studenten an den Hochschulen zu verkürzen. 1973 schlug die Bund-Länder-Kommission für Bildungsplanung zur besseren Ausnutzung der Hochschulkapazitäten an Räumen und Personal vor, ein 9 Monate dauerndes Studienjahr anstelle der zusammen 7 Monate dauernden 2 Semester pro Jahr einzuführen und eine Regelstudienzeit vorzuschreiben, nach deren Überschreiten der betreffende Student seinen Studienplatz verlieren sollte.[61])

Das Studienjahr hat sich bisher nicht durchgesetzt, wenn man von den Hochschulen der Bundeswehr absieht. Die Regelstudienzeit wurde gesetzlich vorgeschrieben durch das Hochschulrahmengesetz, das nach langem Tauziehen zwischen Bundestagsmehrheit und Bundesratsmehrheit im Dezember 1975 verabschiedet wurde und seitdem den Rahmen für die Hochschulgesetzgebung der Bundesländer abgibt.[62])

Die Regelstudienzeit und die im HRG gegebene Ermächtigung der Länder, ein weitgehendes Ordnungsrecht an den Hochschulen einzuführen und ein politisches Mandat für die verfaßte Studentenschaft auszuschließen, oder diese überhaupt abzuschaffen, wurde nicht nur von studentischen Organisationen, sondern auch von anderen Hochschulangehörigen als Versuch zur Disziplinierung der Studenten kritisiert.

Die schon während der Beratungen zum HRG einsetzende Opposition gegen das Gesetz richtete sich außerdem gegen die im HRG vorgesehene Neuregelung der Mitbestimmung an den Hochschulen. Denn das Hochschulrahmengesetz setzte zugleich einen vorläufigen Schlußpunkt unter die Bemühungen um eine Strukturreform der Hochschulen, die 1969 unter dem Stichwort »Demokratisierung« eingesetzt hatte. Eine Forderung der Studentenbewegung war der Ruf nach stärkerer Beteiligung der Studenten an der Selbstverwaltung der Hochschulen gewesen. Auch die Assistenten und andere wissenschaftliche Mitarbeiter an den Hochschulen forderten ein stärkeres Mitspracherecht und ein Ende ihrer Abhängigkeit von den Professoren. Die in den folgenden Jahren erlassenen Hochschulgesetze einzelner Bundesländer (Hamburg, Bremen, Berlin, Hessen, Niedersachsen) erfüllten zwar nicht die studentische Forderung nach »Drittelparität« in den Selbstverwaltungsgremien der Hochschulen (ein Drittel Professoren, ein Drittel akademischer »Mittelbau«, ein Drittel Studenten), sicherten aber die Mitbestimmungsmöglichkeiten des Mittelbaus (Assistenten, Dozenten, sonstige wissenschaftliche Mitarbeiter) und der Studenten soweit ab, daß sie gemeinsam die Professoren überstimmen konnten.

An den meisten Hochschulen der Bundesrepublik wurde Schritt für Schritt die traditionelle Rektoratsverfassung durch die neue Präsidialverfassung ersetzt. Die Trennung zwischen Verwaltung und akademischer Selbstverwaltung, an deren Spitze ein von den Professoren für ein Jahr gewählter Professor als Rektor stand, wurde ersetzt durch eine Einheitsverwaltung, an deren Spitze ein von allen Gruppen der Hochschule für mehrere Jahre gewählter hauptamtlicher Präsident steht. Die zum Teil übergroß und unüberschaubar gewordenen Fakultäten wurden aufgelöst in Fachbereiche, deren wichtigste Kompetenzen die Festsetzung des Lehr- und Forschungsprogramms und die Berufung neuer Hochschullehrer sind. Entscheidungen der Fachbereiche sind Kollegialorganen vorbehalten, in denen die »Gruppen« der Professoren, des akademischen Mittelbaus und der Studenten sowie das »Technische und Verwaltungspersonal« je nach den gesetzlichen Regelungen der Bundesländer unterschiedlich stark vertreten sind.

Gegen die Mitbestimmungsregelungen der »Gruppenuniversität« richtete sich von Anfang an die Opposition vieler Professoren, deren Position und Einfluß auf die Entscheidungen der Universität gegenüber der alten »Ordinarienuniversität« tatsächlich eingeschränkt worden war. Vom »Bund Freiheit der Wissenschaft«, in dem sich die konservativen Professoren zusammenschlossen, aber auch von anderen Hochschullehrern wurde die These vertreten, daß die in den Landeshochschulgesetzen gegebene Möglichkeit, die Hochschullehrer in Fragen der Forschung, der Lehre, der Berufung neuer Professoren und der akademischen Prüfungen zu überstimmen, verfassungswidrig sei, da sie dem in Artikel 5 des Grundgesetzes verankerten Grundsatz der Freiheit von Forschung und Lehre widerspräche.

Als die niedersächsische Landesregierung in einem sogenannten Vorschaltgesetz zu dem geplanten Gesamthochschulgesetz am 26. Oktober 1971 die Zusammensetzung der Kollegialorgane der Hochschulen neu regelte, reichten 398 Professoren und Dozenten aus Niedersachsen Verfassungsbeschwerde beim Bundesverfassungsgericht in Karlsruhe ein mit der Begründung, die Neuregelung räume ihnen eine so schwache Vertretung in den Selbstverwaltungsorganen ein, daß sie aus der Verantwortung für die wissenschaftlichen Entscheidungen verdrängt würden. Damit sei das Grundrecht aus Artikel 5 GG verletzt.

Der erste Senat des Bundesverfassungsgerichts gab dieser Beschwerde am 29. Mai 1973 im wesentlichen recht,[63]) wenn er feststellte:

»Angesichts der in der ›Gruppenuniversität‹ zutage tretenden Interessengegensätze zwischen den einzelnen Gruppen müsse der Gesetzgeber durch geeignete organisatorische Maßnahmen verhindern, daß die Gruppe der Hochschullehrer in den Beschlußorganen der Wissenschaftsverwaltung bei Entscheidungen über Fragen von Forschung und Lehre überspielt werden könne.«

Das BVerfG forderte daher: 1. Bei Entscheidungen, die unmittelbar die Lehre betreffen, müsse der Gruppe der Hochschullehrer der ihrer besonderen Stellung entsprechende maßgebende Einfluß bleiben. Diesem Erfordernis werde genügt, wenn diese Gruppe über die Hälfte der Stimmen verfüge. 2. Bei Entscheidungen, die unmittelbar Fragen der Forschung betreffen, müsse der Gruppe der Hochschullehrer ein weitgehender, ausschlaggebender Einfluß vorbehalten bleiben. Aufgrund ihrer wissenschaftlichen Qualifikation, ihrer Funktion und ihrer Verantwortung müßten sich die Hochschullehrer in diesem besonderen Bereich gegenüber den anderen Gruppen durchsetzen können. Das Gleiche habe für das Berufungsverfahren der Hochschullehrer wegen der engen Verknüpfung dieses Auswahlverfahrens mit der Garantie der Wissenschaftsfreiheit zu gelten. 3. Die Gruppe der Hochschullehrer müsse homogen, das heißt nach Unterscheidungsmerkmalen zusammengesetzt sein, die sie gegen andere Gruppen eindeutig abgrenze.
In ihrem Minderheitsvotum kritisierten die Richter Rupp- von Brünneck und Simon, daß die Mehrheitsentscheidung *»das vorbehaltlos gewährleistete Freiheitsrecht des Artikels 5, Abs. 3 GG einerseits der Gefahr der Relativierung ausgesetzt, andererseits sinnwidrig in ein ständisches Gruppenprivileg und Herrschaftsrecht umgemünzt«* habe. Dennoch hatte gerade in diesem Punkt das Urteil weitreichende Folgen für die Bundes- und Ländergesetzgebung im Hochschulbereich. Das Hochschulrahmengesetz von 1975 schrieb eine Zusammensetzung der Selbstverwaltungsorgane der Hochschule in der Weise vor, daß die Professoren in Fragen der Forschung, Lehre und Berufung über die Mehrheit der Stimmen verfügen müßten, und ging noch über das Urteil des BVerfG hinaus, indem es bestimmte, daß Beschlüsse zu diesen Punkten nur dann gültig sein sollten, wenn nicht nur die Mehrheit des betreffenden Gremiums, sondern auch die Mehrheit der in ihm vertretenen Professoren ihnen zugestimmt hätte.
Richteten sich gegen diese Neuregelung der Mitbestimmung in den Hochschulorganen, insbesondere gegen die Vorschrift einer »Mehrheit in der Mehrheit«, zahlreiche Proteste von Studenten, akademischem Mittelbau und auch von Professoren, denen diese Regelung ein Rückfall in ständisches Denken bedeutete, so fanden sie doch Eingang in die Entwürfe zu neuen Landeshochschulgesetzen, wie sie seit 1976 in vielen Bundesländern vorbereitet werden.
Als zentrale Aufgabe der Hochschulreform war nach 1966 vor allem von vielen Hochschulangehörigen selbst die Studienreform angesehen worden. Studienziele sollten formuliert, Studiengänge »entrümpelt« und neu konzipiert, das Lehrangebot entsprechend umgestaltet und die Studienabschlüsse aus den Studiengängen entwickelt und nicht durch staatliche

Vorgaben bestimmt werden. Die inhaltliche Studienreform sollte die in der Oberstufenreform enthaltenen Möglichkeiten zur Berücksichtigung und Förderung der individuellen Fähigkeiten und Neigungen des Schülers bzw. Studenten fortsetzen und zugleich auf die Anforderungen der Gesellschaft eingehen, in dem sie mehr als bisher die Praxis in das Studium miteinbezog.

Daß die inhaltliche Studienreform in den Jahren 1969 kaum von der Stelle kam bzw. wenig Niederschlag in offiziellen Studien- und Prüfungsordnungen fand, lag einmal an den hochgespannten Zielen der Reformer selbst. Denn die innerwissenschaftliche Diskussion über Lernziele, lernzielorientierten Unterricht, Praxisbezug, forschendes und exemplarisches Lernen, und das Verhältnis von Menschenbildung und Berufsausbildung war keineswegs schon zu Ergebnissen gelangt, die sich kurzfristig in fachbezogene oder fächerübergreifende Reformmaßnahmen umsetzen ließen. Eine weitere Schwierigkeit im Bereich der Hochschulen selbst boten die Ziel- und Entscheidungskonflikte zwischen den Gruppen, insbesondere zwischen Studenten einerseits und Dozenten im weiteren Sinne andererseits. Kompliziert wurde die Studienreform schließlich dadurch, daß sie mit der Prüfungsreform zusammenhing und damit in den Bereich des Berechtigungswesens hineinreichte.

Die Hochschulautonomie in Fragen der Studienreform ist eingeschränkt durch die staatlichen Prüfungsordnungen für viele akademische Berufe, deren Stellenmarkt größtenteils im öffentlichen Dienst liegt, und durch das staatliche Genehmigungsverfahren für akademische Prüfungen. Studienreform lief in der Praxis meist darauf hinaus, daß die fachbezogenen oder zentralen Studienreformausschüsse an den Hochschulen Studienreformkonzepte ausarbeiteten oder neue Studiengänge entwarfen, während parallel dazu staatliche Instanzen Prüfungsordnungen erließen oder akademische Prüfungsordnungen sanktionierten, die keinerlei Bezug zu den Studienreformüberlegungen der Hochschulen hatten oder sie z. B. durch Studienzeitbeschränkungen unrealistisch machten.

Auf staatlicher Seite machte sich im Lauf der Jahre die Überzeugung breit, daß die Hochschulen zu einer Studienreform ebenso unfähig seien wie zu einer Strukturreform, daß daher auch hier die staatliche Planung eingreifen müsse. Das Hochschulrahmengesetz legte 1975 fest, daß auf Landesebene Studienreformkommissionen gebildet werden sollten, in denen »staatliche Stellen« die Mehrheit hätten. Ihre Aufgabe sollte darin bestehen, die verschiedenen Studiengänge auf bestimmte Berufsfelder hin zu straffen und effektiver zu machen. War die Studienreform ursprünglich zur umfassenden Qualifikation des Studenten gedacht gewesen, sollte sie nach dem Willen des Gesetzgebers nun vor allem dazu dienen, die Studenten möglichst schnell durch die Hochschule zu schleusen, um den numerus clausus zu entschärfen, die gesellschaftlichen Kosten der Hochschulausbildung zu senken und doch für bestimmte Berufe qualifizierte Hochschulabsolventen zu liefern.

7. Ergebnisse der Reformpolitik

Insgesamt verlief die »Politik der inneren Reformen« nicht so erfolgreich wie ihre Urheber erwartet und geplant hatten. Die Gründe dafür liegen einmal in der wirtschaftlichen Entwicklung, die die Finanzierung mancher Reformvorhaben unmöglich machte, zum anderen im politischen Widerstand der Opposition in Bundesrat und Bundesländern, die die gesetzliche und praktische Durchführung von Reformen erschwerte oder verhinderte.[64])
Weil die Mittel fehlten, mußte die Regierung auf Steuersenkungen verzichten und z. B. den geplanten Bildungsurlaub wieder streichen. Weil sie die Auswirkungen der Weltwirtschaftskrise noch verstärkt hätten bzw. weil die Wirtschaftsverbände diese Gefahr an die Wand malten, blieb die Reform der beruflichen Bildung in Ansätzen stecken und wurden auch manche Vorhaben in der Sozialpolitik und beim Arbeitsschutz zurückgestellt. Der politische Widerstand der Opposition wirkte sich vor allem bei der Mitbestimmungsregelung, bei der Reform des § 218 und in der Bildungspolitik aus. Im Falle Mitbestimmungs- und Bildungspolitik kamen Widerstände des kleineren Koalitionspartners hinzu.
Setzten diese Widerstände der Reformpolitik auch Grenzen, so läßt sich doch nicht sagen, daß sie gescheitert sei. Gescheitert sind Reformvorhaben vor allem in den Bereichen, wo es um wirtschaftliche Verfügungsmacht – wie bei der Mitbestimmung – oder um Neuverteilung des wirtschaftlichen Zugewinns ging – wie bei der Steuerreform. Hier war der Widerstand der politischen Opposition und der wirtschaftlichen Interessenverbände besonders hartnäckig. Erfolgreich war die Reformpolitik einmal beim Ausbau der sozialen Sicherheit durch Rentenreform und Erhöhung der Leistungen der Krankenversicherung, dann bei der Ausweitung des Bildungswesens in quantitativer Hinsicht, bis der Finanzmangel diese Entwicklung beendete, und schließlich bei der Ausdehnung der bestehenden Beteiligungsformen im politischen und wirtschaftlichen Bereich durch Herabsetzung des Wahlalters, durch das Betriebsverfassungsgesetz und ansatzweise auch durch das Mitbestimmungsgesetz.

Für die Schöpfer und Träger der Reformpolitik war diese auch insofern erfolgreich, als das Bündnis zwischen SPD und Gewerkschaften und zwischen SPD und FDP trotz aller Belastungen erhalten blieb und die Wähler beider Parteien in genügendem Maß mobilisiert wurden, so daß 1972 und 1976 die Koalition fortgesetzt werden konnte. 1976 stellte sich das grundsätzliche Problem dieser Reformpolitik allerdings in verstärktem Maße: Die Notwendigkeit, handfeste Leistungen für die Arbeitnehmer und andere Nutznießer staatlicher Sozialpolitik zu erbringen, steht in prinzipiellem Gegensatz zu der Notwendigkeit, das wirtschaftliche Wachstum zu fördern, das die Mittel zur Finanzierung des Sozialstaats abwerfen soll. Das Problem der staatlichen Politik besteht darin, ein gewisses Gleichgewicht zwischen der Verbesserung der Sozialleistungen für Arbeitnehmer und andere Abhängige einerseits und der Ermutigung zu verstärkten Kapitalinvestitionen für die Unternehmer andererseits herzustellen und gleichzeitig Vollbeschäftigung und stabile Preise zu sichern.

VI. Innenpolitische Veränderungen 1972 – 1976

1. Der »Radikalenerlaß« vom Januar 1972

Die Bemühungen der sozialdemokratisch geführten Bundesregierung um eine Verbesserung der Beziehungen zu den kommunistischen Staaten Osteuropas und um eine Normalisierung des Verhältnisses zur DDR wurden eingeleitet und gestützt durch Beschlüsse der SPD-Führungsgremien. Nicht zuletzt um Vorwürfen und Verdächtigungen des innenpolitischen Gegners entgegenzutreten, waren dieselben Führungsgremien gleichzeitig bestrebt, die Unterschiede und die Unvereinbarkeit zwischen Sozialdemokratie und Kommunismus im Bereich der Ideologie, der Programmatik und der praktischen Politik immer wieder zu betonen und durch innerparteiliche Maßnahmen zu untermauern.
Am 14. November 1970 wurde auf einer gemeinsamen Sitzung von Parteivorstand, Parteirat und Kontrollkommission in München ein Beschluß[1]) zum Thema »Sozialdemokratie und Kommunismus« gefaßt, der die Ostpolitik der Bundesregierung befürwortete und dann fortfuhr: »Friedenspolitik und Sicherung der Freiheit gehören für die deutsche Sozialdemokratie untrennbar zusammen. Darum wird sie bei ihrem Bemühen um außenpolitische Verständigung mit den kommunistisch regierten Staaten niemals eine Verwischung der grundsätzlichen Gegensätze zulassen, die sozialdemokratische und kommunistische Zielvorstellungen und Durchsetzungsmethoden voneinander trennen . . . Sozialismus – im klassischen Sinne einer Kontrolle der Gesellschaft über die wirtschaftlichen Machtmittel mit Hilfe des Staates – ist nur möglich, wo die Staatsmacht selbst von der Gesellschaft demokratisch kontrolliert wird . . . Der entscheidende Gegensatz zwischen sozialdemokratischer und kommunistischer Politik liegt nicht in der verschiedenen Haltung zum Privateigentum, so wichtig diese ist, sondern in dem Gegensatz von Rechtsstaatlichkeit und Willkür, von freiheitlicher Demokratie und Parteidiktatur, von Selbstbestimmung und Fremdbestimmung.«
Auf dieser Grundlage wurde ein »Unvereinbarkeitsbeschluß« gefaßt, der SPD-Mitgliedern die Zusammenarbeit mit der Deutschen Kommunisti-

schen Partei (DKP), der Sozialistischen Einheitspartei West-Berlins (SEW), der Sozialistischen Deutschen Arbeiterjugend (SDAJ) und der Freien Deutschen Jugend (FDJ) Berlin untersagte.
Die Abgrenzungspolitik gegenüber den Kommunisten erschien um so notwendiger, als zum einen die Zahl der Mitglieder von Studentenorganisationen, die sich als kommunistisch oder sozialistisch verstanden, Anfang der 70er Jahre merklich anstieg, sich zum anderen auch in den Jugend- und Studentenorganisationen der SPD selbst sowie in einigen SPD-Unterbezirken linkssozialistische Bestrebungen bemerkbar machten und schließlich ehemalige Mitglieder der Außerparlamentarischen Opposition nun ihren angekündigten »Marsch durch die Institutionen« antraten und in den Staatsdienst aufgenommen werden wollten.
Am 26. Februar 1971, als der Konflikt zwischen dem zum rechten Flügel der SPD gerechneten Münchner Oberbürgermeister Hans-Jochen Vogel und dem linkssozialistischen Vorstand des SPD-Unterbezirks München bundesweit Aufsehen erregte, billigten die SPD-Führungsgremien die endgültige Fassung des Münchner Beschlusses von 1970 und nahmen eine Entschließung über den Charakter der SPD als Volkspartei[2]) an, in der es u. a. heißt:
»In der SPD ist kein Platz für 1. jene, die aus der parlamentarisch-demokratischen Reformpartei des Godesberger Programms eine Kaderpartei revolutionären Typs machen wollen, 2. jene, die innerhalb dieser Partei eigene Organisationen mit abweichenden programmatischen Zielen bilden oder zu bilden versuchen, 3. jene, die in diese Partei hineinwollen, um ihr Schaden zuzufügen oder sie zu spalten.«
Auf Regierungsebene hatte das Bemühen der SPD-Führung um Abgrenzung von linkssozialistischen und kommunistischen Tendenzen zur Folge, daß der von der SPD geführte Hamburger Senat die Initiative zur Abwehr von »Radikalen im Öffentlichen Dienst« ergriff. Am 28. Januar 1972 tagten die Regierungschefs der Länder unter Vorsitz von Bundeskanzler Brandt und verabschiedeten »Grundsätze über die Mitgliedschaft von Beamten in extremen Organisationen«.[3]) In diesem als »Radikalenerlaß« bekannt gewordenen Beschluß heißt es:
»Ein Bewerber, der verfassungsfeindliche Aktivitäten entwickelt, wird nicht in den öffentlichen Dienst eingestellt. Gehört ein Bewerber einer Organisation an, die verfassungsfeindliche Ziele verfolgt, so begründet diese Mitgliedschaft Zweifel daran, ob er jederzeit für die freiheitliche demokratische Grundordnung eintreten wird. Diese Zweifel rechtfertigen in der Regel eine Ablehnung des Anstellungsantrages.«
Die Regierungschefs der Länder und des Bundes wollten mit dem Beschluß das bereits lange geltende Beamtenrahmengesetz »konkretisieren« und die Überprüfungs- und Einstellungspraxis von Bewerbern für

den Öffentlichen Dienst vereinheitlichen. Im Beamtenrahmengesetz hieß es bereits: *»In das Beamtenverhältnis darf nur berufen werden, wer ... die Gewähr dafür bietet, daß er jederzeit für die freiheitliche demokratische Grundordnung im Sinne des Grundgesetzes eintritt«*. Und für die Angestellten lautet die entsprechende Regelung im Bundes-Angestellten-Tarif (BAT), § 8: *»Er muß sich durch sein gesamtes Verhalten zur freiheitlich demokratischen Grundordnung im Sinne des Grundgesetzes bekennen.«*

In der Praxis lief der Radikalenerlaß auf eine Verschärfung und vor allem auf eine starke Ausdehnung der Überprüfung hinaus. Bis 1976 wurden beinahe eine halbe Million Bewerber auf ihre Verfassungstreue überprüft und 430 abgelehnt.[4]) Die Ausuferung dieses Überprüfungsapparats, die Unklarheit darüber, was unter Verfassungsfeindlichkeit zu verstehen sei, und die unterschiedliche Handhabung der Überprüfungspraxis in den Bundesländern führten dazu, daß sich vor allem unter Studenten und jungen Akademikern Unsicherheit, Angst und Staatsverdrossenheit ausbreiteten. »Radikalenerlaß« und Überprüfungspraxis paßten schlecht zu Willy Brandts Ankündigung von 1969, die neue Regierung wolle »mehr Demokratie wagen«. Kritische Beobachter im In- und Ausland stellten die Frage, ob die Bundesrepublik auf dem Weg zum Polizeistaat sei.

Da für viele akademische Berufe der Staat der einzige oder der hauptsächliche Ausbilder und Arbeitgeber ist, hatten abgelehnte Bewerber keine Chance, ihre Berufsausbildung fortzusetzen oder ihren Beruf auszuüben. Das Wort vom »Berufsverbot« ging um und fand Aufnahme in fremde Sprachen.

Besondere Brisanz gewann die Diskussion um »Radikalenerlaß« und »Berufsverbote« dadurch, daß der Öffentliche Dienst in Deutschland nur zu einem Teil »Hoheitsträger« wie Regierungsbeamte, Berufsoffiziere und Polizisten umfaßt, von denen zu Recht erwartet wird, daß sie »jederzeit für die freiheitlich-demokratische Grundordnung« eintreten werden, daß er überwiegend aber Arbeiter, Angestellte und Beamte beschäftigt, die solche hoheitlichen Aufgaben nicht wahrnehmen, sondern als Eisenbahner, Briefträger, Krankenschwestern und Lehrer Dienstleistungen erbringen. Die Frage war also, wo das aktive Eintreten für die Verfassung unbedingt notwendig war und wo die passive Loyalität genügte. Darüberhinaus wurde diskutiert, ob der Bahn- und Postbetrieb beamtenrechtlich geregelt und die Lehrer einen besonderen beamtenrechtlichen Status bzw. gar keinen haben sollten.

Hinter dem »Radikalenerlaß« stand das politische Grundsatzproblem, wie Mitgliedern einer politischen Partei, die nicht verboten war, der aber verfassungsfeindliche oder verfassungswidrige Ziele unterstellt wurden,

dennoch der Zugang zum Öffentlichen Dienst verwehrt werden könnte. Das Bundesverwaltungsgericht versuchte, das Problem in einem Grundsatzurteil vom 23. April 1975 (hier bezogen auf eine DKP-Mitgliedschaft) dadurch zu lösen, daß es feststellte: wenn eine politische Partei als solche nicht verboten sei, so bedeute dies nicht, daß die Mitgliedschaft und Betätigung eines Beamtenbewerbers in einer solchen Partei nicht vom möglichen Dienstherren mitsamt den zugehörigen Umständen bei der individuellen Eignungsprüfung berücksichtigt werden könne.[5])
Auch das Bundesverfassungsgericht stellte in seinem Urteil[6]) zu einem Musterprozeß am 22. Mai 1975 fest: *»Ein Teil des Verhaltens, das für die Beurteilung der Persönlichkeit eines Beamtenanwärters erheblich sein kann, kann auch der Beitritt oder die Zugehörigkeit zu einer politischen Partei sein, die verfassungsfeindliche Ziele verfolgt – unabhängig davon, ob ihre Verfassungswidrigkeit durch Urteil des Bundesverfassungsgerichts festgestellt ist oder nicht.«*
Das Gericht führte dann weiter aus: *»Der Staat, der sich nicht selbst aufgeben will, mindestens nicht seine Funktionsfähigkeit, soweit sie vom Beamtenkörper abhängt, in Gefahr bringen will, muß sicherstellen, daß in den Beamtenapparat nicht Verfassungsfeinde eindringen. Diese für ihn wichtige Sicherung kann nicht voll durch das mildere Mittel erreicht werden, auf die Zulassungsvoraussetzung zu verzichten und sich mit der Möglichkeit der Entfernung aus dem Dienst im Falle der Verletzung der politischen Treuepflicht aufgrund eines Urteils des Disziplinargerichts zu begnügen. Deshalb steht es nicht in Widerspruch zu Art. 12 GG, wenn der hergebrachte Grundsatz des Berufsbeamtentums im Beamtenrecht verwirklicht wird, vom Bewerber für ein Amt zu verlangen, daß er die Gewähr bietet, jederzeit für die freiheitliche demokratische Grundordnung einzutreten, und dem Beamten gegenüber die Verletzung der politischen Treuepflicht dienststrafrechtlich mit der Entfernung aus dem Dienst zu ahnden. Das politische Schlag- und Reizwort vom ›Berufsverbot‹ für Radikale ist völlig fehl am Platz und soll offensichtlich nur politische Emotionen wecken. Die Verfassung und die sie konkretisierende Regelung des Beamtenrechts statuiert kein Berufsverbot. Sie stellen nur eine legitime Zulassungsvoraussetzung auf, die zum Schutze der freiheitlichen demokratischen Grundordnung nötig ist und von jedem, der den Staatsdienst anstrebt, erfüllt werden kann, wenn er will. Wer dem Staate dienen will, darf nicht gegen den Staat und seine Verfassungsordnung aufbegehren und anrennen wollen.«*
Im übrigen forderte das Bundesverfassungsgericht den Gesetzgeber auf, die Vorschriften zur Regelung des Vorbereitungsdienstes in Ausbildungsgängen, in denen er das Ausbildungsmonopol besitzt (z. B. in der Juristenausbildung), so zu ändern, daß der Vorbereitungsdienst und

damit der Abschluß der Berufsausbildung auch außerhalb eines Beamtenverhältnisses geleistet werden könne.
Aufgrund dieses Urteils legten die Bundesregierung und die CDU/CSU-Fraktion im Bundestag unterschiedliche Gesetzesentwürfe zur Abwehr von Radikalen im Öffentlichen Dienst vor. Die Regierungskoalition und die SPD/FDP-regierten Länder sahen in der bloßen Mitgliedschaft eines Bewerbers in einer verfassungsfeindlichen Partei oder Organisation noch keinen generellen Grund zur Ablehnung. Die einstellende Behörde sollte aber nachprüfen, ob »in der Person« des Bewerbers, etwa durch besondere Aktivitäten für eine verfassungsfeindliche Partei oder Organisation, Zweifel an seiner Verfassungstreue begründet seien oder nicht. Dagegen hielten die CDU/CSU-Opposition und die CDU/CSU-regierten Länder daran fest, daß bereits die Mitgliedschaft in einer Partei oder Organisation mit verfassungsfeindlichen Zielen Zweifel an der Verfassungstreue des Bewerbers begründeten und daß die Einzelprüfung diese Zweifel entweder ausräumen oder bestätigen sollte.[7])
Am 24. Oktober 1975 nahm der Bundestag die Regierungsvorlage mit 242 Stimmen der Koalition gegen die 196 Stimmen der Opposition an. Der Bundesrat lehnte die Vorlage am 28. November 1975 mit den Stimmen der CDU/CSU-regierten Länder ab und rief den Vermittlungsausschuß an, der jedoch die Bundestagsentscheidung bestätigte. Am 20. Februar 1976 verweigerte der Bundesrat erneut seine Zustimmung. Da die Bundesregierung auf eine neuerliche Anrufung des Vermittlungsausschusses verzichtete, war der Versuch einer bundeseinheitlichen Regelung der Radikalenfrage damit vorerst gescheitert.
Die CDU/CSU-Länder beschlossen, sich weiterhin an den Radikalenerlaß vom 28. Januar 1972 zu halten. Die Bundesregierung und die SPD/FDP-Länder ersetzten den Radikalenerlaß am 19. Mai 1976 durch die »Grundsätze für die Prüfung der Verfassungstreue«, die im wesentlichen der Bundestagsvorlage entsprachen,[8]) und verzichteten auf die Regelanfrage beim Verfassungsschutz. Von einem einheitlichen Vorgehen in der Radikalenfrage kann daher nicht mehr die Rede sein. Die Lösung eines politischen Problems ist vorerst auf die einstellenden Behörden und die Gerichte verschoben, die Belastung des politischen Klimas durch den Radikalenerlaß nicht aufgehoben worden. Denn statt des Bundesverfassungsgerichts entscheiden nunmehr zumindest indirekt Verwaltungsbehörden über die Verfassungswidrigkeit oder Verfassungsfeindlichkeit von politischen Organisationen. Sie können damit zugleich auch die Toleranzgrenzen der politischen Diskussion bestimmen.

2. Terrorismus und Anti-Terror-Gesetze

Der Terrorismus und seine Bekämpfung wurde seit 1970 zu einem der beherrschenden Themen der innenpolitischen Auseinandersetzung in der Bundesrepublik. Kernpunkte der Diskussion waren die Frage nach den Ursachen des Terrorismus und das Problem, wie die Terroristen bekämpft werden könnten, ohne daß der liberale Rechtsstaat Schaden davontrüge.

Die Anfänge des Terrorismus in der Bundesrepublik reichen in die Zeit der Studentenunruhen 1968/69 zurück.[9]) Am 2. April 1968 wurden in Frankfurt zwei Kaufhäuser durch Sprengkörper in Brand gesetzt. Als vermutliche Brandstifter nahm die Polizei vier Personen fest, darunter die Germanistikstudentin Gudrun Enßlin und ihren Freund Andreas Baader. Die Verteidigung der beiden übernahm der Berliner Rechtsanwalt Horst Mahler. Publizistisch unterstützt wurden A. Baader und G. Enßlin während ihres Prozesses durch Ulrike Meinhof, die in der Hamburger Zeitschrift »Konkret« eine regelmäßige Kolumne schrieb. Sie versuchte die politischen Motive, die die Angeklagten zu ihrem Anschlag auf die Kaufhäuser, als Zentren des »Konsumterrors«, bewegt hatten, zu rechtfertigen.

Das Frankfurter Landgericht verurteilte Baader und Enßlin zu drei Jahren Zuchthaus, verfügte jedoch Haftverschonung, bis über die Berufung rechtskräftig entschieden sei. Als das Urteil rechtskräftig wurde, verschwanden beide im Untergrund. Baader wurde am 4. April 1970 jedoch wieder verhaftet. Bei einer Ausführung aus der Strafanstalt Berlin-Tegel, die sein Rechtsanwalt Mahler veranlaßt hatte, wurde Baader am 14. Mai 1970 mit Waffengewalt befreit. Die führende Rolle in dieser Aktion, bei der ein Universitätsangestellter schwer verletzt wurde (und später starb), spielte Ulrike Meinhof. Die publizistische Unterstützung der Terroristen schien ihr nicht mehr ausreichend zu sein, sie wollte selbst aktiv in den Kampf gegen das bestehende Gesellschaftssystem eingreifen. Im Untergrund gingen Baader, Enßlin, Meinhof und Mahler daran, die »Rote Armee Fraktion« (RAF) aufzubauen. Sie wollten damit das Konzept der »Stadtguerilla« des bolivianischen Revolutionärs Carlos Marighella auf die Bundesrepublik übertragen. Ziele und Methoden der »Stadtguerilla«, wie sie Marighella in seinem »Minihandbuch des Stadtguerilla« zusammengefaßt hat, bestanden darin, durch die Ermordung von Politikern sowie von Polizei- und Militär-Offizieren das Machtgefüge des Staates zu erschüttern, durch Entführung hochgestellter Persönlichkeiten die Regierung zu erpressen (Lösegelder, Freilassung von Gesinnungsgenossen) und durch Banküberfälle Geld für die Durchfüh-

rung dieser Aktionen und den Aufbau der »Stadtguerilla« zu beschaffen. Was positiv an die Stelle des bekämpften Staates und seiner Repräsentanten treten sollte, blieb sowohl bei Marighella als auch bei der RAF unklar.
Die Verwandlung Ulrike Meinhofs von der Publizistin zur Terroristin und die Beobachtung, daß gleich ihr viele der deutschen Terroristen junge Intellektuelle aus dem gehobenen oder mittleren Bürgertum waren, bot einen Ansatzpunkt zur Erklärung des Phänomens Terrorismus und seiner Ursachen. Danach entstand die RAF aus Enttäuschung über das Ausbleiben durchschlagender Erfolge der Studentenbewegung Ende der 60er Jahre. Die Leichtigkeit, mit der studentische Aktivisten eine etablierte Institution wie die Universitäten hatten umkrempeln können, hatte Hoffnungen auf eine baldige revolutionäre Umgestaltung der ganzen Gesellschaft geweckt. Als sich diese Hoffnungen nicht erfüllten, sah ein Teil der radikalisierten Studenten und Intellektuellen ihren einzigen Ausweg im Terrorismus. Die gewaltsamen Aktionen der »Stadtguerilla« sollten die angeblich vom staatlichen Herrschaftsapparat eingeschüchterten und von den Massenmedien manipulierten Massen der Bevölkerung zum bewaffneten Kampf gegen ihre Unterdrücker ermutigen.[10])
Im Sommer 1970 begann eine Serie von Brand- und Sprengstoffanschlägen in West-Berlin, Hamburg, Augsburg, Frankfurt und Karlsruhe die Bevölkerung zu beunruhigen. Diese Anschläge richteten sich gegen Einrichtungen der US-Armee in der Bundesrepublik, gegen Richter, die mit Terroristenprozessen befaßt waren, und gegen den Springer-Konzern. Bei drei Banküberfällen erbeuteten Terroristen am 29. September 1970 in West-Berlin 220 000 DM. Die Verantwortung für diese Aktionen übernahm entweder die RAF oder die ebenfalls 1970 gebildete »Bewegung 2. Juni«. Die Führung der Aktionen scheint aber schon damals bei der Baader-Meinhof-Gruppe gelegen zu haben.
Im Juni 1972 wurden mit Andreas Baader, Holger Meins, Jan-Carl Raspe, Gudrun Enßlin und Ulrike Meinhof die führenden Kader der Terroristen-Bewegung verhaftet. Die Terroranschläge in der Bundesrepublik und in West-Berlin gingen danach aber keineswegs zurück, sondern nahmen an Entschlossenheit und Rücksichtslosigkeit eher zu. Den inhaftierten Terroristen gelang es, »Anweisungen und Befehle, Richtlinien und taktische Einsatzanweisungen« aus dem Gefängnis zu schmuggeln. »Das Gefängnis erwies sich als ausgezeichnete Möglichkeit, Generalstabsarbeit zu leisten, Unterlagen über Sprengstoffherstellung, Terroraktionen, Erfahrungen anderer Organisationen und der Polizei zu sammeln und auszuwerten und das ausgewertete Wissen weiterzugeben.«[11])
Wie gut die Kontakte der verhafteten Terroristen-Kader zu der im

Untergrund operierenden »Bewegung 2. Juni« und untereinander waren, zeigte sich an der Tatsache, daß die in verschiedenen Strafanstalten einsitzenden Baader-Meinhof-Häftlinge am 17. Januar 1973 schlagartig und gemeinsam in den Hungerstreik traten, um gegen ihre »Isolationshaft« zu protestieren, und daß sie diesen Streik am 16. Februar 1973 auch gemeinsam wieder abbrachen. Am 12. September 1974 traten die 59 inhaftierten Terroristen erneut in den Hungerstreik. An seinen Folgen starb Holger Meins am 9. November 1974 in der Haftanstalt Wittlich in der Eifel. Einen Tag später wurde der Präsident des Berliner Kammergerichts, Günter von Drenkmann, von Terroristen erschossen, als er sich gegen seine Entführung wehrte.
Planmäßig hingegen verlief die Entführung des Berliner CDU-Politikers Peter Lorenz am 27. Februar 1975. Für die Herausgabe von Lorenz forderten die Entführer die Freilassung von sechs Terroristen. Die Bundesregierung ging auf diese Forderung ein und ließ fünf inhaftierte Terroristen in den Jemen ausfliegen, wo ihnen Asyl gewährt wurde. Der sechste, Horst Mahler, hatte die Freilassung abgelehnt. Diesen Erpressungserfolg versuchte die »Bewegung 2. Juni« zu wiederholen, als sie zwei Monate später, am 24. April 1975, die deutsche Botschaft in Stockholm überfiel und im Austausch für zwölf Geiseln die Freilassung von 26 in der Bundesrepublik inhaftierten Terroristen forderte. Obwohl die Terroristen zwei Botschaftsangehörige erschossen, wurde dieses Mal ihre Forderung nicht erfüllt, sondern die Botschaft gestürmt, wobei zwei Terroristen den Tod fanden.
Zu dieser Zeit verstärkten sich wahrscheinlich auch die Kontakte zwischen deutschen Terroristen und der internationalen Terroristenszene, die ihren Ausgangspunkt und Kern in verschiedenen palästinensischen und südamerikanischen Gruppen hatte und angeblich von dem Venezolaner »Carlos« (Deckname für Iljitsch Ramirez Sanches) geleitet und koordiniert wurde. Als am 5. September 1972 während der Olympischen Spiele in München ein Teil der israelischen Olympia-Mannschaft von arabischen Terroristen umgebracht wurde, war eine Beteiligung deutscher Terroristen noch nicht nachzuweisen. Am Überfall auf die in Wien tagenden Ölminister der OPEC am 21. Dezember 1975, den »Carlos« selbst geleitet haben soll, waren deutsche Terroristen bereits aktiv beteiligt. Einen Höhepunkt erreichte die Mitarbeit deutscher Terroristen an den Aktionen ausländischer Terroristengruppen bei der Entführung eines Air-Busses der Air France von Athen nach Entebbe in Uganda im Juni 1976. Bei der Befreiung der 103 jüdischen Geiseln durch ein israelisches Spezialkommando in der Nacht zum 4. Juni 1976 kamen die deutschen Terroristen Wilfried Böse und Brigitte Kühlmann (Deckname »Helima«) ums Leben.

Mit diesen spektakulären Terroraktionen erreichten die selbsternannten deutschen »Stadtguerilla« allerdings weder ihr Ziel, die Staatsgewalt zu verunsichern, noch konnten sie damit ihre Basis in der Bevölkerung ausbauen. Die Einsicht, daß dieses Konzept aussichtslos und inhuman war, und die Spannungen, die sich aus dieser Einschätzung innerhalb der Gruppe ergaben, mögen Gründe dafür gewesen sein, daß Ulrike Meinhof sich in der Nacht vom 8. zum 9. Mai in ihrer Zelle in der Justizvollzugsanstalt Stuttgart-Stammheim erhängte.
Im Kampf gegen den Terrorismus waren sich Regierung und Opposition prinzipiell einig. Sie konnten sich dabei auf weite Kreise der Öffentlichkeit stützen, die ein energisches Vorgehen gegen die Terroristen forderten. Unter dem Eindruck der ersten Terror-Anschläge beschloß der Bundestag im Juli 1972 bei nur einer Gegenstimme Verfassungsänderungen, die über die Terroristenbekämpfung hinaus weitreichende Konsequenzen haben konnten.[4]) Die Änderungen des Grundgesetzes erweiterten die Möglichkeiten für Polizeieinsätze (Art. 35, Abs. 2 GG Neufassung), ermöglichten den Aufbau von Sonderstellen des Bundeskriminalamts und von Spezialeinheiten der Polizei und des Bundesgrenzschutzes zur Terroristenbekämpfung (Art. 87, Abs. 1 GG Neufassung) und weiteten die Aufgaben des Verfassungsschutzes aus (Art. 73 Nr. 10 GG Neufassung). Die Verfassungsschutzämter des Bundes und der Länder durften nun nachrichtendienstliche Mittel einsetzen und Ausländer geheimdienstlich überprüfen.
Durch das »Gesetz zur Ergänzung des 1. Gesetzes zur Reform des Strafverfahrensrechts« vom 20. Dezember 1974,[13]) konnten Verteidiger von einem Prozeß ausgeschlossen werden, wenn sie in »dringendem Tatverdacht« standen, an den Straftaten ihrer Mandanten selbst beteiligt zu sein oder neue Delikte zu fördern. Das 14. Strafrechtsänderungsgesetz vom 22. April 1976[14]) führte die §§ 88a und 130a in das Strafgesetzbuch ein. Nach § 88a *(»Verfassungsfeindliche Befürwortung von Straftaten«)* sollte bestraft werden, wer Schriften verbereitete oder bezog, die Gewalttaten wie Landfriedensbruch, Mord, Völkermord oder Freiheitsberaubung befürworteten und geeignet waren, *»die Bereitschaft anderer zu fördern, sich durch die Begehung solcher Taten für Bestrebungen gegen den Bestand oder die Sicherheit der Bundesrepublik Deutschland oder gegen Verfassungsgrundsätze einzusetzen«*. § 130a *(»Anleitung zu Straftaten«)* stellte die Anleitung zu solchen Straftaten durch die Verbreitung oder den Bezug von Schriften unter Strafe. Das sogenannte Anti-Terrorismus-Gesetz vom 18. August 1976[15]) schließlich belegte die »Bildung terroristischer Vereinigungen«, deren Zweck oder Tätigkeit auf Mord, Totschlag oder Völkermord, Entführungen und andere gemeingefährliche Straftaten gerichtet ist, mit Strafe (§ 129a StGB).

Neben Zustimmung haben diese Gesetze in der Öffentlichkeit auch Kritik hervorgerufen, und zwar von zwei Seiten: von Vertretern der CDU/CSU-Opposition wurde kritisiert, daß die Bundesregierung bei der Bekämpfung des Terrorismus nicht hart genug vorginge, von Kritikern außerhalb der Parteien, aber auch innerhalb der SPD, der FDP und der Gewerkschaften sowie eines Teils der liberalen Presse dagegen wurde eingewandt, daß die Anti-Terrorismus-Gesetzgebung den liberalen Rechtsstaat gefährden könne.

Im einzelnen wurden Bedenken geäußert gegen die Ausdehnung der Befugnisse der Polizei und des Verfassungsschutzes, da befürchtet wurde, daß sich der Verfassungsschutz aus einem Sicherheitsdienst in eine Geheimpolizei verwandeln könnte.[16]) Von Anfang an umstritten waren von allem die §§ 88a und 130a, weil darin eine Einschränkung der Informations- und Meinungsfreiheit und die Einführung einer Zensur erblickt wurde. Kritiker dieser Paragraphen wiesen darauf hin, daß u. a. die Aufforderung zum Kampf gegen Militärdiktaturen oder die positive Würdigung von nationalen Befreiungsbewegungen in der Dritten Welt unter diese Paragraphen fallen könnten, und forderten die Abschaffung dieser Gesetze.

Das Anti-Terroristen-Gesetz erregte Anstoß, weil Personen, die der Gründung und Unterstützung einer terroristischen Vereinigung verdächtigt wurden, auch ohne Verdunklungs- oder Fluchtgefahr in Untersuchungshaft genommen werden konnten und der Schriftverkehr zwischen ihnen und ihren Anwälten grundsätzlich überwacht werden sollte. Diese Regelungen schienen einer Vorbeugehaft gefährlich nahe zu kommen.

Während die Befürworter der Anti-Terroristen-Gesetzgebung dafür eintraten, daß der Staat den Terroristen gegenüber seine Stärke und Härte demonstrieren müsse, um sie abzuschrecken und besorgte Bürger zu beruhigen, gingen die Gegner einer besonderen Anti-Terroristen-Bewegung davon aus, daß die bestehenden Gesetze im Kampf gegen die Terroristen ausreichten. Sie vertraten die Ansicht, daß die Anti-Terroristen-Gesetze als Vorbeugemaßnahmen nichts ausrichten würden, da sich terroristische Überzeugungstäter davon kaum würden abschrecken lassen, daß sie andererseits aber Prinzipien des liberalen Rechtsstaates schrittweise abbauten oder außer Kraft setzten und damit wiederum den Terroristen Argumentationshilfen gegen den angeblichen Polizeistaat lieferten.

Die Diskussion über diese Problematik war 1976 keineswegs beendet. Sie erreichte ihren Höhepunkt erst im folgenden Jahr, als sich Parlament und Öffentlichkeit verstärkt mit Terroraktionen und ihrer Bekämpfung befassen mußten.

3. Die Entwicklung der Parteien seit 1972 und die Bundestagswahlen 1976

Gemessen an der Zahl der Mitglieder, Wähler und Mandate, die SPD, FDP und CDU/CSU gewinnen konnten, hat sich das Drei-Parteien-System in der Bundesrepublik Deutschland in den 70er Jahren weiter verfestigt. Andererseits bildeten sich neue Formen der politischen Willensbildung und Interessendurchsetzung heraus. Aus Unmut und Enttäuschung über Versäumnisse der etablierten Parteien und ihre Bürgerferne entstanden die Umweltschutzgruppen der »Grünen«, autonome Frauengruppen, zahlreiche Bürgerinitiativen und verschiedene Protestbewegungen, deren Wirksamkeit vor allem im außerparlamentarischen Bereich lag.[16a])

Gleichzeitig verschärften sich die Richtungskämpfe innerhalb der drei großen »Volksparteien«, wobei die Auseinandersetzungen sowohl um grundsätzliche politische Orientierungen wie um taktische Fragen ging. Während die Parteiführungen der Koalitionsparteien SPD und FDP innerparteiliche Spannungen meist erfolgreich abfangen konnten, indem sie die streitenden Fraktionen zur Solidarität mit der bedrängten Bundesregierung in Bonn verpflichteten, kamen diese Konflikte bei der CDU und zwischen CDU und CSU vor allem bei Personalentscheidungen offen zum Ausdruck.

Bei der Abstimmung über die Ostverträge hatte der gemeinsame Fraktionsvorsitzende und Kanzlerkandidat von CDU und CSU, Rainer Barzel, ein Auseinanderklaffen zwischen der CDU, die die Abstimmung freigeben wollte, und der CSU, die für ein geschlossenes »Nein« war, durch den Kompromiß der Stimmenthaltung vermeiden können. Nach dem Scheitern des konstruktiven Mißtrauensvotums gegen Willy Brandt begann Barzels Stellung innerhalb der CDU/CSU-Führung zu wanken. Der CSU-Vorsitzende Strauß warf auf dem Landesparteitag seiner Partei im Mai 1972 bereits die Frage auf, ob Barzel angesichts seiner Haltung zu den Ostverträgen weiterhin Kanzlerkandidat der Unionsparteien bleiben könne.[17])

Nachdem CDU und CSU die Bundestagswahlen im November 1972 verloren hatten, wurde Barzel zwar noch einmal zum gemeinsamen Fraktionsvorsitzenden gewählt, doch die Spannungen zwischen den beiden Schwesterparteien verschärften sich. Am 8. Mai 1973 trat Barzel vom Fraktionsvorsitz zurück, am 16. Mai erklärte er, daß er nicht mehr als Parteivorsitzender der CDU kandidieren werde. Sein Nachfolger als Fraktionsvorsitzender wurde Carl Carstens. Zum Vorsitzenden der CDU wählte der CDU-Parteitag am 12. Juni 1973 den rheinland-pfälzischen Ministerpräsidenten Helmut Kohl, Generalsekretär der CDU wurde Professor Kurt Biedenkopf.[18])

Den Erfolg bei den Bundestagswahlen 1972 sahen SPD- und FDP-Führung als Bestätigung ihrer Ost- und Reformpolitik an, denn nur in zwei Bundesländern – in Baden-Württemberg und in Bayern – hatte die Mehrheit der Wähler für die Opposition gestimmt. Zahlreiche SPD-Basis-Organisationen und die Jungsozialisten forderten von der Parteiführung, diesen Sieg nicht zu verschleudern und mit der Politik der »inneren Reformen« konsequenter als bisher ernst zu machen. Im März 1973 setzte sich der Juso-Kongreß mit dem Entwurf eines »ökonomisch-politischen Orientierungsrahmens 1973 – 1985«, dem sogenannten Langzeitprogramm der SPD, das eine Kommission unter dem Vorsitz von Helmut Schmidt erarbeitet hatte, kritisch auseinander. Der gleiche Kongreß verurteilte aber auch den ideologisch falschen Weg der sogenannten Stamokap-Fraktion innerhalb der Jungsozialisten. Daraufhin traten am 26. März 1973 dreißig Anhänger der Stamokap-Theorie aus der SPD aus, zwanzig wurden Mitglieder bei der DKP.[19])

Die SPD-Führung brachten diese Forderungen der Basis und der Jusos in eine schwierige Situation. Sie mußte sich des Vorwurfs, anfällig für kommunistische Unterwanderung zu sein, erwehren und tat dies auf Parteiebene durch Abgrenzungs- und Unvereinbarkeitsbeschlüsse, auf staatlicher Ebene durch den Extremistenbeschluß und seine Handhabung in den von ihr regierten Bundesländern.[20])

Sie mußte weiterhin Rücksicht nehmen auf die FDP, auf die sie als Koalitionspartner angewiesen war. Und sie hatte schließlich mit der Opposition des Bundesrats zu rechnen, in dem die CDU/CSU-regierten Länder nach wie vor die Mehrheit hatten. 1973 fanden keine Landtagswahlen statt.

Die Landtagswahlen von 1974 und 1975 änderten die Mehrheitsverhältnisse im Bundesrat nicht zugunsten der Bonner Regierungsparteien, sondern brachten ihnen – vor allem 1974 – schwere Niederlagen ein:[21])

Die Verluste der SPD bei den Landtags- bzw. Kommunalwahlen, die 1974 stattfanden, waren am größten in Hamburg: 10,4 Prozentpunkte gegenüber den Bürgerschaftswahlen von 1970 und 9,6 Prozentpunkte gegenüber den Bundestagswahlen von 1972. Am glimpflichsten kam die Partei bei den Kommunalwahlen im Saarland davon: der Verlust gegenüber den Kommunalwahlen von 1968 betrug nur 1,1 Prozentpunkte. Verglichen mit den Bundestagswahlen von 1972 waren es allerdings 10,6 Prozentpunkte. Die Verluste der SPD kamen zum Teil der FDP zugute: in Hamburg, Rheinland-Pfalz, Schleswig-Holstein und Niedersachsen konnte sie Gewinne gegenüber den Vorwahlen verbuchen. Im Saarland, in Hessen und in Bayern erlitt sie Verluste.

Gewinne und Verluste der Parteien bei den Landtags- und Kommunalwahlen 1974

	Hamburg Bürgerschaftswahlen 3. 3. 74		Rheinl.-Pfalz Kommunalwahlen 17. 3. 74		Schlesw.-Holst. Kommunalwahlen 24. 3. 74		Saarland Kommunalwahlen 5. 5. 74		Niedersachsen Landtagswahlen 9. 6. 74		Hessen Landtagswahlen 27. 10. 74		Bayern Landtagswahlen 27. 10. 74	
im Vergleich zu	Bundestagswahl 1972	Bürgerschaftswahl 1970	Bundestagswahl 1972	Kommunalwahl 1969	Bundestagswahl 1972	Kommunalwahl 1970	Bundestagswahl 1972	Kommunalwahl 1968	Bundestagswahl 1972	Landtagswahl 1970	Bundestagswahl 1972	Landtagswahl 1970	Bundestagswahl 1972	Landtagswahl 1970
CDU	+ 7,3	+ 7,8	+ 5,8	+ 7,7	+ 11,1	+ 7,7	+ 7,0	+ 10,6	+ 6,2	+ 3,2	+ 7,0	+ 7,6	CSU + 7,0	+ 5,7
SPD	— 9,6	— 10,4	— 9,5	— 5,8	— 13,0	— 7,9	— 10,6	— 0,1	— 5,1	— 3,3	— 5,3	— 2,7	— 7,6	— 3,1
FDP	— 0,3	+ 3,8	+ 0,6	+ 0,7	+ 0,4	+ 3,3	+ 0,3	— 1,1	— 1,4	+ 2,7	— 2,8	— 2,7	— 0,9	— 0,3

Gewinne und Verluste der Parteien bei den Landtagswahlen 1975

im Vgl. zu	2. 3. 75 Berlin 1971	9. 3. 75 Rh.-Pfalz 1971	1972	13. 4. 75 Schl.-Holst. 1971	1972	4. 5. 75 NRW 1970	1972	4. 5. 75 Saarland 1970	1972	28. 9. 75 Bremen 1971	1972
CDU	+ 5,8	+ 3,9	+ 8,0	— 1,5	+ 8,4	+ 0,8	+ 6,1	+ 1,3	+ 5,7	+ 2,2	+ 4,3
SPD	— 7,7	— 2,0	— 6,0	— 0,9	— 8,5	— 1,0	— 5,3	+ 1,0	— 6,1	— 6,6	— 9,3
FDP	— 1,2	— 0,3	— 2,5	+ 3,3	— 3,6	+ 1,2	— 1,1	+ 3,0	+ 0,3	+ 5,9	+ 1,8

Eindeutiger Sieger dieser Wahlen waren aber die Unionsparteien: CDU und CSU erzielten überall Gewinne sowohl gegenüber den vorausgegangenen Landtags- bzw. Kommunalwahlen als auch gegenüber den Bundestagswahlen 1972. Ihren auffälligsten Erfolg errang die CDU in Hessen, wo sie erstmals stärkste Partei wurde und 7,6 Prozentpunkte gewinnen konnte. Der sensationellste Einzelerfolg bei den Landtagswahlen in Bayern gelang der CSU in München: sie verbesserte sich von 38,6% auf 48,2% und wurde damit erstmals seit 1945 stärkste Partei. Das gleiche gelang ihr in Nürnberg und Erlangen.[22])

So problematisch auch immer der Vergleich von Landtags- und Kommunalwahlen mit Bundestagswahlen ist und so sehr regionale Probleme wie der Konflikt um die hessischen Rahmenrichtlinien und die SPD-Streitigkeiten in München die Wahlergebnisse ohne Zweifel beeinflußt haben, gerade die Verluste der SPD in Bundesländern und Gemeinden, in denen sie nicht an der Regierung war, lassen den Schluß zu, daß auch bundespolitische Probleme und überregionale Entwicklungen das Wählerverhalten beeinflußt haben.

Die 1973 einsetzende Wirtschaftskrise hatte offenbar eine Trend- oder »Tendenzwende« im Wählerbewußtsein herbeigeführt.[23]) Die Bereitschaft, sich auf Reformen in Wirtschaft und Gesellschaft einzulassen und neue Wege der Außenpolitik auszuprobieren, war gegenüber 1972 und 1969 gesunken. Der SPD-Führung gelang es offensichtlich nicht, die Wähler über die Ursachen der weltweit auftretenden Wirtschaftskrise aufzuklären und sich selbst als die Mannschaft zu präsentieren, die am besten mit Problemen wie Arbeitslosigkeit und Inflation fertig werden würde. Die FDP profitierte gelegentlich von der SPD, indem sie sich als mäßigendes Korrektiv zur allzu radikal reformierenden SPD präsentierte (was sie freilich in Hessen nicht vor Verlusten bewahrt hatte) oder indem sie sich als fortschrittliche Konkurrentin zu einer verknöcherten und »verfilzten« SPD (wie in Hamburg) profilierte. In der CDU/CSU sahen sich durch die Wahlerfolge von 1974 vor allem die Kreise bestätigt, die wie der CSU-Vorsitzende Strauß und der hessische CDU-Vorsitzende Alfred Dregger einen harten Konfrontationskurs gegenüber der Bonner Koalition steuern wollten.

Auf einer Tagung der CSU-Landesgruppe am 18. und 19. November 1974 umriß Strauß diese Taktik folgendermaßen: *»Zur Taktik jetzt: Nur anklagen und warnen, aber keine konkreten Rezepte etwa nennen. (. . .) Lieber eine weitere Inflationierung, weitere Steigerung der Arbeitslosigkeit, weitere Zerrüttung der Staatsfinanzen in Kauf nehmen, als das anzuwenden, was wir für notwendig halten. (. . .) Wir müssen die Auseinandersetzung hier im Grundsätzlichen führen. Da können wir nicht genug an allgemeiner Konfrontation schaffen. (. . .) Da muß man die* *anderen identifizieren damit, daß sie den Sozialismus und die Unfreiheit repräsentieren, daß sie das Kollektiv und die Funktionärsherrschaft repräsentieren, daß ihre Politik auf die Hegemonie der Sowjetunion über Westeuropa hinausläuft.«*[24])

Die Verluste der sozialliberalen Koalition setzten sich 1975 fort bei den Wahlen zum Berliner Abgeordnetenhaus am 2. März 1975 und bei den Landtagswahlen in Rheinland-Pfalz am 9. März 1975, wo die CDU unter Helmut Kohl ihre Mehrheit von 50% auf 53,9% ausbauen konnte. Mit den Wahlen zum schleswig-holsteinischen Landtag am 13. April 1975 aber endete die Serie der sozialliberalen Wahlniederlagen. Zwar erlitt die SPD, verglichen mit den vorangegangenen Landtagswahlen und den Bundestagswahlen von 1972, auch weiterhin Verluste, dafür gewann die FDP Stimmenanteile hinzu. In Schleswig-Holstein und im Saarland gelang es ihr, die 5%-Hürde zu überspringen und wieder in die Landtage einzuziehen, in denen sie seit 1971 nicht mehr vertreten gewesen war.[25])

In Saarbrücken führte der Erfolg der FDP zu einer Patt-Situation im Landtag: 25 CDU-Abgeordneten standen 22 SPD- und 3 FDP-Abgeordnete gegenüber. Nach langen Verhandlungen kam schließlich mit dem Segen der Bonner Parteiführungen von FDP und SPD erstmals wieder seit Bildung der sozialliberalen Bundesregierung 1969 eine CDU-FDP-Koalition in einem Bundesland zustande. Die knappe CDU/CSU-Mehrheit von 21:20 Stimmen im Bundesrat war, zumindest in den Fällen, in denen die neue saarländische Regierung mit Rücksicht auf die FDP ihr Abstimmungsverhalten nicht nach den eindeutig CDU/CSU-regierten Ländern richten würde, gefährdet.

Durch einen unerwarteten Regierungswechsel in Niedersachsen änderte sich diese Situation im Februar 1976 überraschend. Im niedersächsischen Landtag verfügte die sozialliberale Koalitionsregierung unter Ministerpräsident Kubel (SPD) seit den Landtagswahlen vom Juni 1974 mit zusammen 78 Abgeordneten (67 SPD, 11 FDP) über eine Stimme mehr als die CDU mit 77 Abgeordneten. Wie er unmittelbar nach der Wahl angekündigt hatte, trat Kubel zum 14. Januar 1976 aus Altersgründen zurück. Zu seinem Nachfolger schlugen SPD und FDP den bisherigen Finanzminister Kasimier vor. Als Gegenkandidaten stellte die CDU ihren stellvertretenden Fraktionsvorsitzenden Ernst Albrecht auf. Die Wahl am 14. Januar 1976 erbrachte nicht die erforderliche Mehrheit von 78 Stimmen für Kasimier. Er erhielt nur 75, Albrecht 77, drei Stimmen waren ungültig. Bei einer erneuten Abstimmung am 15. Januar 1976 erhielt Albrecht 78 Stimmen und Kasimier 74, 3 Stimmen waren wieder ungültig. Offenkundig hatte ein Abgeordneter der Regierungskoalition für Albrecht gestimmt, der damit Ministerpräsident war. In einem dritten Wahlgang, in dem statt Kasimier am 6. Februar der Bundesminister für

Raumordnung, Bauwesen und Städtebau, Karl Ravens, gegen Albrecht antrat, kam Albrecht sogar auf 79 Stimmen. Er war damit endgültig zum ersten CDU-Ministerpräsidenten Niedersachsens gewählt worden. Die 5 Stimmen Niedersachsens erhöhten die Mehrheit der CDU/CSU-geführten Länder im Bundesrat auf 26:15 gegenüber der Bonner Koalition. Im Vermittlungsausschuß herrschte fortan ein Patt von 11:11 zwischen CDU/CSU und SPD/FDP.[26])

Die Bildung des Minderheitskabinetts Albrecht in Niedersachsen gab den norddeutschen Gruppen in der CDU, die die CDU im kommenden Bundestagswahlkampf als gemäßigte Kraft und eventuellen Koalitionspartner der FDP vorstellen wollten, Auftrieb. Der Gegensatz zur CSU und den Kreisen der CDU, die wie der hessische Landesvorsitzende Dregger und der baden-württembergische Ministerpräsident Filbinger die FDP als Koalitionspartner bereits abgeschrieben hatten und die totale Konfrontation mit der Bundesregierung suchten, verschärfte sich.

Im Mai 1975 hatte der Bundesvorstand der CDU Helmut Kohl zum Kanzlerkandidaten der Union nominiert. Der Mannheimer Parteitag der CDU nahm im Juni 1975 ein von Kurt Biedenkopf entworfenes Programm an, das unter dem Stichwort der »Neuen Sozialen Frage« auf die Interessen der gewerkschaftlich nicht organisierten Arbeitnehmer einzugehen und die CDU für ein Bündnis mit der FDP offen zu halten suchte. Immer wieder tauchten jedoch Gerüchte auf, die am Konfrontationskurs auch gegenüber der FDP festgehaltene CSU-Führung plane die bundesweite Ausdehnung der CSU oder die Gründung einer vierten Partei. Erst im November 1975 verzichtete die CSU-Führung ausdrücklich auf eine bundesweite Ausdehnung[27]). Dafür nahm die CDU Teile der Mannheimer Erklärung, so den Beschluß zur staatlichen Aufsicht über die Lehrlingsausbildung, wieder zurück.

Der Einfluß der konservativen Gruppen in den Unionsparteien verstärkte sich noch, als die CDU unter Führung von Ministerpräsident Hans Filbinger in Baden-Württemberg bei den Landtagswahlen am 4. April 1976 ihre absolute Mehrheit von 52,9% auf 56,7% ausbauen konnte. Bei diesen Wahlen erreichte der SPD-Spitzenkandidat und ehemalige Entwicklungsminister Erhard Eppler, ein Exponent des linken Flügels der SPD, in seinem Wahlkreis gerade 30,1% der Stimmen, während sein CDU-Gegner, der baden-württembergische Finanzminister Gleichauf, 63% der Stimmen erhielt.[28])

Im bald darauf einsetzenden Bundestagswahlkampf gingen die Unionsparteien zum Frontalangriff auf die SPD über. Die Auseinandersetzung stand ganz im Zeichen der Wahlkampfparole »Freiheit statt/oder Sozialismus«, die sich auf Druck der CSU schließlich beide Unionsparteien zu eigen gemacht hatten. Dagegen verfolgten SPD und FDP eine eher defensive Strategie. Die SPD versuchte der Sozialismusdiskussion auszuweichen und stattdessen auf Persönlichkeiten zu setzen. Helmut Schmidt spielte den »Kanzlerbonus« und seinen Ruf als Wirtschaftsexperte aus, wenn er mit Helmut Kohl darüber debattierte, wer das Erbe Adenauers und Erhards besser verwaltete, seine Regierung oder die CDU. Die SPD stellte ihre Wahlkampagne unter das Motto: »Der bessere Mann muß Kanzler bleiben.«

Dieser Taktik kam die wirtschaftliche Entwicklung des Jahres 1976, die einen Aufschwung anzudeuten schien, zugute. Auch hat die polemische Gleichsetzung der CDU/CSU-Propaganda von Sozialdemokratie gleich Sozialismus gleich Kommunismus gleich Unterdrückung der Freiheit manche unentschlossenen Wähler wieder oder erstmals für die SPD mobilisiert. Alles in allem jedoch erlitt die SPD am 3. Oktober 1976 eine Wahlniederlage.[29]) Sie verlor 1,1 Millionen Stimmen und rutschte gegenüber 1972 von 45,8% auf 42,6% der Stimmen ab. CDU und CSU gewannen 1,6 Mill. Stimmen und erzielten mit 48,6% der Stimmen ihr bestes Wahlergebnis seit 1957.

Ihr eigentliches Wahlziel, die absolute Mehrheit und damit die Regierungsgewalt, hatten die Unionsparteien freilich nicht erreicht, denn die FDP hatte sich mit 7,9% der Stimmen gegenüber 8,4% 1972 knapp behaupten können. Da ihre Koalitionsaussage zugunsten der SPD von vornherein feststand, konnte die sozialliberale Koalition in Bonn mit der knapper gewordenen Mehrheit von 253 (SPD: 214, FDP: 39) zu 243 (CDU: 190, CSU: 53) Mandaten im Bundestag fortgesetzt werden[12]). Erleichtert wurde den Koalitionspartnern die Parlaments- und Öffentlichkeitsarbeit durch die Zwistigkeiten, die zwischen CDU und CSU nach Verfehlen der absoluten Mehrheit ausbrachen und die die ganze folgende Legislaturperiode hindurch andauern sollten.

VII. Außenpolitik 1972 – 1976

1. Die Fortsetzung der Ostpolitik

Zum Komplex der Ostverträge, die die Bundesrepublik im Zusammenhang mit der internationalen Entspannungspolitik seit 1970 abgeschlossen hat, gehört auch der Vertrag über die gegenseitigen Beziehungen zwischen der Bundesrepublik Deutschland und der ČSSR vom 11. Dezember 1973.[1])

Die Vorgespräche mit Prag hatten bereits im Oktober 1970 begonnen. Die abwechselnd in Prag und in Bonn geführten Sondierungsgespräche zogen sich aber bis zum Sommer 1972 hin, ohne daß es zu einer Annäherung der beiderseitigen Standpunkte gekommen wäre. Ursache der Differenzen und Verzögerungen war die Frage, ab wann das Münchner Abkommen vom 29. September 1938 ungültig sein sollte: von Anfang an oder von einem späteren Zeitpunkt an? Das Abkommen war der Tschechoslowakei vom Deutschen Reich, Italien, England und Frankreich aufgezwungen worden, um die von Hitler entfesselte Sudetenkrise zu beenden und einen Krieg in Europa zu vermeiden. Die Tschechoslowakei hatte, nachdem ihre Verbündeten und Schutzmächte England und Frankreich sich mit Hitler geeinigt hatten, das Sudetenland an das Deutsche Reich abtreten müssen, wofür Hitler wiederum die Existenz der sogenannten »Resttschechei« garantierte. Schon im März 1939 freilich hatte Hitler diesen Vertrag bereits wieder zerrissen, als er in Prag einmarschierte und die Tschechoslowakei als »Protektorat Böhmen und Mähren« dem »Großdeutschen Reich« einverleibte.

Nach dem Zweiten Weltkrieg vertraten die ČSSR und die Sowjetunion den Standpunkt, daß das Münchner Abkommen, da unter Druck zustandegekommen, von Anfang an – »ex tunc« – ungültig gewesen sei. Auch die Regierungen der Bundesrepublik betrachteten seit 1949 das Münchner Abkommen als ungültig, erhoben also keine Gebietsansprüche gegenüber der Tschechoslowakei. Doch ihrer Meinung nach war das Abkommen zunächst rechtsgültig gewesen und erst später, durch Hitlers Besetzung der »Resttschechei« oder seine Gewaltpolitik im Zweiten Weltkrieg, – »ex nunc« – ungültig geworden. Dahinter stand die

Befürchtung, daß mit einer Ungültigkeitserklärung des Münchner Abkommens »von Anfang an« unabsehbare staats-, straf- und zivilrechtliche Verwicklungen heraufbeschworen worden wären. Die Staatsangehörigkeit von Sudetendeutschen, die Gültigkeit von Hoheitsakten, die deutsche Behörden im Sudetenland zwischen 1938 und 1945 vollzogen hatten, Eheschließungen und andere Zivilstandsakte hätten in Zweifel gezogen werden können.

Die tschechoslowakische Regierung ging auf diese Argumente der deutschen Seite ebensowenig ein wie auf den Vorschlag, das Münchner Abkommen in dem geplanten Vertrag über die gegenseitigen Beziehungen überhaupt nicht zu erwähnen, sondern lediglich eine Erklärung zur gegenwärtigen Grenze zwischen der Bundesrepublik Deutschland und der Tschechoslowakei, die auch die Grenze zwischen der Tschechoslowakei und dem Deutschen Reich vor München gewesen war, abzugeben.

Erst nach einer längeren »Denkpause« kamen die Gespräche im Februar 1973 wieder in Gang. Die Verträge von Moskau und Warschau sowie das Berlin-Abkommen der Vier Mächte waren inzwischen in Kraft getreten, der Grundlagenvertrag zwischen der Bundesrepublik und der DDR stand zur Ratifizierung an, die Tschechoslowakei mußte befürchten, daß die »neue Ostpolitik« an ihr vorüberging, wenn sie auf ihrem »ex tunc«-Standpunkt beharrte, um ein verständliches nationales Trauma zu bewältigen. Andererseits waren sich in der Bundesrepublik Politiker quer durch die Parteien einig darüber, daß die Verständigung zwischen der Bundesrepublik und der Tschechoslowakei nicht durch das allseits als überholt angesehene Münchner Abkommen verhindert werden sollte.

Am 7. Mai 1973 begannen die offiziellen Verhandlungen zwischen den Außenministern Scheel und Chnoupek. Die Standpunkte ließen sich soweit annähern, daß am 20. Juni 1973 der Vertrag[2]) in Bonn paraphiert werden konnte. Die ersten beiden Artikel regelten die Gültigkeit des Münchner Abkommens und seiner Folgen:

Artikel I

»Die Bundesrepublik Deutschland und die Tschechoslowakische Sozialistische Republik betrachten das Münchner Abkommen vom 29. September 1938 im Hinblick auf ihre gegenseitigen Beziehungen nach Maßgabe dieses Vertrages als nichtig.

Artikel II

(1) Dieser Vertrag berührt nicht die Rechtswirkungen, die sich in bezug auf natürliche oder juristische Personen aus dem in der Zeit vom 30. September 1938 bis zum 9. Mai 1945 angewendeten Recht ergeben. Ausgenommen hiervon sind die Auswirkungen von Maßnahmen, die

beide vertragsschließenden Parteien wegen ihrer Unvereinbarkeit mit den fundamentalen Prinzipien der Gerechtigkeit als nichtig betrachten.
(2) Dieser Vertrag läßt die sich aus der Rechtsordnung jeder der beiden Vertragsparteien ergebende Staatsangehörigkeit lebender und verstorbener Personen unberührt.
(3) Dieser Vertrag bildet mit seinen Erklärungen über das Münchener Abkommen keine Rechtsgrundlage für materielle Ansprüche der Tschechoslowakischen Sozialistischen Republik und ihrer natürlichen und juristischen Personen.«

Damit hatte sich die deutsche Auffassung hinsichtlich des Münchener Abkommens und seiner Folgen im wesentlichen durchgesetzt. Die Artikel über Gewaltverzicht und Unverletzlichkeit der Grenzen folgten weitgehend dem Text des Warschauer Vertrags. Hinzu kam ein Briefwechsel, der den Einschluß West-Berlins in zukünftige Verträge über praktische Zusammenarbeit sichern sollte, und ein weiterer Briefwechsel über die Aussiedlung von tschechoslowakischen Bürgern deutscher Nationalität. Da es sich hier nach deutschen Schätzungen nur um circa 10 000 Menschen handelte, verursachte dieser Punkt weniger Komplikationen als in den Beziehungen zu Polen. Schwierigkeiten tauchten jedoch bei der Berlinklausel auf.
Nachdem Polen und dann andere Ostblockstaaten begonnen hatten, das Berlin-Abkommen der Vier Mächte in puncto Rechtshilfe für Westberliner Gerichte sehr restriktiv auszulegen,[3]) war die Bundesregierung nicht bereit, das Abkommen mit der Tschechoslowakei zu unterzeichnen, ehe die Vertretung West-Berlins in diesem Punkt nicht befriedigend geregelt war. Im November 1973 erreichte Außenminister Scheel bei einem Besuch in Moskau die sowjetische Zusage, daß die »Rechtshilfe für Westberliner Gerichte . . . in einer für die interessierten Seiten annehmbaren Form entsprechend dem Viermächteabkommen« geregelt werden sollte. Gedacht war an einen direkten Verkehr zwischen den Gerichten der Sowjetunion einerseits, den Gerichten der Bundesrepublik und West-Berlins andererseits. Daraufhin erklärte sich die tschechoslowakische Regierung in einem Notenwechsel am 23. und 27. November 1973 bereit, die Rechtshilfe für West-Berlin in »vollem Einklang« mit der Moskauer Vereinbarung zu regeln.
Am 11. Dezember 1973 wurde der Vertrag[4]) von Bundeskanzler Brandt und Außenminister Scheel auf der deutschen Seite und von Ministerpräsident Strougal und Außenminister Chnoupek auf der tscheschoslowakischen Seite in Prag unterzeichnet. Gleichzeitig wurden die diplomatischen Beziehungen aufgenommen; vorher hatten die beiden Staaten nur Handelsmissionen unterhalten.

Horst W. Schmollinger / Peter Müller
Zwischenbilanz
10 Jahre sozialliberale Politik. 1969 – 1979.
Anspruch und Wirklichkeit.
14 x 20,5 cm. 264 Seiten.
Englische Broschur.
ISBN 3 7716 2205 0

Hans-Peter Schreiner / Kurt E. Becker
Wahn oder Glaube
Zum Thema Sekten – Informationen und Analysen
160 Seiten. Paperback.
ISBN 3 7716 1414 7

Rainer Silkenbeumer (Hrsg.)
Geburtenrückgang
Risiko oder Chance.
13,8 x 20,6 cm. 200 Seiten.
Broschur.
ISBN 3 7716 2300 6

Rainer Silkenbeumer (Hrsg.)
Kulturarbeit
Innenpolitik von morgen.
160 Seiten. Paperback.
ISBN 3 7716 2302 2

Deutsche Zeitgeschichte

Walter Tormin
Die Weimarer Republik
ISBN 3 7716 2092 9

Eberhard Aleff
Das Dritte Reich
ISBN 3 7716 2020 1

Herbert Lilge
Deutschland 1945 – 1963
ISBN 3 7716 2039 2

Ernst Deuerlein
Deutschland 1963 – 1970
ISBN 3 7716 2074 0

Peter Borowsky
Deutschland 1970 – 1976
ISBN 3 7716 2204 2

Obwohl der Prager Vertrag mit der Ungültigkeitserklärung des Münchener Abkommens nur vollzog, was auch viele CDU/CSU-Politiker befürworteten, und gleichzeitig nachteilige Rechtsfolgen für die Sudetendeutschen vermied, konnte sich die Opposition nicht zur Annahme des Vertrages entschließen. Im März 1974 lehnte die CDU/CSU-Mehrheit im Bundesrat den Vertrag ab. Am 20. Juni 1974 wurde er von der Koalitionsmehrheit im Bundestag angenommen. Daraufhin rief der Bundesrat den Vermittlungsausschuß an, der am 27. Juni 1974 die Anrufung zurückwies, was wiederum zu einem förmlichen Einspruch des Bundesrates führte. Am 10. Juli 1974 wies der Bundestag diesen Einspruch zurück und ratifizierte damit den Vertrag. Er trat am 19. Juli 1974 nach Austausch der Ratifikationsurkunden in Bonn in Kraft.
Der Warschauer Vertrag zwischen der Bundesrepublik und Polen vom Dezember 1970 hatte in zwei Punkten die Erwartungen der Vertragspartner offengelassen: Von einer Normalisierung der Beziehungen zwischen den beiden Staaten erhoffte sich die polnische Seite als eine Art Wiedergutmachung für nationalsozialistische Untaten eine großzügige wirtschaftliche Hilfe der Bundesrepublik. Umgekehrt hatte der Warschauer Vertrag in der Bundesrepublik die Erwartungen geweckt, daß die polnische Regierung in der Aussiedlerfrage Entgegenkommen zeigen würde. Für Polen aber hätte eine stärkere Abwanderung qualifizierter Arbeitskräfte die ohnehin schwierige Wirtschaftslage noch verschärft. Daraus ergab sich für die polnische Seite eine Art Junktim – das freilich nie so genannt wurde – zwischen Aussiedlungserleichterung und bundesdeutscher Finanzhilfe. Da diese aber ausblieb, versuchte die polnische Regierung, das Interesse an einer Aussiedlung in die Bundesrepublik zu dämpfen, indem sie die entsprechenden Teile des Vertragswerks mit der Bundesrepublik nur unvollständig oder gar nicht bekannt machte oder die Antragsteller mit Sanktionen wie Entlassung oder zusätzlichen Abgaben belegte. Nach der Unterzeichnung des Warschauer Vertrages war die Zahl der Aussiedler aus Polen von 5624 im Jahre 1970 sprunghaft auf 25 241 im Jahre 1971 gestiegen. 1972 fiel sie auf 13 476, 1973 auf 8906, 1974 auf 7825 und erreichte mit 7040 1975 ihren Tiefpunkt.[5])
Im Oktober 1973 teilte Außenminister Scheel bei einem Besuch in Warschau der polnischen Regierung mit, die Bundesregierung sei bereit, Möglichkeiten für einen günstigen Kredit an Polen zu schaffen. Daraufhin erklärte die polnische Regierung ihre Bereitschaft, die Frage der Aussiedlung in den nächsten drei bis fünf Jahren »in umfassender Weise zu lösen«. Der polnische Außenminister nannte bei seinem Gegenbesuch in Bonn im Dezember 1973 sogar eine konkrete Quote, die mit ca. 50 000 Personen jährlich erheblich über der in der vertraulichen »Information« von 1970 genannten Quote von ca. 10 000 Personen lag. Eine Einigung

auf dieser Basis wurde 1974 jedoch nicht mehr erreicht. Das Anfang November 1974 unterzeichnete deutsch-polnische Abkommen über die Entwicklung der wirtschaftlichen, industriellen und technischen Zusammenarbeit enthielt keine Kreditzusage der deutschen Seite.[6])
Eine Verbesserung des Verhältnisses zwischen der Bundesrepublik und Polen brachte erst die Gipfelkonferenz aus Anlaß der Unterzeichnung der KSZE-Schlußakte in Helsinki im August 1975. In der Nacht vom 1. auf den 2. August sagten Bundeskanzler Schmidt und Außenminister Genscher dem polnischen Parteichef Gierek, dem Ministerpräsidenten Jaroscewicz und dem Außenminister Olszowski eine Abfindung von 1,3 Milliarden DM für polnische Rentenansprüche und einen Finanzkredit von 1,3 Milliarden DM zu. Die polnischen Regierungsvertreter stellten dafür die Ausreisegenehmigung für weitere 120 000 bis 125 000 Antragsteller in Aussicht.[7])
Entsprechende Abkommen wurden am 9. Oktober 1975 in Warschau von den Außenministern beider Staaten unterzeichnet.[8]) In einer »Vereinbarung über die pauschale Abgeltung von Rentenansprüchen«, die polnische Staatsbürger aufgrund ihrer freiwilligen oder zwangsmäßigen Tätigkeit – vor allem während des Zweiten Weltkriegs – und aufgrund der damals gezahlten Beiträge noch gegen die deutschen Renten- und Unfallversicherung hatten, sicherte die Bundesregierung die pauschale Zahlung von 1,3 Milliarden DM in drei Jahresraten (1976 bis 1978) an Polen zu.
Nach dem »Abkommen über die Gewährung eines Finanzkredits« sollte Polen 1 Milliarde DM, zahlbar in drei Jahresraten, von der Kreditanstalt für Wiederaufbau (KWA) erhalten. Der Kredit sollte ab 1980 in 20 Jahren zurückgezahlt und mit nur 2,5% verzinst werden. In diesem niedrigen Zinssatz lag das eigentliche deutsche Zugeständnis in diesem Abkommen. Die KWA mußte das Geld zum 3- bis 4fachen Zinssatz auf dem freien Kapitalmarkt beschaffen. Die Zinsdifferenz wurde vom Bundeshaushalt übernommen, also aus Steuereinnahmen finanziert. Sie kann je nach Entwicklung der Zinsen auf dem freien Markt während der Laufzeit des Kredits bis zum Jahre 2000 einige hundert Millionen bis eine Milliarde DM betragen.
Der Kredit, dessen erste Rate bereits im November 1975 ausgezahlt wurde, war weder für deutsche Lieferungen zweckgebunden, wenn er auch laut Präambel »die Bedingungen für die Entwicklung der wirtschaftlichen Zusammenarbeit und industriellen Kooperation« fördern sollte, noch wurde er direkt zur Bedingung für eine neue Aussiedlerregelung gemacht. Durch einen Hinweis auf die »gemeinsame Erklärung« der beiden Delegationen von Helsinki in der Präambel des Abkommens wurde aber der sachliche Zusammenhang zwischen Kreditvertrag und

dem dritten Komplex des Vertragswerks, dem Ausreiseprotokoll, hergestellt.
Bereits vor Unterzeichnung der Abkommen war ab September 1975 die Zahl der aus Polen in die Bundesrepublik kommenden Aussiedler wieder angestiegen. Im Ausreise-Protokoll vom 9. Oktober 1975 erklärte die polnische Regierung, daß über die ca. 65 000 Personen hinaus, die seit 1970 die Ausreisegenehmigung in die Bundesrepublik oder in die DDR erhalten hätten, »etwa 120 000 bis 125 000 Personen im Laufe der nächsten vier Jahre die Genehmigung ihres Antrags zur Ausreise erhalten werden.«[9]) Die hier von der polnischen Seite zugestandenen Zahlen gingen über die von 1970 hinaus, blieben aber immer noch weit unter der vom Deutschen Roten Kreuz geschätzten Zahl der Ausreisewilligen. Wichtig war daher die sogenannte »Offenhalte-Klausel«, wonach »keine zeitliche Einschränkung für die Antragstellung durch Personen vorgesehen wird, die die in der ›Information‹ genannten Kriterien erfüllen«.[10]) Anträge auf Ausreisegenehmigungen waren demnach auch nach Ablauf der vier Jahre möglich.
Die als nicht ganz befriedigend angesehene Regelung der Aussiedlungsfrage und der hohe Preis, den die Bundesrepublik dafür zahlen sollte, rief Kritik in den Reihen der CDU/CSU-Opposition hervor. Zwar stimmten am 19. Februar 1976 einige CDU-Abgeordnete mit den Koalitionsparteien für das – allein ratifizierungsbedürftige – Rentenabkommen, doch im Bundesrat, wo die Opposition nach dem unerwarteten Regierungswechsel in Niedersachsen (s. dazu oben, S. 124) ihre Mehrheit hatte ausbauen können, erhoben die CDU/CSU-regierten Länder Einwände, die sie in 11 Punkten zusammenfaßten. Sie reduzierten sich nach einer weitgehend als befriedigend empfundenen Stellungnahme von Außenminister Genscher[10a]) auf die Forderungen, es müsse völkerrechtlich verbindlich gesichert werden, daß alle ausreisewilligen Deutschen und Deutschstämmigen innerhalb von vier bis sechs Jahren aufgrund eines objektiven deutsch-polnischen Prüfungsverfahrens ausreisen könnten und daß die finanziellen Vereinbarungen kein Präzedenzfall für andere Staaten darstellen dürften.
Für den letzten Punkt genügte eine nochmalige Erklärung der Bundesregierung. Hinsichtlich der Aussiedlerfrage bemühte sich die Bundesregierung in Warschau um »Nachbesserung« des schon unterzeichneten Abkommens. So erklärten sich das Deutsche Rote Kreuz und das Polnische Rote Kreuz bereit, bei der »Aufklärung hinsichtlich der ausreisewilligen Personen« zusammenzuarbeiten, was die Opposition als hinreichend »objektives deutsch-polnisches Prüfungsverfahren« akzeptierte. Außerdem wurde durch eine Veränderung im Zusatzbriefwechsel zwischen den beiden Außenministern festgehalten, daß Polen auch nach

Ablauf der vier Jahre noch Ausreisebewilligungen gewähren würde. Darauf billigte am 12. März 1976 auch der Bundesrat mit den Stimmen der CDU/CSU-regierten Länder das Rentenabkommen. Am 24. März 1976 wurden die Ratifikationsurkunden in Bonn ausgetauscht. Als der polnische Parteichef Gierek im Juni 1976 die Bundesrepublik besuchte, wurde dieser Besuch von beiden Seiten als Ausdruck des verbesserten politischen Klimas zwischen Bonn und Warschau gewürdigt. 1976 kamen 29 366 Aussiedler aus Polen in die Bundesrepublik, 1977 waren es 32 861 und 1978 36 100.[11])

Wie schwierig das deutsch-polnische Verhältnis aufgrund der besonderen geschichtlichen Belastungen aber nach wie vor war, illustrierten die Probleme, die bei der deutsch-polnischen Schulbuchrevision auftraten. Ähnlich wie in den 50er Jahren im Verhältnis zu Frankreich sollten deutsch-polnische Kommissionen Schulbücher für Geschichte und Geographie auf unzutreffende, feindselige oder überholte Vorstellungen von Deutschland und den Deutschen bzw. von Polen und den Polen überprüfen und Empfehlungen zur Veränderung und inhaltlichen Gestaltung der Schulbücher ausarbeiten. Zu diesem Zweck trafen sich seit 1972 abwechselnd in Warschau und in Braunschweig Historiker, Geographen, Schulbuchexperten und -verleger beider Länder zu Schulbuchkonferenzen. Während man sich über manche Punkte relativ schnell einigen konnte, blieben andere, so z. B. die deutsche Ostsiedlung im Mittelalter und vor allem die Bewertung der Ereignisse am Ende des Zweiten Weltkrieges kontrovers. 1974 wurden dann schließlich Empfehlungen zur Gestaltung der Schulbücher verabschiedet, die in der deutschen Öffentlichkeit vor allem deshalb Aufsehen erregten, weil sie die Vertreibung der Deutschen aus den Ostgebieten nach dem Ende des Zweiten Weltkriegs unter der Überschrift »Bevölkerungsverschiebungen« nur als Ausweisung bzw. Zwangsumsiedlung charakterisierten.[12])

Manche Länder-Kultusminister waren daher nicht bereit, diese Empfehlungen an ihre Schulen weiterzureichen. Über diese mit dem Kulturföderalismus der Bundesrepublik gegebenen Hindernisse bei der Umsetzung der Empfehlungen waren wiederum die polnischen Kommissionsmitglieder enttäuscht, ebenso über die Unmöglichkeit, den Empfehlungen Eingang in die Schulbücher zu verschaffen, da diese nicht wie in Polen von staatlichen Stellen, sondern von privaten Verlegern herausgegeben werden. Um die deutsch-polnische Schulbuchrevision aber weiterzuführen, wurde in das deutsch-polnische Kulturabkommen vom 11. Juni 1976 ein Artikel 4 aufgenommen, der lautet: »In Anbetracht der großen Bedeutung, die die Schule und die Schulbücher für die Jugenderziehung haben, werden die Vertragspartner ihre Bemühungen fortsetzen, in den Schulbüchern eine Darstellung der Geschichte, Geographie und Kultur

der anderen Seite zu erreichen, die eine umfassende Kenntnis und ein besseres gegenseitiges Verständnis fördert; sie werden darauf hinwirken, daß dabei die Empfehlungen der gemeinsamen Schulbuchkommission berücksichtigt werden«.[13])
Eins der auslösenden und antreibenden Motive für die »neue Ostpolitik« war das wirtschaftliche Interesse am Osthandel und an Investitionsmöglichkeiten in Osteuropa gewesen. Wenn nach 1970 auch nicht alle in der ersten Phase projektierten Vorhaben Wirklichkeit wurden und hochgespannte Erwartungen über Anlageninvestitionen riesigen Ausmaßes in der Sowjetunion sich nur zum Teil verwirklichen ließen, so entwickelten sich die wirtschaftlichen Beziehungen der Bundesrepublik zu den Staatshandelsländern Osteuropas seit 1970 insgesamt doch positiv. Der Umfang des Osthandels (ohne DDR) stieg, wie die folgende Tabelle[14]) zeigt, stetig:

	Ausfuhr (in Md. DM)	Einfuhr
1969	4,3	3,6
1971	5,3	4,4
1973	9,9	6,2
1975	15,9	8,0

Der Anteil des Exports in die sozialistischen Länder Osteuropas (ohne die DDR) am gesamten Export der Bundesrepublik blieb zwar bescheiden, aber er stieg von durchschnittlich 4,4% in der Zeit zwischen 1965 und 1969 auf durchschnittlich 5,6% zwischen 1970 und 1975 und erreichte 1975 7,7%.[15]) Am westdeutschen Ausfuhrüberschuß war der Osthandel 1975 mit fast 8 Milliarden DM beteiligt. Einzelne Branchen oder Firmen wie die Röhrenwerke von Mannesmann, die Stahlwerke Salzgitter, die Werkzeugmaschinenindustrie und die Lieferanten von Großanlagen sind in hohem Maße vom Osthandel abhängig geworden.[16])
Auf der anderen Seite wurde die Bundesrepublik in den 70er Jahren zum wichtigsten westlichen Handelspartner der osteuropäischen Staatshandelsländer.[17])
Schwierigkeiten und Hemmnisse im Osthandel ergaben sich aus der Schwerfälligkeit und Unbeweglichkeit der staatlichen Planungsapparate und der komplizierten Außenhandelsorganisation der Staatshandelsländer sowie aus der Tatsache, daß die östlichen Währungen auf den Devisenmärkten nicht frei konvertierbar sind. Diese Komplikationen machten es kleinen und mittleren Unternehmen fast unmöglich, in das Ostgeschäft einzusteigen. Sie begünstigten die Großunternehmen. Das Grundproblem des Ost-West-Handels lag jedoch in seiner unausgeglichenen Struktur. Da die osteuropäischen Staatshandelsländer hauptsächlich Roh- und Brennstoffe sowie Nahrungsmittel in die Bundesrepublik

lieferten und die Weltmarktpreise für diese Güter niedriger lagen und langsamer stiegen als die für Industrieprodukte und Anlagen, die die Bundesrepublik vorzugsweise in den Osten lieferte, wuchsen das Handelsbilanzdefizit und die Verschuldung des Ostblocks rapide an.
Das Kreditabkommen mit Polen war insofern eine Ausnahme, als es sich hier um einen direkten Finanzkredit der Bundesrepublik Deutschland handelte. Insgesamt beliefen sich die Kredite deutscher Banken und Wirtschaftsunternehmen, die allerdings durch Bundesbürgschaften abgedeckt waren, an die östlichen Staatshandelsländer 1976 auf 22,1 Milliarden DM.[18]) Auf östlicher Seite wurde man sich der Gefahren, die diese hohe Verschuldung im Westen mit sich brachte, spätestens 1976 bewußt. Die Staatshandelsländer versuchten, ihre Exporte zu steigern, hielten sich gleichzeitig beim Import zurück und bemühten sich um Kompensationsgeschäfte, bei denen Importe aus der Bundesrepublik nicht mit Devisen, sondern mit Waren bezahlt werden. Bundesdeutsche Unternehmer waren nur im Notfall bereit, diese moderne Form des Tauschhandels zu akzeptieren, denn wenn sie die angebotenen Waren nicht im eigenen Produktionsprozeß verarbeiten konnten, hatten sie oft Mühe, sie anderweitig ohne Verluste wieder abzusetzen. 1977 blieb der westdeutsche Export in die osteuropäischen Länder mit 15,4 Milliarden DM unter dem Stand von 1975. Der Import aus diesen Ländern stieg nicht zuletzt dank der Kompensationsgeschäfte auf 10,6 Milliarden DM.[19])
Ein wichtiger Bereich der Wirtschaftsbeziehungen zwischen der Bundesrepublik und den Ostblockstaaten waren die Kooperationsabkommen im industriellen Bereich. Die östlichen Partner solcher Abkommen sahen darin eine Möglichkeit, durch Übernahme westlicher Technologie und Management-Methoden exportfähige Industrien aufzubauen. Außerdem hatten Kooperationsabmachungen den politischen Vorteil, daß sie zweiseitig abgeschlossen werden konnten, während Handelsverträge seit dem 1. Januar 1973 nicht mehr mit der Bundesrepublik allein, sondern nur noch mit der Europäischen Gemeinschaft abgeschlossen werden konnten. Dazu aber waren die Staatshandelsländer nicht bereit, weil sie die EG politisch nicht aufwerten wollten. Westdeutsche Unternehmen waren an Kooperationsverträgen mit Ostblockstaaten interessiert, weil sie ihnen große Aufträge im Anlagenbau sicherten und ihnen den direkten Zugang zu den östlichen Märkten ohne Zwischenschaltung der Außenhandelsorganisationen zu eröffnen schienen. Beispiele für solche Kooperationsabkommen sind die deutsch-sowjetischen Abmachungen über das Erdgas-Röhren-Geschäft, das Hüttenkombinat Kursk und Chemieanlagen.[19a])

2. Die Beziehungen zur DDR

Nach der Unterzeichnung des Verkehrsvertrags und des Grundlagenvertrags entwickelten sich die Beziehungen zwischen den beiden deutschen Staaten weiter. Die im Grundlagenvertrag vorgesehene Zusammenarbeit zur Regelung praktischer Fragen setzte eine Serie von Folgeverhandlungen in Gang, die zum Teil zu Abkommen führten, zum Teil aber auch bald steckenblieben.

Noch vor Inkrafttreten des Grundlagenvertrags (am 21. Juni 1973) konstituierte sich am 31. Januar 1973 die im Grundlagenvertrag vorgesehene Grenzkommission aus Beauftragten beider Staaten und begann mit der Feststellung und Markierung des Grenzverlaufs zwischen der Bundesrepublik und der DDR. Auf Vorschlag der Grenzkommission kam es am 20. September 1973 zu Vereinbarungen über Grundsätze zur Schadensbekämpfung an der Grenze und zur Instandhaltung und zum Ausbau der Grenzgewässer. Relativ schnell konnte sich die Kommission auch über den Grenzverlauf und den Fischfang in der Lübecker Bucht einigen (29. Juni 1974). Ins Stocken geriet die Arbeit der Kommission, als es um die Frage ging, ob die Grenze an der Elbe am östlichen oder am westlichen Ufer des Flusses verlaufe.[20])

Im November 1973 wurden Verhandlungen über ein Kulturabkommen, über ein Abkommen zur Zusammenarbeit auf wissenschaftlichem und technischem Gebiet und über ein Abkommen zum Umweltschutz aufgenommen. Zu Ergebnissen haben diese Verhandlungen bisher nicht geführt. Die Ursachen sind Schwierigkeiten in der Sache selbst, Differenzen über die Einbeziehung West-Berlins oder – wie im Falle des Kulturabkommens – die Forderung der DDR auf Herausgabe des ehemaligen preußischen Kulturbesitzes.[21])

Als erstes Folgeabkommen zum Grundlagenvertrag wurde am 25. April 1974 ein Gesundheitsabkommen[22]) zwischen der Bundesrepublik und der DDR unterzeichnet. Sein wichtigster Inhalt ist der Anspruch auf kostenlose ambulante und stationäre Behandlung für Reisende aus dem jeweils anderen Staat. Am gleichen Tag einigten sich die Finanzminister der Bundesrepublik und der DDR auf eine Vereinbarung über den Transfer von Unterhaltszahlungen und von Guthaben in allerdings begrenzten Fällen. Am 8. Mai 1974 unterzeichneten Vertreter des Deutschen Sportbundes der Bundesrepublik und Vertreter des Deutschen Turn- und Sportbundes der DDR ein Protokoll über die Regelung der wechselseitigen Sportbeziehungen.[23])

Bereits am 14. März 1974 hatten sich die beiden Regierungen über die Errichtung und die Eröffnung der Ständigen Vertretungen in Bonn und

Ost-Berlin geeinigt. So kam es, daß ausgerechnet mitten in der Krise um den DDR-Spion Guillaume, die der neue Bundeskanzler Helmut Schmidt als »eine ernste Belastung des Verhältnisses zwischen den Vertragspartnern« bezeichnete, die Ständigen Vertretungen am 2. Mai 1974 ihre Arbeit aufnahmen. Vertreter der DDR in Bonn wurde der persönlich zum Botschafter ernannte ehemalige Staatssekretär Michael Kohl, der mit Egon Bahr in monatelangen Gesprächen den Verkehrs- und den Grundlagenvertrag ausgehandelt hatte. Bonner Vertreter in Ost-Berlin wurde der ehemalige Chefredakteur des SPIEGEL, Günter Gaus, der sich in zahlreichen Artikeln für die Ost- und Deutschland-Politik der Regierung Brandt eingesetzt hatte.[24])

Unmittelbare Auswirkungen im Bereich der »menschlichen Erleichterungen« und der »zwischenmenschlichen Beziehungen«, wie sie die »neue Ostpolitik« im Hinblick auf die DDR angestrebt hatte, zeitigten Verkehrs- und Grundlagenvertrag im Reiseverkehr zwischen der Bundesrepublik und der DDR. 1970 und 1971 waren ca. 1,25 Mill. Westdeutsche zu mehrtägigen Aufenthalten in die DDR und nach Ost-Berlin gereist, 1972 waren es bereits 1,5 Millionen. Dazu kamen seit dem Juni 1972 3,32 Mill. Westberliner, die erstmals seit Jahren wieder ihre Verwandten und Freunde in Ost-Berlin und in der DDR besuchen durften, und ca. 2 Mill. Tagesaufenthalte von Westdeutschen, die Ost-Berlin von Westberlin aus besuchten, insgesamt also ca. 6,86 Mill. westdeutscher oder Westberliner Besucher in der DDR und in Ost-Berlin. 1973 stieg die Zahl der Westbesucher auf über 8 Millionen (2,279 Mill. Westdeutsche, 3,82 Mill. Westberliner, ca. 2 Mill. Tagesaufenthalte in Ost-Berlin). Um den Besucherstrom einzudämmen, verdoppelte die DDR-Regierung am 5. November 1973 die Mindestumtauschsätze bei der Einreise in die DDR von 5 auf 10 DM (bei Tagesaufenthalten) bzw. von 10 auf 20 DM (bei mehrtägigen Aufenthalten) und verlangte die neuen Sätze auch von Rentnern.[25])

Diese Maßnahmen verfehlten ihre Wirkung nicht: 1974 reisten nur noch 1,919 Mill. Westdeutsche in die DDR und 2,56 Mill. Westberliner nach Ost-Berlin und in die DDR; die Zahl der Tagesbesucher von West-Berlin nach Ost-Berlin blieb konstant bei ca. 2 Millionen.[26]) Die Erhöhung der Mindestumtauschsätze hatte negative Auswirkungen auch auf die Beziehungen zwischen den Regierungen der beiden deutschen Staaten. Die Bundesregierung wollte die Verhandlungen über praktische Zusammenarbeit nur weiterführen, wenn die Geschäftsgrundlage beim Mindestumtausch wiederhergestellt würde. Ein Jahr nach der Verdoppelung der Sätze setzte die DDR-Regierung zum 15. November 1974 die Mindestumtauschsätze wieder um zwei Drittel herab.[26a]) Am 20. Dezember 1974 verzichtete sie auch auf den Mindestumtausch bei Rentnerreisen. Eine

Folge dieser Maßnahmen war die Vereinbarung über die Neufestsetzung des »Swing« im innerdeutschen Handel am 12. Dezember 1974 (s. unten, S. 139), eine andere ein erneuter Aufschwung des Reiseverkehrs in die DDR. 1975 stieg die Zahl der Westdeutschen, die die DDR besuchten, auf 3,124 Mill., 1976 blieb sie mit 3,121 Mill. ungefähr konstant. Die Zahl der Westberliner, die nach Ost-Berlin oder in die DDR reisten, lag bei 3,21 Mill. 1975 und bei 3,4 Mill. 1976.[27])
Zu den Reiseerleichterungen, die der Verkehrsvertrag und die Folgeabkommen brachten, gehörte die Erweiterung der Aufenthaltsgenehmigung über einen bestimmten Bezirk der DDR hinaus auf das ganze Gebiet der DDR, die freie Wahl des Grenzübergangs, Besuch bei Bekannten und nicht nur bei Verwandten, mehrmalige Reisen im Jahr, Touristenreisen, Einreise mit dem eigenen Pkw, die Öffnung neuer Straßenübergänge und schließlich der »kleine Grenzverkehr«. Er wurde am 5. Juli 1973 aufgenommen und im selben Jahr noch von 193 000 Bürgern in grenznahen Gebieten der Bundesrepublik zu Reisen in grenznahe Gebiete der DDR genutzt.
1974 waren es 331 000, 1975 463 000 und 1976 445 000.[28])
In umgekehrter Richtung hielt sich der Aufschwung des Reiseverkehrs in Grenzen, da die DDR prinzipiell nur Rentnern über 65 bzw. bei Frauen über 60 die Ausreise gestattete. 1970 kamen 1,048 Mill. Rentner aus der DDR in die Bundesrepublik und nach West-Berlin, 1971 waren es 1,045 Mill., 1972 1,068 Mill. 1973 stieg die Zahl auf 1,257 Mill., 1974 auf 1,316 Mill. und 1975 auf 1,33 Mill. 1976 ging sie mit 1,328 Mill. etwas zurück. Immerhin kamen seit 1973 jährlich auch ca. 400 000 DDR-Bürger, die noch nicht im Rentenalter waren, »in dringenden Familienangelegenheiten« in die Bundesrepublik und nach West-Berlin[29]).
Erleichterungen und Verbesserungen gab es auch im Telefonverkehr zwischen den beiden deutschen Staaten: 1969 hatte es ganze 34 Leitungen zwischen dem Bundesgebiet und der DDR gegeben. Am 19. Juni 1974 wurde der Selbstwähldienst von einigen Ortsnetzen des Bundesgebiets nach Ost-Berlin eröffnet. Ab Juni 1975 war Ostberlin für ca. 90% der Telefonbesitzer in der Bundesrepublik im Selbstwähldienst erreichbar. Nach der Unterzeichnung eines Postabkommens zwischen der Bundesrepublik und der DDR am 30. März 1976 wurden die Telefonverbindungen weiter verbessert. Ende 1976 existierten zwischen der Bundesrepublik und der DDR 368 Leitungen.[30])
Von West-Berlin nach Ost-Berlin und Orten der DDR existierte 1969 überhaupt keine direkte Telefonverbindung mehr. Nach Inkrafttreten des Viermächteabkommens wurde am 25. Juli 1972 der Selbstwähldienst zwischen West-Berlin und 32 Ortsnetzen der DDR eröffnet. Im April 1975 wurde der vollautomatische Telefonverkehr zwischen West- und

Ost-Berlin über 290 neugeschaltete Leitungen aufgenommen. Ende 1976 gab es 453 Leitungen von West-Berlin nach Ost-Berlin und in die DDR.[31])

Ähnlich stürmisch wie der Besucherstrom in die DDR entwickelte sich nach Inkrafttreten des Berlin-Abkommens am 3. Juni 1972 der Transitverkehr zwischen dem Bundesgebiet und West-Berlin: 1970 und 1971 waren 7,103 Mill. bzw. 7,633 Mill. Personen auf dem Landweg nach Berlin gereist.

1972 waren es bereits	10,478 Mill.,
1973	13,667 Mill.,
1974	13,554 Mill.,
1975	14,794 Mill.,
1976	14,852 Mill.[32])

Entsprechend rückläufig war der Flugverkehr: 1970 waren 5,549 Mill. Passagiere nach Berlin geflogen, 1971 6,114 Mill. Ab 1972 aber sank diese Zahl:

1972	5,514 Mill.,
1973	4,775 Mill.,
1974	4,28 Mill.,
1975	3,992 Mill.,
1976	3,985 Mill. Passagiere.[33])

Am 19. Dezember 1975 schlossen die Bundesregierung und die Regierung der DDR eine Vereinbarung über den Berlin-Verkehr. Darin war die Grunderneuerung der Autobahn Marienborn–Berlin und der sechsspurige Ausbau eines Teils des Berliner Rings in den nächsten vier Jahren vorgesehen. Von den insgesamt 405 Mill. Mark, die die Maßnahmen kosten sollten, übernahm die Bundesrepublik 259,5 Mill. DM. Die DDR erklärte ihre Bereitschaft, ab 1978 Verhandlungen über den Bau einer Autobahn zwischen West-Berlin und Hamburg zu führen. Mit dem Bau sollte 1980 begonnen werden. Bereits im Herbst 1976 sollte ein neuer Grenzübergang in nördlicher Richtung eröffnet werden.

Außerdem wurden Verbesserungen im Reisezugverkehr (Öffnung des Übergangs Staaken, neue Haltestellen, zusätzliche Zugpaare) und in der Binnenschiffahrt (geplante Öffnung des Teltow-Kanals nach Westen) vereinbart.[34])

Gleichzeitig wurde, da der Transitverkehr seit 1971 erheblich zugenommen hatte, für die Jahre 1976 bis 1979 eine neue Pauschale von jährlich 400 Mill. DM festgesetzt. Zwischen 1972 bis 1975 hatte sie bei 234,9 Mill. DM gelegen.[35])

Eines der wesentlichen Bindeglieder zwischen den beiden deutschen

Staaten war und ist der Handel. Die Handelsbeziehungen basieren auf Abmachungen, die bereits 1951 bzw. 1960 und 1961 geschlossen wurden und unbefristet gültig sind. Danach dürfen grundsätzlich nur in der Bundesrepublik Deutschland und in der DDR produzierte Waren ausgetauscht werden. Für den Handel mit ausländischen Waren gelten besondere Abmachungen. Kompensationsgeschäfte sind nicht gestattet. Preisgrundlage sind die westdeutschen Marktpreise. Alle Geschäfte sind genehmigungspflichtig. Der Zahlungsverkehr wird über Konten bei der Bundesbank und bei der Staatsbank der DDR in sogenannten Verrechnungseinheiten (VE), die der Deutschen Mark entsprechen, abgewickelt.

Trotz aller Bemühungen um Abgrenzung und Selbständigkeit hat die DDR nie Einwände dagegen erhoben, daß sie handelspolitisch für die Bundesrepublik kein Ausland ist, sondern ohne Zollbelastungen mit der Bundesrepublik Handel treiben und sogar von der Mitgliedschaft der Bundesrepublik in der Europäischen Gemeinschaft profitieren kann. International ist der besondere Status der deutsch-deutschen Handelsbeziehungen durch eine Ergänzung zum Allgemeinen Zoll- und Handelsabkommen (GATT) von 1951 und durch ein Protokoll zum Vertrag über die Gründung der Europäischen Wirtschaftsgemeinschaft (EWG) von 1957 abgesichert.[36])

Dieser Vorteil, den die DDR gegenüber anderen Mitgliedern des Rats für Gegenseitige Wirtschaftshilfe (Comecon) genießt, wird noch gesteigert durch den zinslosen Überziehungskredit, den die Bundesrepublik der DDR eingeräumt hat. Ursprünglich hatte dieser »Swing« eine feste Höhe, die mehrfach neu festgesetzt wurde und 1968 200 Millionen VE=DM betrug. Entsprechend einer Vereinbarung vom 6. Dezember 1968 sollte der Swing ab 1969 25% der Zahlungen für die Leistungen beider Seiten im Vorjahr betragen; er sollte also mit der Erhöhung der Lieferungen der DDR steigen. Am 12. Dezember 1974 wurde diese Vereinbarung verlängert mit der Maßgabe, daß der Swing die Höchstgrenze von 850 Millionen VE=DM nicht überschreiten sollte.[37])

Der Warenaustausch zwischen der Bundesrepublik und der DDR war auch in den 50er und 60er Jahren bei gelegentlichen Einbrüchen ständig gestiegen, wobei die Lieferungen der DDR in die Bundesrepublik stets größer waren als die Lieferungen der Bundesrepublik in die DDR. Aber erst nach Beseitigung der Finanzierungsschwierigkeiten durch den Swing und durch die ausdrückliche Förderung des innerdeutschen Handels mittels umsatzsteuerlicher Sonderbehandlung in der Bundesrepublik nahm er einen bemerkenswerten Aufschwung. Zwischen 1965 und 1970 verdoppelten sich die Lieferungen der Bundesrepublik in die DDR; zwischen 1970 und 1975 steigerten sie sich noch einmal um 35%, in derselben Zeit stiegen die Lieferungen der DDR in die Bundesrepublik um jeweils 40%:

	Lieferungen der Bundesrepublik	Lieferungen der DDR
1952	178,4 Mill. VE	220,3 Mill. VE
1955	562,6	587,9
1960	959,5	1122,4
1965	1206,1	1260,4
1970	2515,5	1996,0
1977	4340,7	3952,5.[37a])

Nach Unterzeichnung des Grundlagenvertrags wurden die wirtschaftlichen Kontakte zwischen den beiden deutschen Staaten vertieft durch Verhandlungen und Abmachungen über wirtschaftliche Kooperation. Am 23. Januar 1975 begannen Verhandlungen über eine Ausbeutung des Erdgasvorkommens Wustrow-Salzwedel. Während die DDR in ihrem Bereich bereits sei 1968 Erdgas förderte, begann die Bundesrepublik auf ihrer Seite damit im Spätherbst 1976. 1975 kam es auch zu einer Rahmenvereinbarung zwischen der F. Krupp AG und der Hoechst AG einerseits und Firmen der DDR andererseits über eine langfristige wirtschaftlich-technische Zusammenarbeit. Am 19. Mai 1976 wurde eine Vereinbarung über den Abbau des grenzüberschreitenden Braunkohlevorkommens im Raum Helmstedt/Harbke unterzeichnet. Verhandlungen über ein Strom-Verbundsystem zwischen der UdSSR, der DDR und der Bundesrepublik scheiterten am Widerstand der DDR gegen eine direkte Einbeziehung West-Berlins in die Energielieferungen aus der Sowjetunion.[38])

Trotz der Fortentwicklung der praktischen Zusammenarbeit in Einzelfragen, der Erleichterungen im Reiseverkehr und der Intensivierung des Handelsaustauschs blieb das deutsch-deutsche Verhältnis belastet durch die Abgrenzungspolitik der DDR, die ihren sichtbarsten Ausdruck im Ausreiseverbot für ihre Bürger und in den Grenzbefestigungen an der »Staatsgrenze West« und der Berliner Mauer findet. Auch zur Zeit der Entspannungspolitik baute die DDR diese Grenzanlagen mit allen technischen Mitteln zu einem unüberwindlichen Hindernis aus. Immer wieder kam es zu Zwischenfällen, bei denen flüchtende Menschen erschossen wurden oder in den Minenfeldern zu Tode kamen. Nur wenigen gelang unter abenteuerlichen Umständen und großen Strapazen die Flucht in den Westen.

Zu der ständigen Belastung durch Mauer und Schießbefehl traten neue Konfliktpunkte, die aus der Intensivierung der Beziehungen herrührten. Dazu gehörte vor allem die Frage nach den Arbeitsmöglichkeiten für westdeutsche Journalisten in der DDR. Noch vor der Unterzeichnung

des Grundlagenvertrags hatten Bundesrepublik und DDR in einem Briefwechsel vom 8. November 1972 die Arbeitsmöglichkeiten von Journalisten umschrieben und diese Vereinbarungen bereits am 21. Dezember 1972 in Kraft gesetzt. Die darin gewährten Erleichterungen für westdeutsche Journalisten schränkte die DDR-Regierung aber durch eine Verordnung vom 21. Februar 1973 wieder ein,[39]) denn sie machte die Korrespondenten u. a. auch für Berichte und Sendungen ihrer Heimatredaktion verantwortlich. Diese Behinderungen und andere Reglementierungsversuche konnten westdeutsche Journalisten jedoch nicht daran hindern, kritisch über die DDR zu berichten, was von den DDR-Behörden wiederum als Verstoß gegen die Verordnung aufgefaßt und mit Tadelung oder sogar Ausweisung von Journalisten beantwortet wurde. So wurde am 16. Dezember 1975 der SPIEGEL-Korrespondent Jörg Mettke aus der DDR ausgewiesen, weil die SPIEGEL-Redaktion in Hamburg über Zwangsadoptionen von Kindern republikflüchtiger Eltern berichtet hatte.[40]) Ein Jahr später folgte der ARD-Korrespondent Lothar Löwe, dem »gröbste Diffamierung des Volkes und der Regierung der Deutschen Demokratischen Republik« vorgeworfen wurde, weil er in einem Kommentar erklärt hatte, in der DDR wisse jedes Kind, »daß die Grenztruppen den strikten Befehl haben, auf Menschen wie auf Hasen zu schießen«.[41])
Gegen diese Maßnahmen hat die Bundesregierung zwar protestiert, aber keine Vergeltungsmaßnahmen, also etwa Arbeitsbehinderung oder Ausweisung von DDR-Korrespondenten, ergriffen, weil dies zu einer Eskalation des Konflikts geführt und im übrigen die Grundrechte der – als Deutsche im Sinne des Grundgesetzes angesehenen – DDR-Korrespondenten verletzt hätte. Insgesamt waren Ende 1976 16 westdeutsche Journalisten in der DDR akkredidiert. Die Zahl der akkredidierten Journalisten aus der DDR in der Bundesrepublik war etwas geringer.
Die von der Entspannungspolitik erwartete Liberalisierung im Innern der DDR hielt sich auch nach Verabschiedung der KSZE-Schlußakte von Helsinki in Grenzen. Im November 1976 erhielt der Liedermacher Wolf Biermann nach Jahren des Auftrittsverbots die Ausreisegenehmigung in die Bundesrepublik, um dort in Konzerten aufzutreten. Doch schon sein erster öffentlicher Auftritt am 13. November 1976 in Köln und die Übertragung dieses Konzerts im Deutschen Fernsehen führten dazu, daß die DDR-Regierung Biermann die Wiedereinreise nicht mehr gestattete und ihn ausbürgerte.[42]) Die in der Folge der Biermann-Ausbürgerung in der DDR um sich greifende Maßregelung von Freunden und Sympathisanten Biermanns zeigte, wie wenig die DDR-Führung immer noch bereit war, solidarische Kritik am »realen Sozialismus« im eigenen Land zuzulassen.

3. Probleme der Entspannungs- und Abrüstungspolitik: KSZE und MBFR

Seit Beginn des Entspannungsdialogs zwischen Ost und West hatte die Sowjetunion die Abhaltung einer Konferenz über europäische Sicherheit angestrebt. Sie verfolgte damit das Ziel, den territorialen Status quo in Europa und damit indirekt auch die sowjetische Vormachtstellung in Ost- und Ostmitteleuropa festzuschreiben und schließlich die Eigenstaatlichkeit und Souveränität der DDR international anerkennen zu lassen. Die Westmächte und die Bundesrepublik Deutschland hatten diesen Konferenzplan zunächst abwartend zur Kenntnis genommen. Im Dezember 1970 aber sagte die NATO zu, Vorgespräche über Termin und Modalitäten der europäischen Sicherheitskonferenz aufzunehmen, »sobald die Berlin-Gespräche einen befriedigenden Abschluß gefunden haben und insoweit als die übrigen laufenden Gespräche einen günstigen Verlauf nehmen«.[43]) Dieser Zeitpunkt war nach Inkrafttreten des Berlin-Abkommens, der Ostverträge und von SALT I im Sommer 1972 gekommen.

Im November 1972 begannen in Helsinki die Vorgespräche oder Konsultationen über die »Konferenz über Sicherheit und Zusammenarbeit in Europa« (KSZE). Sie wurden am 8. Juni 1973 mit »Schlußempfehlungen«, die eine detaillierte Tagesordnung für die Konferenz enthielten, beendet. Die KSZE selbst begann mit einer Sitzung der Außenminister der 35 Teilnehmerstaaten, die vom 3. bis 8. Juni 1973 in Helsinki tagten. Sie wurde vom 18. September 1973 bis zum 21. Juli 1974 mit Arbeitssitzungen von Sachverständigen in Genf fortgesetzt und mit einem Gipfeltreffen der Staats- und Regierungschefs der Teilnehmerstaaten vom 30. Juli bis 1. August 1975 in Helsinki abgeschlossen.[44])

Die in den Vorgesprächen ausgearbeitete Tagesordnung der KSZE umfaßte vier große Tagesordnungspunkte:

1. Fragen der Sicherheit in Europa,
2. Fragen der Zusammenarbeit in den Bereichen Wirtschaft, Wissenschaft, Technik und Umwelt,
3. Fragen der Zusammenarbeit in humanitären und anderen Bereichen,
4. Fragen der Konferenzfolgen.

In der öffentlichen Diskussion werden diese Punkte meist als »Körbe« bezeichnet, weil jeder der 35 Teilnehmerstaaten Vorschläge zu den einzelnen Punkten einbringen konnte, die wie in Körben gesammelt und dann von Sachverständigen-Kommissionen geprüft und beraten wurden. Die Vertreter des Warschauer Pakts waren vor allem an der Festlegung des Status quo in Osteuropa und an einer Erweiterung des Handels (Korb

I und II) interessiert, die Vertreter der NATO legten mehr Wert auf militärische Sicherheit und auf die Wahrung der Menschen- und Bürgerrechte in Osteuropa (Korb I und III). Die Schlußakte[45]) der Konferenz enthielt daher in allen drei Körben für beide Seiten Positives wie Problematisches.

Zu Korb I gehört ein Prinzipienkatalog, in dem sich die Unterzeichner verpflichteten, die souveräne Gleichheit, Individualität und Unabhängigkeit der europäischen Staaten zu achten, Gewaltverzicht zu leisten, die Unverletzlichkeit der Grenzen anzuerkennen und die »Menschenrechte auf Grundfreiheiten, einschließlich der Gedanken-, Gewissens-, Religions- oder Überzeugungsfreiheit« zu respektieren. In einem »Dokument über vertrauensbildende Maßnahmen und bestimmte Aspekte der Sicherheit und Abrüstung« vereinbarten die Teilnehmerstaaten der KSZE, größere militärische Manöver und militärische Bewegungen vorher anzukündigen und Beobachter zu Manövern einzuladen.

Korb II enthielt eine Reihe von Elementen zur wirtschaftlichen Zusammenarbeit und formulierte die Bedingungen, unter denen z. B. Firmenvertretungen arbeiten können.

Korb III über die humanitären Fragen sah einen verstärkten Austausch von Informationen und kulturellen Leistungen, die Verbesserung der journalistischen Arbeitsbedingungen, Familienzusammenführungen und mehr Reisen vor.

Abgesehen von der Verpflichtung zur Ankündigung größerer Manöver enthielt die KSZE-Schlußakte keinerlei vertragliche Verpflichtungen, sondern lediglich Absichtserklärungen der Teilnehmerstaaten. Die Bestimmungen sind völkerrechtlich nicht verbindlich und können daher vor keinem internationalen Gericht eingeklagt werden. Nicht zu Unrecht haben daher politische Beobachter die politisch-praktische Bedeutung der KSZE gering veranschlagt: *»Entspannung und KSZE sind nicht Synonyme. Die europäische Konferenz war ein wichtiger Teil der Entspannung, doch nicht ihr Kernstück, eine Folge der Normalisierung, nicht ihre Ursache. Die Konferenz hat nichts bewirkt, was nicht ohnedies möglich gewesen wäre, und nichts verhindert, was sonst eingetreten wäre«.*[46])

Die in der KSZE-Schlußakte gemachten Aussagen über die Achtung der Souveränität der europäischen Staaten hat nicht verhindert, daß die Breschnew-Doktrin von der begrenzten Souveränität sozialistischer Staaten weiter existiert und mehrfach bestätigt wurde. Die in Korb III enthaltenen Erklärungen über die Freizügigkeit für Menschen, Informationen und Meinungen konnten, wie Bundeskanzler Schmidt anläßlich der Unterzeichnung der Schlußakte erklärte, »in jenen Staaten, in denen die Freizügigkeit der Menschen und Meinungen selbstverständlich und auch ursächlich für die Vielfalt der Ideen und die Wohlfahrt der Länder ist, nicht voll befriedigen«.[47]) Immerhin bot sie Gruppen und Einzelpersonen in der UdSSR und anderen Staaten Osteuropas eine international und von den eigenen Regierungen feierlich bekräftigte Deklaration von Menschenrechten, auf die sie sich berufen konnten, wenn sie das Recht zur Kritik am realen Sozialismus in Anspruch nahmen. Sie haben damit ihre Staats- und Parteiführungen oft in Begründungszwänge gegenüber der eigenen Öffentlichkeit und den zunehmend kritischer reagierenden »Bruderparteien« in Westeuropa gebracht. Aber Helsinki hat nicht verhindern können, daß weiterhin Dissidenten und Regimekritiker in Osteuropa in Arbeitslager, psychiatrische Anstalten oder ins Exil gewiesen wurden.

Die Bundesregierung hat sich – anders als die US-amerikanische Regierung unter Präsident Carter – in der Kritik an Menschenrechtsverletzungen der östlichen KSZE-Unterzeichner sehr zurückgehalten, um den Entspannungsprozeß zwischen den Regierungen nicht zu stören und im Einzelfall um so wirkungsvoller in der Stille agieren zu können. Dies betraf vor allem den Gefangenenaustausch bzw. -loskauf in der DDR.

Militärisch brachte die KSZE keine Fortschritte in Richtung auf eine Verminderung der Truppen und der Aufrüstung in Europa. Die Versuche dazu wurden parallel zur KSZE mit den Gesprächen über beiderseitige ausgewogene Truppenverminderung (MBFR) gemacht.[48]) Zum ersten Mal trafen sich Vertreter der NATO und des Warschauer Pakts am 31. Januar 1973 in der Wiener Hofburg zu einem »zwanglosen Gedankenaustausch«, der am 14. Mai 1973 mit einem Kompromiß in der Teilnehmerfrage endete. Am 15. Mai 1973 wurde die Vorbereitungsrunde der MBFR-Konferenz offiziell eröffnet. Teilnehmer waren auf westlicher Seite die USA, Kanada, Großbritannien, Belgien, die Niederlande, Luxemburg und die Bundesrepublik Deutschland, auf östlicher Seite die Sowjetunion, Polen, die Tschechoslowakei und die DDR. Als Beobachter nahmen auf westlicher Seite Dänemark, Norwegen, Italien, Griechenland und die Türkei, auf östlicher Seite Bulgarien, Rumänien und Ungarn teil. Diese Vorgespräche wurden am 28. Juni 1973 mit der Vereinbarung abgeschlossen, »daß konkrete Abmachungen ihrem Umfang und ihrem zeitlichen Ablauf nach sorgfältig auf eine solche Weise ausgearbeitet werden müssen, daß sie in jeder Hinsicht und zu jedem Zeitpunkt dem Grundsatz der unverminderten Sicherheit aller Beteiligten entsprechen.«[49])

Am 30. Oktober 1973 begann dann endlich die eigentliche MBFR-Konferenz in Wien, die bis heute weder abgeschlossen ist noch zu Zwischenergebnissen geführt hat. Schon die Vorbereitungsgeschichte zeigt, wie schwierig die Probleme sind, mit denen sich die Konferenz beschäftigt.

Anders als bei der KSZE ging es nicht um Allgemeinverbindlichkeiten und Prinzipienerklärungen, sondern um Truppen und Rüstungen, strategische Vorteile und militärische Positionen. Beschlüsse der MBFR würden weitreichenden Einfluß auf die Struktur der Streitkräfte und die militärischen Planungen beider Seiten haben, die daher auch nur mit größter Vorsicht und äußerstem Mißtrauen an die Sache herangingen.
Anders als bei den SALT I-Verhandlungen saßen sich bei MBFR nicht nur zwei, sondern 11 Verhandlungspartner gegenüber, nämlich die Staaten, die Truppen auf fremden Boden stehen haben, und die, auf deren Territorium fremde Truppen stationiert sind. Außerdem ging es nicht nur wie bei SALT I um eine begrenzte Zahl, sondern um eine Vielzahl von Waffensystemen, die z. T. nicht miteinander vergleichbar waren, zumal Warschauer Pakt und NATO sich unterschiedliche Rüstungsschwerpunkte gesetzt haben. Nach westlicher Ansicht lag der Rüstungsschwerpunkt des Warschauer Pakts im offensiven Bereich, bei Panzern und Artillerie, und in der Vorbereitung auf einen Blitzkrieg, der Rüstungsschwerpunkt der NATO dagegen im defensiven Bereich, vor allem bei der Panzerabwehr, und in der Vorbereitung auf eine »Strategie der flexiblen Erwiderung« mit besonderer Betonung der taktischen Kernwaffen.
Aus dieser Situation ergab sich von Anfang an die Grundschwierigkeit der Konferenz: Die Vertreter des Warschauer Pakts gingen davon aus, daß das militärische Kräfteverhältnis in Europa ausgewogen sei, und forderten daher, eine »gegenseitige, gleichwertige und gleichzeitige Verminderung aller Streitkräfte und Rüstungen im Bereich der elf vollberechtigten Teilnehmer der Konferenz«. Dagegen waren die Vertreter der NATO der Ansicht, das militärische Kräfteverhältnis in Europa sei unausgewogen, und zwar zugunsten des Warschauer Pakts, weshalb dessen Mitglieder ihre Rüstungen und Truppen stärker (asymetrisch) reduzieren müßten als die Mitglieder der NATO. Nur so sei der im Schlußkommuniqué der Vorgespräche aufgestellte Grundsatz der »unverminderten Sicherheit« einzuhalten.
Am 22. November 1973 legten die NATO-Vertreter einen Reduzierungsplan vor, der versuchte, Höchststärken für beide Seiten bei den Truppenstärken und bei den Panzern festzulegen. Um auf jeweils 700 000 Mann Höchststärke in Mitteleuropa zu kommen, verlangte dieser Plan aufgrund des westlichen Zahlenmaterials vom Warschauer Pakt eine Reduzierung um 235 000 Mann, von der NATO aber nur eine Verminderung um 88 000 Mann. Um bei den Panzern einen Gleichstand bei 6000 bis 7000 zu erreichen, hätte der Warschauer Pakt 9000 Panzer abziehen müssen, die NATO keinen einzigen. Auch der dritte Vorschlag, vorrangig die amerikanischen und sowjetischen Truppen in Mitteleuropa um

15% zu reduzieren, dokumentierte das Festhalten der NATO-Partner am Prinzip der ausgewogenen, d. h. asymetrischen Truppenreduzierung. Danach hätten die Amerikaner ihre in Europa stationierten Truppen um 29 000 Mann, die Sowjets ihre Truppen aber um 69 000 vermindern müssen.[50])

Für die Vertreter des Warschauer Pakts waren diese Vorschläge nicht akzeptabel. In einem vertraulichen Textentwurf vom 8. November 1973 schlugen sie eine symbolische Reduzierung der Streitkräfte beider Seiten um je 20 000 Mann im Jahre 1975 und weitere Reduzierungen um je 5% 1976 und 10% 1977 vor. Die Reduzierung sollte so aussehen, daß einheimische Truppen aufgelöst und ausländische aus Mitteleuropa abgezogen werden sollten. Diesen Vorschlag lehnten wiederum die NATO-Vertreter ab, denn seine Verwirklichung hätte bedeutet, daß ein großer Teil der sowjetischen Truppen bei der Reduzierung lediglich hinter die sowjetische Westgrenze zurückgezogen worden wäre und dort relativ nahe an einem möglichen mitteleuropäischen Konfliktherd in Reserve gestanden hätte, während der größte Teil der von der NATO zu reduzierenden Truppen, nämlich Einheiten der Bundeswehr, endgültig aufgelöst worden wären.[51])

Für die Bundesregierung und die übrigen NATO-Partner war der östliche Reduzierungsplan auch deshalb unannehmbar, weil die dort vorgeschlagene Festlegung *nationaler* Höchststärken im Reduzierungsraum Mitteleuropa wiederum in erster Linie die Bundeswehr betroffen hätte, während der größte Teil der konventionellen Streitkräfte des Warschauer Pakts, die Rote Armee, von diesen Bestimmungen ausgenommen geblieben wäre, da das Territorium der UdSSR außerhalb des von der MBFR betroffenen Reduzierungsraums liegt.

Auch in den folgenden Jahren konnte die Kluft zwischen den Reduzierungsvorstellungen der beiden Seiten nicht überbrückt werden. Vorschläge des Westens zu einer Phasenverschiebung zwischen der Reduzierung der amerikanischen und sowjetischen Streitkräfte einerseits und der Verminderung der einheimischen Streitkräfte andererseits (Mai 1975) und der sogenannte Paketkompromiß vom 16. Dezember 1975, bei dem auf Seiten der NATO 1000 taktische Kernsprengköpfe, 29 000 Mann amerikanischer Truppen, 5 Phantom-Kampfflugzeuge und 36 Pershing-Raketenwerfer reduziert werden sollten, wenn die Sowjetunion im Gegenzug dafür eine Panzerarmee mit 1700 Panzern und 68 000 Mann Bodentruppen abzog, scheiterten, weil der Warschauer Pakt nach wie vor »asymetrische Truppenverminderungen und die Festlegung kollektiver Höchststärken« ablehnte.[52]) Nach dreijährigen Verhandlungen waren 1976 die Positionen so weit voneinander entfernt wie zu Beginn der Gespräche; von Abrüstung in Europa konnte keine Rede sein.

4. Probleme der europäischen Integration

Die politische Einigung Europas hatte in den Jahren 1963 bis 1969 keine Fortschritte gemacht, weil die französische Regierung unter General de Gaulle weder bereit war, nationale Kompetenzen an europäische Institutionen abzugeben, noch einer Erweiterung der Gemeinschaft um Großbritannien und andere beitrittswillige Länder zuzustimmen. Nachdem die wirtschaftliche Integration durch die planmäßige Vollendung der Zollunion und der Agrargemeinschaft zwischen den sechs Staaten der Europäischen Wirtschaftsgemeinschaft (EWG) am 1. Juli 1968 zum vorläufigen Abschluß gelangt war, brachte der Rücktritt de Gaulles am 28. Mai 1969 auch den Prozeß der politischen Integration wieder in Gang. Am Veto de Gaulles war 1963 und 1967 der Beitritt Großbritanniens zur EWG gescheitert; 1969 sprach sich de Gaulles Nachfolger Pompidou für eine Erweiterung der EWG aus.

In der Bundesrepublik war das Echo auf die französische Erklärung allgemein positiv. Sowohl CDU als auch SPD traten in ihren Wahlprogrammen zur bevorstehenden Bundestagswahl für die Erweiterung der europäischen Gemeinschaften, die politische Einigung Europas und für Direktwahlen zum Europäischen Parlament ein. In der Regierungserklärung der sozialliberalen Koalition nahm die Europa-Politik allerdings nur knappen Raum ein. Die Regierung erwartete von der bevorstehenden europäischen Gipfelkonferenz in Den Haag wichtige Entscheidungen für die Vertiefung und Erweiterung der Gemeinschaft.

In der Tat war die europäische Gipfelkonferenz,[53]) zu der sich am 1. und 2. Dezember 1969 die Staats- und Regierungschefs der sechs EWG-Länder trafen, von entscheidender Bedeutung für die Fortentwicklung und Erweiterung der Europäischen Wirtschaftsgemeinschaft zur Europäischen Gemeinschaft. Schwerpunkte des Haager Gipfeltreffens waren die *Vollendung* der Zollunion, die *Erweiterung* um neue Mitglieder und die *Vertiefung* der Zusammenarbeit unter den Mitgliedern auf wirtschaftlichem und politischem Gebiet.

Im Zusammenhang mit der *Vollendung* der Zollunion regelte die Konferenz die Agrarfinanzierung und brachte sie in den Haushalt der Gemeinschaft ein. Die Agrarfinanzierung kam vor allem Frankreich zugute, während die Bundesrepublik als Hauptzahler auftrat. Die deutsche Delegation konzentrierte sich in den Gesprächen in Den Haag auf die Minderung der Agrarüberschüsse, war aber zu Zugeständnissen bereit, um den Beitritt Großbritanniens nicht zu gefährden. Damit mag auch zusammenhängen, daß sie auf dieser Gipfelkonferenz weder auf der Demokratisierung der Gemeinschaft durch Einführung der Direktwahl

zum Europäischen Parlament und auf der Durchführung von – in den Verträgen zur EG vorgesehenen – Mehrheitsentscheidungen statt der üblich gewordenen Einstimmigkeit im Rat der Gemeinschaft beharrt hat.
Die deutschen Konzessionen im Agrarbereich lohnten sich insofern, als die Haager Gipfelkonferenz beschloß, Verhandlungen zwischen der Gemeinschaft und den beitrittswilligen Staaten Großbritannien, Irland, Dänemark und Norwegen über deren Beitritt zur EG zu eröffnen.[54]) Im Januar 1970 einigte sich der Rat der Europäischen Gemeinschaften über die Beitrittsbedingungen und lud die Kandidaten zu Beitrittsverhandlungen ein. Diese begannen im Juli mit England und im September mit Irland, Dänemark und Norwegen. Im Juni 1971 wurde den beitrittswilligen Ländern eine Übergangszeit von 5 Jahren, für die Landwirtschaft von 7 Jahren, zur Anpassung an die EG eingeräumt. Im Oktober 1971 stimmte das britische Unterhaus dem Beitritt Großbritanniens zur EG grundsätzlich zu. Im Dezember 1971 waren die Beitrittsverhandlungen mit England, Irland und Dänemark praktisch abgeschlossen, nachdem man auch über die komplizierten Fischereiprobleme Einigkeit erzielt hatte. Eine ähnliche Einigung kam im Januar 1972 auch mit Norwegen zustande.
Am 22. Januar 1972 unterzeichneten die sechs Mitglieder der Europäischen Gemeinschaften, Großbritannien, Irland, Dänemark und Norwegen die Beitrittsakte.[55]) Das britische Parlament billigte den EG-Beitritt endgültig im Juli 1972. Volksabstimmungen in Irland (Mai 1972) und Dänemark (Oktober 1972) fielen ebenfalls zugunsten des EG-Beitritts dieser Länder aus, doch in Norwegen ergab die Volksabstimmung am 25. und 26. September 1972 eine Mehrheit gegen den EG-Beitritt.[56]) Statt zehn umfaßte die erweiterte Europäische Gemeinschaft am 1. Januar 1973 neun Staaten mit zusammen 250 Mill. Einwohner.
Für die Bundesrepublik Deutschland war die *Erweiterung* der EG wirtschaftlich bedeutsam, weil sich der europäische Binnenmarkt für deutsche Exporte damit vergrößerte, und politisch erwünscht, weil man mit England ein Gegengewicht gegen französische Sonder- oder Vormachtsansprüche und zugleich ein Bindeglied zu den USA gewonnen zu haben schien.
Hinsichtlich des dritten Ziels der Haager Gipfelkonferenz, der *Vertiefung* der wirtschaftlichen und politischen Zusammenarbeit zwischen den Mitgliedstaaten, fiel das Ergebnis relativ bescheiden aus. Bedeutsam war jedoch die Bekräftigung der politischen Zielsetzung, »die der Gemeinschaft ihren ganzen Sinn und ihre Tragweite« verleihe. Um den Anfang zu einer gemeinsamen Außen- und Sicherheitspolitik zu machen, beauftragten die Regierungschefs die Außenminister zu prüfen, »wie, in der Perspektive der Erweiterung, am besten Fortschritte auf dem Gebiet der

politischen Einigung erzielt werden könnten«. Der Vertiefung der Gemeinschaft diente auch der Beschluß, einen Stufenplan für die Errichtung einer Wirtschafts- und Währungsunion zu erarbeiten.
Als Ziel der geplanten außenpolitischen Zusammenarbeit formulierten die EG-Außenminister im sog. Davignon-Bericht[57]) vom Oktober 1970: *»durch regelmäßige Unterrichtung und Konsultationen eine bessere gegenseitige Verständigung über die großen Probleme der internationalen Politik zu gewährleisten; die Harmonisierung der Standpunkte, die Abstimmung der Haltung und, wo dies möglich und wünschenswert erscheint, ein gemeinsames Vorgehen zu begünstigen und dadurch die Solidarität zu festigen.«* Um diese Ziele zu erreichen, sollten mindestens zweimal jährlich Ministertreffen stattfinden und mindestens viermal im Jahr das aus den Leitern der Politischen Abteilungen der Außenministerien gebildete »Politische Komitee« zusammentreten. Zusätzlich sollte das Komitee Arbeitsgruppen für besondere Aufgaben einsetzen. Mit dieser Konstruktion wurde die *Europäische Politische Zusammenarbeit* quasi als Direktverbund der Außenministerien neben das EG-System und seinen Apparat gestellt. Die Verbindung zur Europäischen Kommission in Brüssel, dem Exekutiv-Organ der Gemeinschaft, wurde betont locker gehalten: Sie wurde nur zur Stellungnahme aufgefordert, »sofern die Arbeiten der Minister Auswirkungen auf die Tätigkeit der Europäischen Gemeinschaften haben«.[58])
Diese Versuche zu einer Koordinierung der europäischen Außenpolitik zeitigten erste Erfolge, als die Außenminister sich auf ihrem ersten Treffen in München am 19. November 1970 auf Grundzüge einer gemeinsamen Nah-Ost-Politik einigten und gemeinsame Weisungen an ihre Botschafter in dritten Ländern verabschiedeten.[59]) 1973 beschlossen die mittlerweile neun Außenminister der EG unter dem Eindruck des Nah-Ost-Krieges und des Ölboykotts der OPEC, ihre außenpolitische Zusammenarbeit weiter zu intensivieren, und verpflichteten sich, in wichtigen Fragen »die eigene Haltung nicht endgültig festzulegen, ohne ihre Partner im Rahmen der politischen Zusammenarbeit konsultiert zu haben«.[60]) Die Außenminister trafen sich fortan sechsmal jährlich, das politische Komitee tagte monatlich zwei Tage lang, und die Arbeitsgruppen trafen sich noch häufiger. Als neues Gremium wurde die sog. Korrespondentengruppe aus neun für die Alltagsarbeit der Europäischen Politischen Zusammenarbeit zuständigen Beamten gebildet; zwischen den neun Außenministerien wurde ein direkter Fernschreibverkehr eingerichtet.
Um einen engeren Zusammenhang zwischen außenpolitischer Zusammenarbeit und EG herzustellen, beschlossen die Staats- und Regierungschefs der EG-Staaten im Dezember 1974, »dreimal jährlich und so oft wie

nötig mit den Außenministern als Rat der Gemeinschaft und im Rahmen der politischen Zusammenarbeit zusammenzutreten«, da »die internen Probleme, die der Aufbau Europas mit sich bringt, und die Probleme, die sich Europa von außen stellen, als Ganzes gesehen werden müssen«.[61]) Gleichzeitig wurde vereinbart, daß der jeweils für sechs Monate amtierende Präsident des Europäischen Ministerrats als Sprecher der neun auftritt und sie auf diplomatischer Ebene vertritt. So wurde die KSZE-Schlußakte von Helsinki vom italienischen Ministerpräsidenten in seiner Eigenschaft als amtierender Präsident der Europäischen Gemeinschaft und für diese unterzeichnet.

Die Bemühungen um eine gemeinsame europäische Außenpolitik führten immerhin dazu, außenpolitische Positionen der Mitgliedsstaaten einander anzunähern und in manchen Fragen, etwa bei UNO-Resolutionen, auf der KSZE und in der Reaktion auf die Ereignisse in Spanien, Portugal und Griechenland, auch gemeinsam aufzutreten. Andererseits kann von einer gemeinsamen Außenpolitik der EG-Staaten noch nicht die Rede sein. Auch hat die Europäische Politische Zusammenarbeit kaum Rückwirkungen auf die politische Integration der Gemeinschaft gehabt. Ihr charakteristisches Merkmal ist die Freiwilligkeit und die Möglichkeit, nationale Interessen zu wahren und sich einer gemeinsamen Stellungnahme zu entziehen. Insofern ist die Europäische Politische Zusammenarbeit flexibler in ihrer Arbeitsweise und in ihren Reaktionen als die Europäische Gemeinschaft, aber auch nicht derartig zur Einigkeit und Geschlossenheit verpflichtet.

Ihre wirtschaftliche Stärke und ihre durch die Ostpolitik gewonnene außenpolitische Handlungsfreiheit wiesen der Bundesrepublik Deutschland in der Europäischen Politischen Zusammenarbeit eine wichtige Rolle zu. So entwickelten Bundesregierung und SPD besondere Aktivitäten, die mit dem Internationalen Währungsfonds abgestimmt waren, um den Demokratisierungsprozeß in Portugal zu beeinflussen. Als sich die wirtschaftlichen Schwierigkeiten Italiens 1974 verschärften und die italienische Regierung Importbeschränkungen einführte – und damit gegen die EG-Verträge verstieß –, räumte die Bundesregierung Italien einen Kredit von 5 Mrd. DM ein, damit die – westdeutschen Importen hinderlichen – Importbeschränkungen wieder aufgehoben werden konnten. Sie setzte außerdem durch, daß die italienische Regierung zu einer restriktiven Haushaltspolitik überging.[62])

Der Beschluß der Haager Gipfelkonferenz, schrittweise eine *Europäische Wirtschafts- und Währungsunion* zu errichten, sollte dazu führen, den durch Beseitigung der Zölle und Kontingente, durch Gewährung von Freizügigkeit für Unternehmer, Arbeitnehmer, Kapital und Dienstleistungen geschaffenen »Gemeinsamen Markt« zu einer Wirtschaftsunion

mit gemeinsamer Steuerung des Wirtschaftsgeschehens zu vertiefen. Dahinter stand die Einsicht, daß die unterschiedliche Entwicklung der europäischen Währungen und die verschiedenartigen Zielsetzungen der nationalen Wirtschaftspolitiken den gemeinsamen Markt, insbesondere die gemeinsame Agrarpolitik, auf die Dauer gefährden würden. Darüberhinaus sollte die Wirtschafts- und Währungsunion eine Vorstufe oder ein »Ferment« der erstrebten politischen Europäischen Union sein.
Der Ministerrat setzte eine Expertengruppe ein, die unter der Leitung des luxemburgischen Ministerpräsidenten Werner einen Stufenplan zur Errichtung der Wirtschafts- und Währungsunion ausarbeitete. Dieser sog. Werner-Plan,[63]) der im Februar 1971 vom Ministerrat gebilligt wurde, sah vor, in drei Stufen bis 1980 eine gemeinsame europäische Währung einzuführen, ein gemeinschaftliches Zentralbanksystem zu errichten, die Wirtschaftspolitik zu vereinheitlichen und entsprechende Kompetenzen von den nationalen Regierungen auf die Gemeinschaftsorgane zu verlagern.
Auf der ersten Stufe dieses zukunftsweisenden Unternehmens sollten die europäischen Währungen einander angenähert werden, indem die Zentralbanken die Kursschwankungen zwischen den Gemeinschaftswährungen innerhalb engerer Bandbreiten als gegenüber dem Dollar hielten. Im Bereich der Wirtschaftspolitik sollten die bereits vorgeschriebenen Konsultationen verstärkt, Orientierungsdaten für die öffentlichen Haushalte festgelegt und die Instrumente der Wirtschaftspolitik schrittweise einander angeglichen werden.
Die Erfolgsaussichten des Werner-Plans waren angesichts der unterschiedlichen nationalen Traditionen und Interessen und der einander widerstreitenden wirtschafts- und gesellschaftspolitischen Auffassungen der Mitgliedsländer ohnehin nicht groß. Sie verschlechterten sich erheblich durch die internationale Währungskrise infolge des Dollar-Verfalls und durch die mit der Ölkrise 1973/74 einsetzende allgemeine Wirtschaftskrise. Nur die Verengung der Bandbreiten zwischen den europäischen Währungen wurde in Angriff genommen; die europäische »Währungsschlange« hat sich als Ersatzmechanismus für das zusammengebrochene Weltwährungssystem zumindest innerhalb des gemeinsamen Marktes bewährt. Der Übergang zur zweiten Stufe des Werner-Plans, der für 1974 vorgesehen war, wurde nicht mehr unternommen; der Plan verschwand in der Versenkung.[64])
Mit dem (vorläufigen) Scheitern der Wirtschafts- und Währungsunion ist auch das nicht minder ehrgeizige Ziel der Europäischen Union wieder in weite Ferne gerückt. Auf ihrer Pariser Gipfelkonferenz bekundeten die Staats- und Regierungschefs der EG im Oktober 1972 in einer feierlichen Erklärung ihre Absicht, »vor Ablauf dieses Jahrzehnts« die Gesamtheit

ihrer Beziehungen in eine Europäische Union umzuwandeln.[65]) 1974 wurde der belgische Ministerpräsident Tindemans beauftragt, in einem Bericht darzulegen, was die Europäische Union sei und wie man sie verwirklichen könne. Tindemans konsultierte reihum alle neun Regierungen und legte im Dezember 1975 seinen Bericht vor.[65a]) Danach ließ sich die Europäische Union schrittweise durch stärkere Integration auf verschiedenen Gebieten erreichen: Zu einer gemeinsamen Außenpolitik könne die Gemeinschaft gelangen durch rechtliche Verpflichtung auf politische Konsultationen und gemeinschaftliches Handeln. Die europäische Wirtschafts- und Währungsunion könne durch Stärkung der europäischen »Währungsschlange« erreicht werden. Begrenzte gemeinsame Interventionen seien nötig im Bereich der Landwirtschaft, der Energieversorgung und im Ausbau der sozialen und regionalen Hilfe.
Bezeichnend für die Situation der Europäischen Gemeinschaft ist, daß der Tindemans-Bericht bisher nicht vom Europäischen Rat behandelt wurde. Angesichts der Uneinigkeit der Mitglieder über die Agrar- und Energiepolitik, angesichts des Feilschens um den Regionalfonds und der mühseligen Aushandlung von gemeinsamen Stellungnahmen zu außenpolitischen Problemen dürfte der Tindemans-Bericht die Integrationsbereitschaft der europäischen Regierungen überfordern.
Das gleiche gilt für den von Bundeskanzler Willy Brandt ebenfalls auf dem Pariser Gipfeltreffen 1972 vorgetragenen Plan, die Europäische Gemeinschaft zu einer Sozialunion auszubauen und die sozial- und gesellschaftspolitische Integration gleichrangig neben der wirtschaftlichen zu betreiben. Von dieser Initiative ist nicht viel mehr übrig geblieben als die Versuche einiger EG-Länder, das deutsche Modell der »Konzertierten Aktion« in Form von »Dreierkonferenzen« zwischen Vertretern der Regierung, der Arbeitgeberverbände und der Gewerkschaften zu übernehmen.[66])
Die Hauptschwäche der EG besteht weiterhin darin, daß jedes Mitgliedsland in zentralen Fragen der Außen-, Sicherheits-, Wirtschafts- und Währungspolitik ein Veto-Recht besitzt, das das Zusammenwachsen der EG zu einer wirtschaftlichen und politischen Einheit bisher verhindert hat.
Mit der Erweiterung der Europäischen Gemeinschaft der sechs zur Gemeinschaft der neun im Jahre 1973 hat das europäische Einigungswerk weniger Impulse erhalten, als die Befürworter des britischen EG-Beitritts erhofft hatten. Vielmehr sind die Schwierigkeiten eher noch gestiegen, da Großbritannien z. B. von der Agrarmarktregelung der EG nur Nachteile hat und sie daher ändern will, was auf den Widerstand anderer Mitgliedsstaaten, insbesondere Frankreichs, stößt.
In der Tat hat die europäische Agrarpolitik mit ihren Marktordnungen

für immer mehr landwirtschaftliche Erzeugnisse, mit der unbegrenzten Abnahmegarantie zu Preisen, die meist über dem Weltmarktniveau liegen, dazu geführt, daß die Einkommen der europäischen Bauern gestiegen sind, gleichzeitig aber auch die landwirtschaftlichen Überschüsse enorm anwuchsen und die Ausgaben der Gemeinschaft für diese Agrarpolitik ins Astronomische stiegen. Die hochsubventionierten europäischen Zucker- und Butterberge und die wachsende Bürokratie der Europäischen Gemeinschaften haben der Popularität des Europagedankens geschadet und das Interesse an der europäischen Einigung in der Öffentlichkeit geschwächt.
Um dem Zerfall der Europäischen Gemeinschaft entgegenzuwirken, beschloß der Rat der Europäischen Gemeinschaften am 20. September 1976, allgemeine, unmittelbare Wahlen zum Europäischen Parlament einzuführen.[67]) Das neue Europa-Parlament soll 410 Sitze haben, deren Verteilung auf die Mitgliederstaaten sich nur in großen Zügen an der Bevölkerungszahl orientiert. Die Spalte »Einwohner pro Abgeordneter« in der folgenden Tabelle[68]) zeigt die großen Unterschiede in der Repräsentation der einzelnen europäischen Nationen im Europa-Parlament:

Mitgliedsstaaten	**Sitze**	**%**	**Einwohner pro Abgeordneter**
BR Deutschland	81	19,75	763 000
Großbritannien	81	19,75	693 000
Italien	81	19,75	689 000
Frankreich	81	19,75	651 000
Niederlande	25	6,1	546 000
Belgien	24	5,85	408 000
Dänemark	16	3,9	317 000
Irland	15	3,66	208 000
Luxemburg	6	1,5	60 000
Insgesamt	410	100	

Mit dem Beschluß zur Direktwahl des Europa-Parlaments verbanden viele Anhänger der europäischen Integration die Erwartung, daß die ersten europäischen Direktwahlen die Krise der Gemeinschaft beenden und eine neue Phase der europäischen Einigung einleiten könnten. Ein direkt gewähltes Europa-Parlament wird, so hoffen die »Integrationalisten«, seine Kompetenzen zu erweitern suchen und Einfluß auf die Politik des Ministerrats und der Europa-Bürokratie nehmen wollen. So wagten der Bundestagsabgeordnete M. Bangemann (FDP, zugleich Mitglied des Europaparlaments) und der Berater im Kabinett des

Präsidenten des Europa-Parlaments, R. Bieber (SPD), die Voraussage,[69]) daß »der vom Europäischen Parlament ... auf den Rat und die Regierungen der Mitgliedsstaaten ausgeübte Druck zur Erlangung von Rechten ... sich ... nach den Wahlen noch ganz wesentlich verstärken« werde, denn »man wird dem Organ, das den durch direkte Wahlen artikulierten Willen der Völker vertritt, kaum die gleichberechtigte Mitwirkung an der Gesetzgebung neben dem Organ der Regierungen, dem Ministerrat, verweigern können«.
Wie weit sich diese und ähnliche hochgespannte Erwartungen erfüllen und die Vorstellung vom direkt gewählten Europa-Parlament als »Motor« der europäischen Einigung Wirklichkeit werden wird, ist keineswegs sicher, da die wichtigsten in der EG anstehenden Probleme – die Regional- und Sozialpolitik, die Reform des Agrarmarkts, die Frage einer beschleunigten oder verlangsamten Integration, der Beitritt neuer Mitglieder (Spanien, Portugal, Griechenland) – je nach Parteizugehörigkeit und nationaler Herkunft der Europa-Abgeordneten zu wechselnden Bündnissen und Mehrheiten führen und damit eine eindeutige und zielbewußte Integrationspolitik eher erschweren als erleichtern dürften. Recht haben Bangemann und Bieber aber wohl, wenn sie feststellen: »Bedeutsam an dem Beschluß über die Direktwahl des Europäischen Parlaments ist der damit bewiesene Mut, einen Prozeß in Gang zu setzen, dessen Auswirkungen auf die nationalen politischen Systeme und auf das Gemeinschaftssystem noch gar nicht voll zu ermessen sind. Gerade dieser Mut charakterisiert aber ein lebensfähiges und selbstsicheres politisches System«.[70])

5. Die Beziehungen zur Dritten Welt

Bis 1968/69 war die Politik der Bundesrepublik Deutschland gegenüber der sogenannten Dritten Welt geprägt von der Hallstein-Doktrin. Entwicklungspolitik wurde benutzt, um den Alleinvertretungsanspruch der Bundesrepublik in aller Welt durchzusetzen. Unter deutschlandpolitischen Gesichtspunkten war diese Politik erfolgreich, denn nach Kuba (1963) wagte es kein Land der Dritten Welt mehr, die DDR diplomatisch anzuerkennen, da das den Abbruch der diplomatischen Beziehungen zur Bundesrepublik und das Ende der bundesdeutschen Entwicklungshilfe bedeutet hätte. Unter dem Gesichtspunkt der entwicklungspolitischen und außenwirtschaftlichen Interessen der Bundesrepublik hatte diese

Politik jedoch den Nachteil, daß die Bundesrepublik nach dem »Gießkannenprinzip« überall in der Welt Geld verteilen mußte, auch wenn dies nicht immer Exportaufträge, Investitionsmöglichkeiten und Rohstofflieferungen für die bundesdeutsche Wirtschaft einbrachte. Ein langfristiges, Schwerpunkte setzendes Programm zur Entwicklungspolitik und zum Verhältnis gegenüber den Ländern der Dritten Welt war unter diesen Umständen nicht möglich.

Die Aufgabe der Hallstein-Doktrin und die Fortschritte in der Ost- und Entspannungspolitik befreiten die Entwicklungspolitik der Bundesrepublik von diesen Belastungen und ermöglichten ihr eine größere politische Handlungsfähigkeit und -freiheit gegenüber den Ländern der Dritten Welt zu einem Zeitpunkt, da sich die Frage der Rohstoffversorgung aus diesen Ländern immer dringender stellte. Die von der sozialliberalen Koalition beabsichtigte Neuordnung des Verhältnisses zu den Entwicklungsländern fand ihren Niederschlag in der vom »Entwicklungsminister« Erhard Eppler (SPD) 1971 vorgelegten »entwicklungspolitischen Konzeption«,[71]) die die Bundesregierung sich zu eigen machte.

Hatte Entwicklungshilfe bis dahin die Entwicklung weitgehend auf wirtschaftliches Wachstum und dieses wiederum auf Industrialisierung reduziert und sich damit hauptsächlich an den Interessen der »Geberländer« orientiert, so versuchte Epplers Konzept mehr auf die Interessen der »Empfängerländer« einzugehen, indem es die Empfehlungen internationaler Organisationen zur landwirtschaftlichen Entwicklung und für Arbeitsbeschaffungsprogramme stärker berücksichtigte als das vorher geschehen war. Das westdeutsche Eigeninteresse sollte dabei in ein langfristiges Konzept internationaler Arbeitsteilung zwischen Industrie- und Entwicklungsstaaten eingebracht werden.

Nach dem »entwicklungspolitischen Konzept« sollte die multilaterale Hilfe ausgebaut und die bilaterale Vergabepolitik, die zu einseitiger Abhängigkeit hätte führen können, abgebaut werden. Kredite sollten nicht mit Lieferbindungen gekoppelt, Kreditbedingungen für die am geringsten entwickelten Länder (sog. Vierte Welt) erleichtert und die nicht rückzahlbare technische Hilfe erweitert werden. Generell wollte die westdeutsche Entwicklungspolitik unter Eppler von kurzfristigen Zusagen übergehen zu »langfristigen, integrierten, länderbezogenen und international koordinierten Hilfsprogrammen«, die »besser den Entwicklungsbedürfnissen und Planungen der Entwicklungsländer« angepaßt werden sollten. Eine wichtige institutionelle Voraussetzung für die Verwirklichung dieses Konzepts war die Übertragung der Kapitalhilfe (»finanzielle Zusammenarbeit«) aus der Zuständigkeit des Bundeswirtschaftsministeriums in die Zuständigkeit des Bundesministeriums für wirtschaftliche Zusammenarbeit (BMZ).

Kapitalhilfe und technische Hilfe, die die Bundesrepublik im Rahmen ihrer Entwicklungsprojekte leistete, sollten in erster Linie der sozialen Infrastruktur und der Landwirtschaft in ausgewählten »Schwerpunktländern«, z. B. durch Kleingewerbeförderung, durch Förderung von Vermarktungsgenossenschaften u. ä., zugutekommen. Doch vergleicht man die vom BMZ gegebene Aufgliederung der Kapitalhilfe nach Sektoren, so ist 1974 der Anteil der Zusagen für Verbesserung der sozialen Infrastruktur von durchschnittlich 3,7% zwischen 1960 und 1973 auf 2,1% im Jahre 1974 gesunken, der Anteil der Zusagen für landwirtschaftliche Förderungsprojekte von 6,8% auf 4%. Allerdings stieg der Anteil der technischen Hilfe im Agrarbereich von 42,7% 1973 auf 47,8% 1974 (Zusagen) bzw. von 13,8% auf 20,8% (Auszahlungen).[72])
Wie schon bei seinen Vorgängern, lag auch unter Eppler das Schwergewicht der Kreditzusagen an Entwicklungsländer im Bereich des sogenannten pre-investment, d. h. bei solchen Maßnahmen zur Verbesserung der wirtschaftlichen Infrastruktur (wie z. B. Straßenbau), die private Investitionen ermutigen und nach sich ziehen sollten.
1969 hatte die Bundesregierung eine durchschnittliche jährliche Steigerung der Haushaltsmittel für Entwicklungshilfe von 10,8% für die nächsten vier Jahre eingeplant. Gleichzeitig akzeptierte sie das Ziel der UNO-Entwicklungspolitik, wonach die Industriestaaten 0,7% ihres Bruttosozialprodukts als Entwicklungshilfe einsetzen sollten. Dieses Ziel wurde jedoch trotz absoluter Steigerung der Ausgaben für Entwicklungshilfe nie erreicht. 1972 fiel der Anteil der Entwicklungshilfe mit 0,31% am Bruttosozialprodukt auf den Stand von 1960 zurück. Er erhöhte sich 1973 auf 0,37% 1974 und 1975 auf 0,4% und fiel 1976 wieder auf 0,31% ab.[73])
Damit blieb die Bundesrepublik in ihren öffentlichen Leistungen für die Entwicklungshilfe weit hinter den Leistungen anderer Industriestaaten zurück. Aus Protest gegen Etatkürzungen trat Erhard Eppler 1974 zurück. Sein Nachfolger wurde Egon Bahr, der Entwicklungspolitik »nicht mehr als in sich geschlossenen Bereich«, sondern in der »Verflechtung mit Handels-, Wirtschafts- und Außenpolitik« betrachtete.[74])
Die sich als Folge der Wirtschaftskrise und im Rücktritt Epplers abzeichnende Umorientierung der westdeutschen Entwicklungspolitik wurde im Juni 1975 auf einer Klausurtagung des Kabinetts auf Schloß Gymnich in »25 Thesen zur Politik der Zusammenarbeit mit Entwicklungsländern«[75]) zusammengefaßt. Kern dieser Thesen ist die Rückbesinnung auf das wirtschaftliche Eigeninteresse der Bundesrepublik und die Betonung der privaten Investitionen in der Dritten Welt. Die Bundesregierung sollte daher »auf internationaler Ebene mit Nachdruck auf die Bedeutung privatwirtschaftlicher Zusammenarbeit« hinweisen. Beim Ausbau der technischen Hilfe sollte »das Angebot der deutschen

Wirtschaft« wieder besonders berücksichtigt werden. Grundsätzlich ging die Bundesregierung davon aus, daß das »Interesse an einer Sicherung der Rohstoffversorgung der deutschen Wirtschaft mit den Interessen der Entwicklungsländer nach Steigerung ihrer Ausfuhren« Hand in Hand gehe.

Gegen das Entwicklungshilfekonzept der westlichen Industriestaaten hatte die 2. Welthandelskonferenz (UNCTAD) der UNO 1968 in Neu Delhi[76]) die Parole »Handel statt Hilfe« ausgegeben. Dahinter stand die Annahme, daß eine zusätzliche Beteiligung der Entwicklungsländer am Welthandel um nur 1% – sei es durch Erhöhung der Produktion oder durch Heraufsetzen der Preise (und das war der springende Punkt) – einen Devisenerlös bringen würde, der einem Drittel der gesamten westlichen Entwicklungshilfe entsprechen und den Vorteil haben würde, daß er aus eigener Kraft und ohne Verschuldung zustandekommen würde. Die UNCTAD räumte aber auch ein, daß eine solche Entwicklung nur den Ländern der Dritten Welt zugutekommen würde, die über gefragte Exportprodukte verfügten, während die Ärmsten der Armen, die sogenannte Vierte Welt, weiterhin auf die Unterstützung durch reiche Länder angewiesen sein würden. Auf diese Vierte Welt würde sich dann aber auch die Entwicklungshilfe der Industriestaaten konzentrieren können.

Die Forderung der Entwicklungsländer nach höheren und stetigen Rohstoffpreisen und besseren Absatzchancen für ihre Produkte in den Industriestaaten wurde ansatzweise berücksichtigt in der Handelspolitik der Europäischen Wirtschaftsgemeinschaft diesen Ländern gegenüber. Am 29. Juli 1969 schloß die EG in Yaoundé ein Abkommen über die Assoziierung von 18 afrikanischen Staaten,[77]) das am 24. September 1969 durch ein Assoziierungsabkommen mit der Ostafrikanischen Gemeinschaft (Tansania, Uganda, Kenya) in Arusha ergänzt wurde.[78]) Auch wenn diese Abkommen durch Festhalten an der Meistbegünstigungsklausel den handels- und kapitalstarken EG-Staaten mehr nützten als den afrikanischen Partnern, so eröffneten sie ihnen doch größere Einfuhrmöglichkeiten nach Europa. 1971 räumte die EG den afrikanischen Staaten Vorzugszölle für Halb- und Fertigwaren ein. Fortgesetzt und mit neuen Akzenten versehen wurde diese Politik in der Konvention von Lomé, die am 28. Februar 1975 nach langen Verhandlungen (seit Juli 1973) zwischen der EG und 46 Staaten in Afrika, in der Karibik und im Pazifik (sog. AKP-Staaten) unterzeichnet wurde.[79])

Diese Konvention, die bis zum 1. März 1980 gelten sollte, schaffte für gewerbliche Waren und für 94,2% der landwirtschaftlichen Lieferungen der AKP-Staaten in die EG Zölle und Kontingente ab. Für die restlichen Agrarprodukte galten günstigere Importbestimmungen als für andere

Länder. Dafür gewährten die AKP-Länder den EG-Staaten weiterhin die Meistbegünstigung (d. h. daß sie bei der Einfuhr ihrer Waren nicht schlechter behandelt werden durften als das am meisten begünstigte Land) und verpflichteten sich, die EG-Länder nicht unterschiedlich zu behandeln.

Das Neuartige an der Konvention von Lomé aber war der Versuch, die bisher stark schwankenden Erlöse aus den Rohstoffexporten der AKP-Staaten zu stabilisieren. Für 12 Grunderzeugnisse oder Erzeugnisgruppen dieser Länder (u. a. Erdnuß-, Kakao-, Kaffee-, Baumwollprodukte, Leder, Holz, Tee und Sisal) wurde festgelegt, daß dann, wenn die Ausfuhrerlöse eines AKP-Staates in die EG mindestens 7,5% unter dem Durchschnittserlös der vorangegangenen vier Jahre liegt, dieses Land von der EG einen finanziellen Ausgleich erhält.

Weitere Regelungen der Konvention betrafen die industrielle, finanzielle und technische Zusammenarbeit zwischen der EG und den AKP-Staaten. Zur Beseitigung struktureller Ungleichgewichte in den verschiedenen Wirtschaftsbereichen und zur Förderung der wirtschaftlichen und sozialen Entwicklung dieser Länder stellte die EG den AKP-Staaten 3390 Mill. Europäische Rechnungseinheiten, gleich 9542 Mill. DM als Zuschuß oder Sonderdarlehen zu 1% Zinsen aus dem neu geschaffenen Europäischen Entwicklungsfonds und der Europäischen Investitionsbank zur Verfügung. Anläßlich der Unterzeichnung des Abkommens erklärte der amtierende Ratspräsident der EG, der irische Außenminister Garret Fitzgerald, daß dieses Abkommen zwischen 55 Staaten mit 600 Mill. Einwohnern Vorbild für die Wirtschaftsbeziehungen zwischen Industriestaaten und Entwicklungsländern werden könnte.

Die Bundesrepublik hat diese Politik der EG der Dritten Welt gegenüber aktiv unterstützt. Sprecher der Bundesregierung haben wiederholt versichert, daß sie Verständnis für die Forderung der Entwicklungsländer nach höheren und stabilen Rohstoffpreisen hätten. Diese Zustimmung wurde freilich immer eingeschränkt durch den Vorbehalt, daß eine neue Welthandelsordnung, wie sie die Entwicklungsländer forderten, die marktwirtschaftlichen Prinzipien nicht gefährden dürfte. Dieses Beharren auf der Freien Marktwirtschaft hat 1976 zu einer gewissen Belastung des Verhältnisses zwischen der Bundesrepublik und den Entwicklungsländern geführt und die westdeutsche Position im Nord-Süd-Dialog schwierig gemacht.

Im Februar 1976 forderte die Ministerkonferenz der inzwischen auf 110 Staaten angewachsenen »Gruppe der 77« (Entwicklungsländer) in Manila[80]) eine umfassende Neuordnung der Weltwirtschaft, insbesondere eine stärkere Öffnung der Märkte der Industriestaaten für Erzeugnisse der Dritten Welt und eine Stabilisierung ihrer Exporterlöse durch

Festsetzung der Rohstoffpreise im Verhältnis zu den Preisen für Fertigwaren aus den Industriestaaten (Indexierung).
Beraten wurde über diese Forderungen auf der 4. UN-Konferenz für Handel und Entwicklung (UNCTAD), die vom 5. bis 31. Mai 1976 in Nairobi tagte.[81]) Während der luxemburgische Ministerpräsident und Außenminister Gaston Thorn als Sprecher der EG den Forderungen der Entwicklungsländer entgegenkam, äußerte Bundeswirtschaftsminister Friderichs (FDP) sein Mißtrauen »gegen die Formulierung allgemeiner, abstrakter Prinzipien oder gar Modelle, die angeblich jeden Einzelfall mitumfassen und auf jeden Einzelfall anzuwenden sein sollten«, und vertrat dagegen die Ansicht, »daß wir durch den konsequenten Ausbau und die wirkungsvollere Anwendung des marktwirtschaftlich orientierten Weltwirtschaftssystems zu einer Verbesserung der Weltwirtschaftsstruktur zugunsten der weniger entwickelten Länder finden müssen«.
Dieses prononcierte Eintreten der deutschen Delegation für die Marktwirtschaft und die sichtbar werdenden Unterschiede zur Haltung der EG dokumentierten den Delegierten aus 139 Ländern der Erde einmal mehr die Uneinigkeit der EG, rief darüberhinaus aber auch Verärgerung bei den Delegierten der Entwicklungsländer hervor, die ihre wachsenden Handels- und Zahlungsbilanzdefizite und ihre enorme Verschuldung nicht ganz zu Unrecht auf das von den Industriestaaten und ihren Konzernen beherrschte Welthandelssystem zurückführten.
Die Konferenz nahm am 31. Mai 1976 eine Resolution über ein »integriertes Programm für Rohstoffe" an, das u. a. folgende Ziele aufführte:
»1. Herstellung stabiler Preisverhältnisse im Rohstoffhandel einschließlich der Vermeidung übermäßiger Preisschwankungen, und zwar auf einem Niveau, welches (a) lohnend und gerecht für die Erzeuger und fair für die Verbraucher ist; (b) die weltweite Inflation und die Veränderungen in der internationalen Wirtschafts- und Währungslage berücksichtigt; (c) das Gleichgewicht zwischen Angebot und Nachfrage in einem wachsenden Weltrohstoffhandel fördert. 2. Verbesserung und Erhaltung des realen Einkommens der einzelnen Entwicklungsländer durch erhöhte Exporteinnahmen und Schutz gegen Schwankungen in den Exporteinnahmen, insbesondere bei Rohstoffen.«
Um diese Ziele zu erreichen, sollten die Einrichtung eines gemeinsamen Fonds vorbereitet, Preisvereinbarungen getroffen und internationale Maßnahmen zur Steuerung des Angebots, einschließlich »Exportquoten und Produktionspolitik und ggf. langfristige multilaterale Lieferungs- und Abnahmeverpflichtungen« vereinbart werden.
Die bundesdeutsche Delegation stimmte dieser Resolution zu, da sie gegenüber der ursprünglichen Forderung der Gruppe der 77 nach

automatischen Preisindexierungen für 18 Rohstoffe einen Kompromiß darstellte. Auf der Schlußsitzung der Konferenz machte Bundeswirtschaftsminister Friderichs aber noch einmal die Vorbehalte der Bundesrepublik gegen die Rohstoffresolution deutlich, wenn er erklärte: *»Es hat großer Anstrengungen bedurft, um diese Konferenz zu einem Ergebnis zu bringen, dem alle zustimmen können. Keine Seite hat Grund zum Triumphieren, daß sie ihre Auffassung durchgesetzt habe. Die Länder der Gruppe der 77 bleiben bei ihrer Auffassung, wie sie in ihren Dokumenten niedergelegt ist. Die Bundesrepublik Deutschland bleibt bei ihrer oft genug erklärten Auffassung, daß die Marktwirtschaft, die bereit ist, Rücksicht auf Schwache zu nehmen, die besten Aussichten für die Zusammenarbeit zwischen allen Ländern eröffnet . . . Wir haben nicht nachträglich einer neuen Weltwirtschaftsordnung und entsprechenden Grunddokumenten zugestimmt, sondern konkreten Schritten, die die Struktur der Weltwirtschaft verbessern sollen. Die Bundesrepublik Deutschland wird sich aktiv an den vorbereitenden Treffen und Verhandlungen beteiligen. Von deren Ergebnis wird es abhängen, welche Rohstoffabkommen wir erreichen können und ob ein gemeinsamer Fonds das beste Mittel ist, um Ausgleichslager zu finanzieren. Wir bleiben bei unserer Auffassung, daß es auch nicht im Interesse der Länder der Dritten Welt wäre, einen dirigistischen Mechanismus für zentrale Lenkung zu schaffen. Wir lehnen die Indexierung weiterhin ab, und nach wie vor glauben wir nicht, daß künstliche Eingriffe bei Preisen und in die Produktions- und Handelsstrukturen die Weltwirtschaft wachsen lassen oder den Anteil der Entwicklungsländer am Welthandel vergrößern.«*
Von der CDU/CSU-Opposition wurde der deutschen Delegation vorgeworfen, sie habe in Nairobi die Grundsätze der Marktwirtschaft verraten. Bei den Entwicklungsländern geriet die Bundesrepublik in den Ruf des Störenfrieds, der wie die USA und anders als ihre EG-Partner den Ausgleich der Interessen zwischen Industriestaaten und Entwicklungsländern behindere.
Bundeskanzler Schmidt sagte in seiner Regierungserklärung am 2. Juni 1976, die Bundesregierung sei bemüht, die Abmachungen von Lomé auf andere Entwicklungsländer auszudehnen. Der mit Lomé beschrittene Weg zur Erhöhung und Stabilisierung der Exporterlöse der Entwicklungsländer soll demnach fortgesetzt und ausgebaut werden. Auf dieses Ziel scheint auch die Verhandlungsstrategie der bundesdeutschen Delegation bei der seit Dezember 1975 andauernden Nord-Süd-Konferenz in Paris hinauszulaufen.

VIII. Die Deutsche Demokratische Republik vom VIII. zum IX. Parteitag der SED 1971 – 1976

1. Die Ablösung Ulbrichts und der VIII. Parteitag der SED 1971

Ähnlich einschneidend wie die Bildung der sozialliberalen Koalition 1969 für die Geschichte der Bundesrepublik war der Führungswechsel von Ulbricht auf Honecker im Mai 1971 für die Entwicklung der DDR. Indirekt hat die Bonner Koalition mit ihrer neuen Deutschland- und Ostpolitik zu diesem Führungswechsel – der zugleich ein Richtungswechsel war – in der DDR beigetragen. Denn einer der Hauptgründe für den Rücktritt Walter Ulbrichts als Erster Sekretär der SED am 3. Mai 1971 war, neben innen- und wirtschaftspolitischen Schwierigkeiten in der DDR und ideologischen Differenzen mit der KPdSU, sein Widerstand gegen die sowjetische Entspannungspolitik gegenüber der Bundesrepublik Deutschland.

1. Mit dem »Neuen Ökonomischen System der Planung und Leitung der Volkswirtschaft« (NÖSPL) führte die DDR-Führung seit 1963 eine grundsätzliche Reform der Planung und Leitung der sozialistischen Wirtschaft ein.[1]) Die bisherige zentralistische Planung und Leitung sollte durch ein flexibles und leistungsfähigeres Planungs- und Leitungssystem ersetzt werden. Den einzelnen Volkseigenen Betrieben (VEB) und den ihnen übergeordneten Vereinigungen Volkseigener Betriebe (VVB) wurde mehr Selbständigkeit und größere Entscheidungsfreiheit eingeräumt. In beschränktem Maße sollten die Betriebe Gewinne erzielen und selbst über die Gewinnverwendung entscheiden können; die den Betrieben vorgegebenen Kennziffern und Auflagen sollten verringert werden. Bis 1976 sollten in drei Etappen »kostengerechte Preise« in der Industrie eingeführt werden. Daher wurde versucht, ein funktionierendes Preis- und Bewertungssystem für einzelne wirtschaftliche Leistungen zu entwickeln und eine leistungsgerechte Entlohnung einzuführen. All diese Neuerungen sollten Betriebsleitungen und -angehörige zu erhöhten

Leistungen anreizen und damit zugleich die Rentabilität und Leistungsfähigkeit der gesamten Volkswirtschaft der DDR steigern.
Die Problematik dieser Reformen lag einmal darin, daß sie sich dieselben Ziele wie eine kapitalistische Wirtschaftspolitik, nämlich mehr Wachstum und Ausweitung des Konsums, setzte, daß aber auch das Neue Ökonomische System diese selbstgesetzten Ziele nicht erreichte, hochgespannte Erwartungen enttäuschte und bereits vorhandene Unzufriedenheit in der Bevölkerung verstärkte.
Eine weitere Belastung des Neuen Ökonomischen Systems ergab sich aus dem Umstand, daß einerseits ein leistungsfähiges und flexibles Wirtschaftssystem eingeführt werden sollte, das auf technische Neuerungen schnell reagierte oder diese selbst hervorbrachte, daß andererseits aber die zentralistischen Formen der Machtausübung durch Staats- und Parteiapparat erhalten blieben. Schließlich scheiterte NÖSPL auch daran, daß die vorgesehene Reform der Industriepreise nicht durchgeführt wurde, und daß die im Zuge der Wirtschaftsreformen eingeführten komplizierten Entlohnungsformen eher Unzufriedenheit als Leistungssteigerungen zur Folge hatten. Die Arbeiter konnten die Grundlagen für ihre Entlohnung nicht mehr durchschauen und fühlten sich ungerecht behandelt, zumal die Leistung und damit die Entlohnung oft abhängig war von Faktoren, die nicht der einzelne Arbeiter selbst, sondern die Betriebsleitung oder die zentrale Planung zu verantworten hatten: fehlendes Material, veraltete Maschinen, fehlende Ersatzteile usw.
Im Dezember 1965 beschloß das ZK der SED das NÖSPL zum Ökonomischen System des Sozialismus (ÖSS) zu erweitern. Die wirtschaftliche Planung sollte durch eine langfristige Gesellschaftsplanung ergänzt werden. Gleichzeitig wurden aber auch wirtschaftliche Reformmaßnahmen – so die Verlagerung wirtschaftlicher Entscheidungen auf die Betriebsebene – wieder rückgängig gemacht und die im ersten Anlauf versuchte allgemeine Modernisierung der Volkswirtschaft der DDR eingeschränkt und konzentriert auf die »strukturbestimmenden Zweige der Volkswirtschaft" und bestimmte Großvorhaben. Diese Förderung von Schwerpunktprogrammen jedoch brachte bald das volkswirtschaftliche Gleichgewicht durcheinander, denn Zuliefer- und weiterverarbeitende Industrie konnten – da sie nicht in den Genuß dieser Förderung kamen – die von ihnen geforderten Leistungen nicht erbringen, und so waren auch die geförderten Wirtschaftszweige nicht imstande, ihre Pläne zu erfüllen.
1969 und 1970 diskutierte das ZK der SED die wirtschaftlichen Schwierigkeiten der DDR immer wieder. Als im Dezember 1970 in Polen Streiks wegen der Erhöhung der Lebensmittelpreise ausbrachen, leitete das ZK der SED auf seiner 14. Tagung (9. – 11. Dez. 1970) eine neue Phase

zentralistischer Planung und Leitung der Wirtschaft ein. Der Rücktritt Ulbrichts markierte dann sechs Monate später auch personalpolitisch das Ende der wirtschaftspolitischen Reformen.

2. Waren die Wirtschaftsreformen letztlich auch gescheitert, so hatten sie doch zur Entwicklung eines gewissen Selbstbewußtseins der DDR gegenüber den anderen RGW-Staaten und der Sowjetunion beigetragen. Denn verglichen mit der Entwicklung in den anderen sozialistischen Staaten marschierte die DDR an der Spitze des wissenschaftlich-technischen Fortschritts. Dieses neue Selbstbewußtsein fand seinen Niederschlag auf dem VII. Parteitag der SED im April 1967, wo »die Gestaltung des entwickelten Systems des Sozialismus« zum Ziel der Parteipolitik proklamiert wurde. Im September 1967 stellte Walter Ulbricht die These auf, daß der Sozialismus nicht lediglich eine »kurzfristige Übergangsphase« (wie der Marxismus-Leninismus bisher gelehrt hatte), sondern »eine relativ selbständige sozialökonomische Formation in der historischen Epoche des Übergangs vom Kapitalismus zum Kommunismus« sei.[2]) Ulbricht sprach fortan häufig von der »sozialistischen Menschengemeinschaft«, die sich in der DDR immer deutlicher herausbilde.

Mit dieser ideologischen Konstruktion versuchte die SED-Führung, die Eigenartigkeit der in der DDR errichteten wirtschaftlichen und gesellschaftlichen Verhältnisse nicht nur gegenüber der Bundesrepublik Deutschland sondern auch gegenüber der Sowjetunion hervorzuheben. Sie stellte damit den Monopol-Anspruch der KPdSU auf Auslegung marxistisch-leninistischer Grundsätze infrage und schien darüberhinaus auch den Entwicklungsstand der Sowjetunion als eines sozialistischen Landes in Zweifel zu ziehen, denn die Sowjetunion hatte die Wirtschaftsreformen, auf die die SED-Führung ihre Sozialismus-Definition wenigstens zum Teil stützte, nicht durchgeführt.

Auf der im Oktober stattfindenden Theorie-Konferenz der Zeitschrift »Probleme des Friedens und des Sozialismus« griffen daher vor allem sowjetische Gesellschaftswissenschaftler die DDR-Position heftig an. Der XXIV. Parteitag der KPdSU, an dem an der Spitze der DDR-Delegation auch Walter Ulbricht teilnahm, bekräftigte im April 1971 noch einmal den ideologischen Führungsanspruch der sowjetischen Partei. Am 15. April 1971 machte das Politbüro der SED die Beschlüsse des XXIV. Parteitags der KPdSU auch für die SED verbindlich und beendete damit die ideologische Sonderentwicklung der DDR. Das Politbüro der SED versicherte ausdrücklich, *»daß die vom XXIV. Parteitag der KPdSU ausgearbeiteten Leitsätze (. . .) von allgemein gültiger theoretischer und politischer Bedeutung für unsere Sozialistische Einheitspartei, für die Beantwortung der Grundfragen der Gestaltung der entwickelten sozialistischen Gesellschaft in der DDR sind.«*[3])

Als gesellschaftliches Ziel wurde nunmehr »die Gestaltung der entwickelten sozialistischen Gesellschaft« in der DDR formuliert. An die Stelle der Ulbrichtschen Vorstellung von der sich in der DDR herausbildenden »sozialistischen Menschengemeinschaft« trat die Auffassung, daß die DDR-Gesellschaft eine »Klassengesellschaft besonderen Typs« sei, die noch von den »Muttermalen der alten Gesellschaft« gezeichnet sei. Welche praktisch-politischen Konsequenzen diese ideologische Kurskorrektur hatte, zeigte sich nach dem Rücktritt Ulbrichts auf dem VIII. Parteitag der SED, der im Juni 1971 stattfand.

3. Neben diesen ideologischen Spannungselementen wurden im Laufe des Jahres 1970 die unterschiedlichen Interessen und Positionen hinsichtlich der Entspannungspolitik zwischen den politischen Führungen der DDR und der Sowjetunion immer deutlicher. Die Sowjetunion verfolgte das Ziel, auf einer europäischen Konferenz die Anerkennung der bestehenden Grenzen in Europa und damit ihrer eigenen Machtsphäre durchzusetzen. Um dieses Ziel zu erreichen, war sie zu einem Arrangement mit der Bundesrepublik und den Westmächten in der Berlinfrage bereit. Mit den Interessen der DDR-Führung gingen diese Ziele der sowjetischen Außenpolitik insofern konform, als die Anerkennung der Grenzen in Europa der DDR endlich die so lange angestrebte internationale Absicherung und Anerkennung verschafft hätte. Andererseits war aber abzusehen, daß die Sowjetunion Abstriche an den Maximalforderungen der DDR-Führung zulassen würde, wenn dies zum Erreichen ihrer Gesamtkonzeption notwendig sein sollte.

Nur zögernd und weil die im Januar 1970 begonnenen Verhandlungen zwischen der Bundesrepublik und der Sowjetunion sie in Zugzwang brachte, ließ die DDR-Führung unter Ulbricht sich daher 1970 auf Gespräche und Verhandlungen mit der sozialliberalen Bundesregierung ein, wobei sie die folgenden Maximalziele aufstellte: uneingeschränkte völkerrechtliche Anerkennung durch die Bundesrepublik, keine Sonderbeziehungen zwischen den beiden deutschen Staaten, Freigabe des außenpolitischen Felds für die DDR durch die Bundesrepublik, Festschreiben eines Viermächtestatus' für West-Berlin bei gleichzeitiger Lockerung oder sogar Aufhebung der Verbindungen zwischen West-Berlin und der Bundesrepublik.[4])

Bereits der Moskauer Vertrag zwischen der Bundesrepublik und der Sowjetunion vom 12. August 1970 machte klar, daß die Sowjetunion nicht bereit sein würde, die DDR in allen ihren Forderungen zu unterstützen.

Der Rücktritt Ulbrichts räumte dann nicht nur den Weg frei für das Berlin-Abkommen der Vier Mächte und den Beginn der deutsch-deutschen Verhandlungen über einen Grundlagenvertrag, er trug auch dazu

bei, die Geschlossenheit des »sozialistischen Lagers« gegenüber dem Westen wiederherzustellen.
Der Führungswechsel vom Mai 1971 verlief undramatisch und wurde als normaler Vorgang dargestellt. Auf der 16. Tagung des ZK der SED bat Walter Ulbricht am 3. Mai 1971 das ZK, ihn aus »Altersgründen« von der Funktion des Ersten Sekretärs der SED zu entbinden, und schlug als Nachfolger Erich Honecker vor. Das ZK akzeptierte einstimmig, denn Honecker war seit langem als Nachfolger Ulbrichts vorgesehen und entsprechend vorbereitet.
Erich Honecker (geboren 1912 in Neunkirchen an der Saar) hatte sich seit frühester Jugend in der KPD betätigt und war deshalb 1936 von der Gestapo verhaftet und 1937 vom Volksgerichtshof zu zehn Jahren Zuchthaus verurteilt worden. Nach der Befreiung durch die Rote Armee 1945 wurde Honecker Jugendsekretär beim ZK der wiedergegründeten KPD und Mitbegründer der Freien Deutschen Jugend (FDJ), deren Vorsitz er von 1946 bis 1955 innehatte. Als Mitglied des ZK der KPD seit 1946 wirkte Honecker an der Vereinigung der KPD und der SPD in der sowjetischen Zone zur SED mit, wurde Mitglied des Parteivorstands der SED und 1950 auch Mitglied des ZK und Kandidat des Politbüros der SED. Nach seinem Rücktritt vom Vorsitz der FDJ hielt er sich von 1955 bis 1956 zum Studium von Sicherheitsfragen in Moskau auf. Am 6. Februar 1958 wurde er Mitglied des ZK-Sekretariats, im Juli 1958 Mitglied des Politbüros und zuständig für Sicherheitsfragen. 1960 wurde er als Sekretär des Verteidigungsrats zusätzlich mit militärischen Fragen betraut. Er war seitdem an allen wichtigen Entscheidungen der DDR-Führung beteiligt und nahm an allen wichtigen Treffen der sozialistischen Länder teil.[5])
Honecker kannte, als er die Nachfolge Ulbrichts antrat, sowohl die Parteiorganisation als auch den Polizei- und Militärapparat der DDR sehr genau, denn er hatte deren Personalpolitik wesentlich beeinflußt. Er nahm daher zunächst keine einschneidenden Veränderungen in der Partei- und Staatsspitze vor. Auf dem VIII. Parteitag wurde er als Erster Sekretär der SED bestätigt. Am 24. Juni 1971 übernahm er auch den Vorsitz des Nationalen Verteidigungsrats, des für die Landesverteidigung entscheidenden Gremiums der DDR. Ulbricht erhielt den im Statut der Partei nicht vorgesehenen Posten eines Vorsitzenden der SED und blieb Vorsitzender des Staatsrats. Der Staatsrat jedoch verlor seine politischen Kompetenzen weitgehend, als die Volkskammer am 16. Oktober 1972 die Rechte des Ministerrats erweiterte. Dieser war nunmehr nicht nur für die Wirtschafts- und Kulturpolitik, sondern auch für die Innen- und Außenpolitik der DDR zuständig. Der Staatsrat verblieb als eine Art kollektives Staatsoberhaupt, das für die völkerrechtliche Vertretung der

DDR, die Ernennung und Abberufung von DDR-Diplomaten zuständig ist, die Wahlen für die Volksvertretungen ausschreibt, das Oberste Gericht und den Generalstaatsanwalt beaufsichtigt und formell die Entscheidungen in Verteidigungsfragen fällt.[6])

Der Tod Ulbrichts am 1. August 1973 bot die Gelegenheit zu einem Ämter- und Personalaustausch, der als »Abrechnung« mit der »Mannschaft der Wirtschaftsreformer« charakterisiert worden ist:[7]) Staatsratsvorsitzender wurde am 3. Oktober 1971 Willi Stoph, der als langjähriger Vorsitzender des Ministerrats die staatliche Durchführung der Wirtschaftsreformen in den 60er Jahren zu verantworten hatte. Neuer Vorsitzender des Ministerrats wurde sein ehemaliger Stellvertreter Horst Sindermann. Gleichzeitig wurde Günter Mittag, der Schöpfer von NÖSPL und ÖSS, seiner Funktion als Sekretär für Wirtschaft im ZK der SED enthoben und zu einem der Stellvertreter Sindermanns ernannt. An seine Stelle rückte Werner Krolikowski, der erst auf dem VIII. Parteitag der SED ins Politbüro aufgestiegen war.

Offenbar unter dem Eindruck wachsender wirtschaftlicher Schwierigkeiten wurden diese Umbesetzungen am 29. Oktober 1976 wieder rückgängig gemacht: Willi Stoph wurde erneut Vorsitzender des Ministerrats, Günter Mittag kehrte als Verantwortlicher für Wirtschaftspolitik ins Sekretariat des ZK der SED zurück, Horst Sindermann wurde Präsident der Volkskammer, und Krolikowski übernahm Mittags Posten im Ministerrat. Zum neuen Staatsratsvorsitzenden und damit zum formellen Staatsoberhaupt der DDR wählte die Volkskammer am 29. Oktober 1976 Erich Honecker, der damit erst verhältnismäßig spät die höchsten Posten in Partei und Staat in seiner Person vereinigte.[8])

Die Abgrenzung von der Politik der Ulbricht-Ära und die gesellschaftspolitische Neuorientierung der SED fand ihren programmatischen Ausdruck auf dem VIII. Parteitag der SED, der vom 15. bis zum 19. Juni 1971 zum ersten Mal ohne Walter Ulbricht in Ost-Berlin stattfand.[9]) Das von Ulbricht seit langem vorbereitete Grundsatzreferat über »Das entwickelte gesellschaftliche System des Sozialismus in den 70er Jahren« war aus dem Programm gestrichen worden. Den Bericht des Zentralkomitees erstattete Erich Honecker, der bereits in seiner Dankadresse an Ulbricht bemüht war, das Prinzip der kollektiven Führung herauszustellen.

Im ersten Teil seines Referats über »Die Haupttendenzen der internationalen Entwicklung und die außenpolitische Linie der SED« bewegte sich Honecker ganz im Rahmen der Abgrenzungspolitik gegenüber der Bundesrepublik Deutschland, wenn er einerseits die immer festere Verankerung der DDR in der »sozialistischen Staatengemeinschaft« als »Grundbedingung für die Verwirklichung der Lebensinteressen der

Arbeiterklasse und aller Bürger der DDR« bezeichnete und andererseits einen klaren Trennungsstrich zwischen der »sozialistischen DDR« und der »imperialistischen BRD« zog: *»Alles Gerede im Westen von der sogenannten ›Einheit der deutschen Nation‹ und einem angeblich besonderen Charakter der Beziehungen zwischen der DDR und BRD soll offensichtlich jenen Vorschub leisten, deren Politik nach wie vor auf die Untergrabung der gesellschaftlichen und wirtschaftlichen Fundamente unserer Republik gerichtet ist. Die prinzipielle Linie unserer Partei geht davon aus, daß der gesamte Verlauf der Entwicklung und die Festigung unseres sozialistischen Staates objektiv dahin führt und führen muß, daß die Gegensätzlichkeit zwischen uns und der BRD, die den kapitalistischen Weg geht, sich verstärkt und daß darum der Prozeß der Abgrenzung zwischen beiden Staaten in allen Bereichen des gesellschaftlichen Lebens immer tiefergehend wird.«*

Honecker maß dem Moskauer und dem Warschauer Vertrag große Bedeutung für die europäische Sicherheit zu, erklärte aber anschließend, daß es der Sache der Entspannung nicht dienlich sei, »künstliche Wechselbeziehungen zwischen der Ratifizierung der Verträge und den Westberlin-Verhandlungen herbeizuführen«. In diesem Zusammenhang wiederholte er den Standpunkt der SED-Führung, »daß Westberlin eine Stadt mit einem besonderen politischen Status ist, niemals zur Bundesrepublik gehörte und nie zu ihr gehören wird«.

Im zweiten Teil seines Referats über die »Entwicklung der sozialistischen Gesellschaft in der DDR« grenzte sich Honecker von der bisher betriebenen Wirtschafts- und Gesellschaftspolitik ab, als er kritisierte, daß »sich einige Disproportionen in der Volkswirtschaft störend bemerkbar« machten, dann eine »realistische Einschätzung unserer Kräfte und Möglichkeiten« forderte und schließlich in deutlicher Anspielung auf überzogene Pläne in der Vergangenheit feststellte: »Genossen, das ökonomische System des Sozialismus entwickelt sich gut, nur, allzu viele ›außerplanmäßige Wunder‹ kann es nicht verkraften«. Als »Hauptaufgabe« der SED für die nächste Zukunft zitierte Honecker sodann die Direktive für den Fünfjahrplan 1971 bis 1975, in der es heißt: *»Die Hauptaufgabe des Fünfjahrplanes besteht in der weiteren Erhöhung des materiellen und kulturellen Lebensniveaus des Volkes auf der Grundlage eines hohen Entwicklungstempos der sozialistischen Produktion, der Erhöhung der Effektivität, des wissenschaftlich-technischen Fortschritts und des Wachstums der Arbeitsproduktivität.«*

In dieser allgemeinen Form bedeutete die »Hauptaufgabe« im Grunde genommen keine neue Zielsetzung. Zu diesem Zeitpunkt jedoch ließ sie das Bemühen der Parteiführung erkennen, aus den wirtschaftlichen Fehlschlägen der vergangenen Jahre und aus den Unruhen in Polen

Konsequenzen zu ziehen. Statt die Parteimitglieder und die Bürger der DDR immer wieder auf eine bessere Zukunft zu vertrösten, sollten die gesteigerten Wünsche und Bedürfnisse der jetzt lebenden Generation ernst genommen und so weit wie möglich erfüllt werden oder wie es Honecker in seinem Referat für den Parteitag ausdrückte: *»Mit der Hauptaufgabe des Fünfjahrplanes von 1971 bis 1975 ist ein ganzes wirtschaftspolitisches Programm umrissen. Die Zielstellung entspricht dem ökonomischen Grundgesetz des Sozialismus. Für unsere Gesellschaft ist die Wirtschaft Mittel zum Zweck, Mittel zur immer besseren Befriedigung der wachsenden materiellen und kulturellen Bedürfnisse des werktätigen Volkes. Natürlich ließ sich unsere Partei auch in der Vergangenheit davon leiten. Aber mit der weiteren Entwicklung der sozialistischen Gesellschaft und ihrer ökonomischen Potenzen kann und muß dieser gesetzmäßige Zusammenhang zwischen Produktion und Bedürfnissen der Menschen immer unmittelbarer wirksam werden. Dem tragen wir mit der Hauptaufgabe Rechnung.«*

Indem sie die Erfüllung »der Bedürfnisse der Menschen« in der DDR zu ihrer »Hauptaufgabe« machte, hörte die SED auf, ihren Führungsanspruch mit der Aussicht auf eine bessere Zukunft, in die sie ihre Anhänger führen würde, zu begründen, und ging dazu über, ihn mit der Verbesserung der gegenwärtigen, »realen« Situation zu rechtfertigen.

Kennzeichnend für diese Orientierung an den »realen Gegebenheiten« ist die Formel vom »real existierenden Sozialismus«, die Honecker auf der 9. Tagung des ZK der SED am 28./29. Mai 1973 offenbar zum ersten Mal benutzte und die seitdem immer wieder in offiziellen Verlautbarungen zur Charakterisierung der gesellschaftlichen Verhältnisse in der DDR benutzt wird.[10])

2. »Die Einheit von Wirtschafts- und Sozialpolitik«

Die Neuorientierung der SED von den Fernzielen auf die allmähliche Verbesserung des täglichen Lebens der Bevölkerung wirkte sich vor allem auf wirtschaftlichem und sozialem Gebiet aus. Hatte in den 60er Jahren die Parole gelautet: »Wie wir heute arbeiten, werden wir morgen leben«, so forderte der neue Fünfjahrplan »die Einheit von Wirtschafts- und Sozialpolitik«. In wesentlichen Punkten wurden die Ziele dieses Plans auch erreicht. Die bis 1970 vernachlässigten Zulieferindustrien wurden verstärkt gefördert, so daß das Gleichgewicht der DDR-Wirtschafts-

struktur in relativ kurzer Zeit wiederhergestellt war und die wirtschaftliche Entwicklung stetiger verlief.
Die amtliche Statistik der DDR geht nicht nach den Meßgrößen der westlichen volkswirtschaftlichen Gesamtrechnung (Bruttosozialprodukt, Inflationsrate, Arbeitslosenziffer etc.) vor; ihre zentrale Meßziffer ist das »Nationaleinkommen«, das mit dem Bruttosozialprodukt der westlichen volkswirtschaftlichen Gesamtrechnung nicht zu vergleichen ist, da es nur die materiellen Leistungen (Verkaufserlöse für Waren und »produktive Leistungen« sowie Lagerbestände abzüglich Abschreibungen) widerspiegelt und den größten Teil der Dienstleistungen nicht enthält. Das in der DDR produzierte Nationaleinkommen stieg zwischen 1970 und 1975 um 32,7 Mrd. M, der Plan hatte eine Steigerung von 28 bis 30 Mrd. M vorgesehen.[11]) Pro Jahr wuchs das Nationaleinkommen gegenüber dem Vorjahr:
1971 um 4,5%
1972 um 5,8%
1973 um 5,5%
1974 um 6,4%
1975 um 5,0%
1976 um 3,7%.

Auch das Ziel, die industrielle Warenproduktion 1975 gegenüber 1970 = 100 auf 134 bis 136 % zu steigern, wurde mit 137 % knapp übertroffen. Im einzelnen betrugen die Zuwachsraten gegenüber dem Vorjahr:[12])

1971	5,5%
1972	7,2%
1973	6,8%
1974	7,4%
1975	6,4%
1976	5,9%.

Zwischen 1970 und 1974 stieg der Ausstoß von Rohstahl von 5 Mill. t auf 6,1 Mill. t, die Erzeugung von elektrischem Strom von 67 000 GWh auf 80 000 GWh.[13]) Unter Anwendung der westlichen volkswirtschaftlichen Gesamtrechnung betrug das Bruttosozialprodukt der DDR 1975 pro Kopf der Bevölkerung 3200 Dollar. Es war damit nicht einmal halb so hoch wie das Pro-Kopf-Bruttosozialprodukt der Bundesrepublik (6830 Dollar), aber die DDR lag damit an der Spitze der RGW-Länder und vor Staaten wie Italien, Irland und Spanien.[14])
In welchem Ausmaß der Fünfjahrplan 1971 – 1975 die Forderung der »Hauptaufgabe« nach »Erhöhung des materiellen und kulturellen Lebensniveaus« der Bevölkerung einlöste, läßt sich am deutlichsten am

Wohnungsbau und an der Produktion und dem Verbrauch hochwertiger Konsumgüter erkennen. Die Bauwirtschaft der DDR konnte ihr Planziel, das auf 125% von 1970 festgesetzt war, mit 128,5% überschreiten. Hier betrugen die Zuwachsraten gegenüber dem Vorjahr:[15])

1971	5,5%
1972	6,4%
1973	4,6%
1974	9,7%
1975	7,7%
1976	6,8%.

Für Neubauten, An- und Umbauten, Reparaturen usw. wurden in der DDR ausgegeben:[16])

1970	18,6 Mrd. M
1971	19,6
1972	20,9
1973	21,9
1974	23,6
1975	25,1
1976	26,9.

Welche Anstrengungen auf diesem Gebiet unternommen wurden, läßt sich u. a. daran erkennen, daß seit 1975 die Pro-Kopf-Ausgaben für die Bauproduktion[17]) in der DDR höher liegen als in der Bundesrepublik:

Ausgaben für die Bauproduktion pro Kopf der Bevölkerung

	Bundesrepublik	DDR
1970	1510 DM	1089 M
1971	1570	1151
1972	1629	1226
1973	1618	1287
1974	1492	1393
1975	1387	1491
1976	1432	1601

Diese Steigerung der Bautätigkeit beschränkte sich nicht auf den Neu- oder Umbau von Fabrikanlagen, sondern kam in hohem Maße dem lange Zeit vernachlässigten Wohnungsbau zugute. Besonders seit 1973 nahm die Zahl der neuerbauten oder modernisierten Wohnungen sprunghaft zu. Seit 1975 ist die Zahl der jährlich fertiggestellten Wohnungen pro 10 000 Einwohner größer als in der der Bundesrepublik:[17a])

Fertiggestellte Wohnungen in der DDR

Jahr	Neubauten	Modernisierungen
1970	65 786	10 302
1971	65 021	21 756
1972	69 552	47 474
1973	80 725	45 044
1974	88 312	49 989
1975	95 976	44 817
1976	103 091	47 526.

Fertiggestellte Wohnungen pro 10 000 Einwohner

Jahr	Bundesrepublik	DDR
1970	79	45
1971	91	51
1972	108	69
1973	115	74
1974	97	82
1975	70	84
1976	64	90.

Das Hauptproblem der DDR-Wohnwirtschaft blieb freilich die Überalterung und der schlechte bauliche Zustand der meisten Wohnungen. Während in der Bundesrepublik 52% der Wohnungen nach 1945 errichtet wurden, waren es in der DDR nur 21%. 38 % waren vor 1900 und 41% zwischen 1900 und 1945 gebaut worden. Die Wohnungsgröße lag 1974 in der Bundesrepublik bei durchschnittlich 86,8 qm, in der DDR bei 58,0 qm. Für Miete und Mietnebenkosten gab ein Vier-Personen-Haushalt in der Bundesrepublik 1975 durchschnittlich allerdings auch 20,8% des Nettoeinkommens aus, ein entsprechender DDR-Haushalt aber nur 4,4%, da die Mieten in der DDR staatlicherseits niedrig gehalten werden und subventioniert sind. Eine Folge der niedrigen Mieten (Mietpreis pro qm zwischen 0,80 und 1,25 M) ist allerdings auch, daß gerade die zahlreichen Altbauten vernachlässigt werden, da die – meist privaten – Eigentümer sie aus den geringen Mieteinkünften nicht unterhalten können.[18])

Zwischen 1971 und 1975 besserte sich die Versorgung der DDR-Bevölkerung mit hochwertigen Konsumgütern erheblich. Unter den Ländern des Rats für Gegegenseitige Wirtschaftshilfe (RGW) erreichte die DDR den höchsten Lebensstandard. 1971 wurden 126 000 Pkws, 1975 155 000 Pkws hergestellt, 1971 380 000 Kühlschränke, 1975 488 000. Von 100 Haushalten hatten 1970 erst 15 einen Personenwagen und 56 einen Kühlschrank, 1975 kamen auf je 100 Haushalte bereits 26 Pkws und 86 Kühlschränke. Ähnlich verlief die Steigerung bei Fernsehgeräten (1970:

69, 1975: 82) und bei elektrischen Waschmaschinen (1970: 53, 1975: 73).[19])

Trotz dieser Erfolge der Wirtschaftspolitik seit 1971 hat die DDR-Wirtschaft weiterhin mit Schwierigkeiten zu kämpfen. Ein Grundproblem ist die Schwerfälligkeit des zentralen Planungs- und Leitungssystems, das die kurzfristige Umsetzung von wissenschaftlich-technischen Neuerungen in die Produktion behindert. Da außerdem ein wirksames Mittel zur Bewertung wirtschaftlicher Leistungen fehlt, sind die Produktionskosten der DDR im Vergleich zur Bundesrepublik wesentlich höher. Um annähernd das gleiche Wirtschaftswachstum zu erreichen wie die Bundesrepublik mußte die DDR rund ein Drittel mehr Kapital einsetzen.[20])

Die Arbeitsproduktivität in der DDR ist zwar ständig gestiegen, hat aber nie den Stand der Bundesrepublik erreicht, weil die Ausstattung der DDR-Industrie mit modernen Maschinen und elektronischer Ausrüstung relativ zurückgeblieben ist. 1974 erreichte die Arbeitsproduktivität in der DDR gerade 64% des westdeutschen Standes. Legt man bei diesem Vergleich statt der Beschäftigtenzahl die Bevölkerungszahl zugrunde, kommt die DDR wegen des größeren Anteils der Berufstätigen an der Gesamtbevölkerung auf eine Arbeitsproduktivität, die 76% der westdeutschen entspricht.[21])

Ein Faktor, der die wirtschaftliche Entwicklung der DDR in den 70er Jahren ähnlich beeinflußt hat wie in der Bundesrepublik, ist die große Abhängigkeit vom Außenhandel. Während das Nationaleinkommen zwischen 1960 und 1975 jährlich um durchschnittlich 4,7% wuchs, nahm der Außenhandel in derselben Zeit um 9,7% zu. 1975 erreichte die Exportquote der DDR mit 25% den gleichen Stand wie in der Bundesrepublik. Unter diesen Umständen hatte die Erhöhung der Rohstoff-, insbesondere der Ölpreise, ab 1973 auch für die DDR-Wirtschaft weitreichende Folgen. Die UdSSR und andere rohstoffliefernde RGW-Länder schlossen sich, wenn auch mit zeitlicher Verzögerung und nicht in voller Höhe, den Preiserhöhungen für Rohstoffe auf dem Weltmarkt an. So verdoppelte die Sowjetunion, aus der die DDR rund 90% ihres Erdölbedarfs bezieht, 1975 rückwirkend ihre Preise für Erdöl (womit sie immer noch 40% unter dem Weltmarktpreis lag) und setzte durch, daß im RGW Preise nicht mehr für fünf Jahre festgesetzt wurden, sondern jährlich entsprechend dem durchschnittlichen Weltmarktpreis revidiert werden konnten.[22])

Die Preissteigerungen bei Rohstoffimporten konnte die DDR nicht durch höhere Exportpreise auffangen: Zwar stiegen zwischen 1972 und 1975 die Preise für Ausfuhren um 17%, doch die Preissteigerungen für Importe waren mit 34% doppelt so hoch.[23]) Verschärft wurden die Folgen der Preiserhöhungen für Rohstoffe dadurch, daß gegenüber den

60er Jahren der Anteil der RGW-Länder am Außenhandel der DDR in der ersten Hälfte der 70er Jahre zurückging und der Anteil der westlichen Industriestaaten zunahm. Die besondere Problematik dieser Verlagerung bestand für die DDR darin, daß die Importe aus den westlichen Industriestaaten, die mit »harten« Devisen bezahlt werden mußten, stärker wuchsen als die Exporte in diese Länder.[24])

Anteil am DDR-Außenhandel

	RGW		Westliche Industrieländer	
	Einfuhr	Ausfuhr	Einfuhr	Ausfuhr
1961/65	76%	76,9%	20,1%	19%
1966/70	72,2%	74,6%	23,9%	20,8%
1971/75	65%	72,7%	30,9%	23,2%

1975 erreichte das Handelsbilanzdefizit der DDR mit 4,2 Mrd. M seinen bisher höchsten Stand. Die Verschuldung der DDR gegenüber den OECD-Ländern betrug 1973 2 Mrd., Ende 1975 3,7 Mrd. und 1976 rund 6 Mrd. US-Dollar.[25]) Spätestens seit 1976 ist daher die DDR-Außenhandelspolitik bemüht, den Westhandel ausgeglichener zu gestalten bzw. seinen Anteil am Außenhandel der DDR zurückzuschrauben.
Allerdings stellten sich auch im Handel mit den RGW-Ländern, der für die DDR die größte Bedeutung hat, ähnliche Probleme wie im Handel mit dem Westen. Die DDR liefert vor allem Maschinen und andere Industrieprodukte in ihre Partner-Länder und bezieht von ihnen Rohstoffe und landwirtschaftliche Erzeugnisse. Da die Preise für Rohstoffe stärker und schneller gestiegen sind als die Preise für Industriegüter, mußte die DDR für die gleiche Menge Rohstoffe mehr Industrieprodukte liefern als früher. Diese Verschlechterung der Handelsbedingungen hat zu Defiziten insbesondere im Handel mit der Sowjetunion geführt.[26])
Angesichts dieser Entwicklungen hat der Handel mit der Bundesrepublik Deutschland für die DDR nach wie vor eine große Bedeutung. Da dieser Warenaustausch von der Bundessregierung als Form des Binnenhandels betrachtet und durch den zinslosen Überziehungskredit (Swing) begünstigt wird, hat die DDR trotz ihrer sonst verfochtenen Abgrenzungspolitik bisher keine Einwände gegen diese Form deutsch-deutscher »Sonderbeziehungen« erhoben. Die Bundesrepublik Deutschland ist der wichtigste Außenhandelspartner der DDR unter den westlichen Industrieländern. 1975 machte der Handel mit der Bundesrepublik 8,7% des gesamten Außenhandels der DDR aus. Zum Vergleich: der Anteil der Sowjetunion betrug 1975 35,67%, der der ČSSR 9,29% und der Polens 8,9%. Der Handelsaustausch besteht auf beiden Seiten beinahe zur Hälfte aus Erzeugnissen der Grundstoff- und Produktionsgüterindustrie. Die

Bundesrepublik liefert außerdem Investitionsgüter in die DDR, die DDR Verbrauchsgüter in die Bundesrepublik.[27])

Hinter der Losung »Einheit von Wirtschafts- und Sozialpolitik« stand die Einsicht der SED-Führung, daß auch die von der Partei betriebene planmäßige Wirtschaftspolitik Spannungen und Unterschiede erzeugt, zu deren Beseitigung oder Milderung eine eigenständige Sozialpolitik vonnöten ist. Verstanden wurde darunter die »Gesamtheit der Aktivitäten, Maßnahmen, Mittel und Methoden, über die die Herausbildung der sozialistischen Lebensweise und die verschiedenen Seiten des materiellen und kulturellen Lebensniveaus sowie die Bevölkerungsentwicklung geleitet und gestaltet werden«. Durch eine so verstandene Sozialpolitik sollte »im Rahmen der Gesamtpolitik die angestrebte soziale Entwicklung erreicht und Disproportionen, die das Fortschreiten der sozialistischen Gesellschaft hemmen, überwunden bzw. vermieden« werden.[28])

Den hier angesprochenen gesellschaftspolitischen oder gesellschaftsverändernden Effekt hat die DDR-Sozialpolitik bisher nicht erreichen können. Sie diente – wie in der Bundesrepublik und anderen kapitalistischen Ländern auch – vornehmlich dazu, die im Zuge der wirtschaftlichen Entwicklung auftretenden gesellschaftlichen Probleme zu bewältigen und die Wirtschaftspolitik zu unterstützen.

Ein Kernelement der DDR-Sozialpolitik nach dem VIII. Parteitag war der Wohnungsbau, dessen soziale Auswirkungen durch die Mieten- und Verteilungspolitik gesteuert wurden. Seit 1971 wurden die Mieten nach dem Einkommen gestaffelt und Arbeiter bei der Zuteilung von Neubauwohnungen bevorzugt berücksichtigt.[29])

Ein weiterer Schwerpunkt der DDR-Sozialpolitik lag bei Versuchen, die Bevölkerungsentwicklung zu beeinflussen.[30]) 1973 war die Zahl der Personen im erwerbsfähigen Alter auf 58% gesunken. Der Anteil der berufstätigen Frauen war mit 86% einer der höchsten der Welt. Die doppelte Belastung der Frauen durch Beruf und Haushalt und die schwierige Versorgungslage in der DDR wirkte sich dahin aus, daß 1960 in der DDR die sogenannte »Fruchtbarkeitsziffer« mit nur 83,9 Geburten auf 1000 Frauen im Alter zwischen 15 und 45 Jahren bereits ziemlich tief lag. 1972 führte die Volkskammer der DDR – übrigens zum ersten Mal nicht einstimmig – die Fristenregelung bei Schwangerschaftsabbruch ein. Empfängnisverhütende Mittel wurden kostenlos ausgegeben. 1971 war die Fruchtbarkeitsziffer auf 69 gesunken, 1972 fiel sie auf 58,6, 1975 auf 52,3. Um diese Entwicklung aufzuhalten und die Überlastung der berufstätigen Mütter zu mildern, wurde 1972 für Mütter mit drei Kindern unter 16 Jahren und für Mütter mit zwei Kindern, die im Mehrschichtdienst arbeiteten, die 40-Stunden-Woche eingeführt. Diese Regelung wurde am 27. Mai 1976 nach dem IX. Parteitag der SED und aufgrund eines »gemeinsamen Beschlusses« des ZK der SED, des Bundesvorstands des FDGB und des Ministerrats der DDR »über die weitere planmäßige Verbesserung der Arbeits- und Lebensbedingungen der Werktätigen«[31]) auf alle Mütter mit zwei und mehr Kindern unter 16 Jahren ausgedehnt. Der bezahlte Schwangerschafts- und Wöchnerinnenurlaub wurde von 18 auf 26 Wochen ausgedehnt. Außerdem konnten sich seitdem Mütter nach der Geburt des zweiten Kindes bei voller Bezahlung für ein Jahr von der Arbeit freistellen lassen. Finanzielle Anreize, wie die Erhöhung der Geburtenbeihilfe von 500 Mark für das erste Kind auf 1000 Mark für jedes Kind, und die Gewährung von zinslosen Krediten an junge Ehepaare, die Ausweitung des Wohnungsbaus, die weitere Förderung von Kindergärten und -horten, führten dazu, daß die Fruchtbarkeitsziffer in der DDR langsam wieder zu steigen begann: 1976 lag sie bei 55,9, 1977 bei 63,1%. Der Geburtenüberschuß lag 1974 mit 0,74 etwas unter dem der Bundesrepublik (0,81), 1977 bereits darüber: DDR – 0,89, Bundesrepublik – 0,66.[32])

In einer staatlich gelenkten Planwirtschaft gehört zur Sozialpolitik im weiteren Sinne auch die Lohnpolitik. Um den zahlreichen Arbeitern und Angestellten der untersten Lohngruppen einen Mindestlebensstandard zu sichern, wurden durch den »Gemeinsamen Beschluß« von ZK, FDGB und Ministerrat am 27. Mai 1976 zum 1. Oktober 1976 die Mindestlöhne von 350 auf 400 Mark erhöht. In den Genuß dieser Lohnerhöhungen kamen rund eine Million Lohn- und Gehaltsempfänger, d. h. praktisch jeder siebente Arbeiter oder Angestellte in der DDR.[33]) Auch für andere Berufs- und Lohngruppen wurden Lohnerhöhungen beschlossen.

Der gerechteren Verteilung der erbrachten Arbeitsleistungen und der Hebung der Arbeitsproduktivität sollte die Lohnreform dienen, die 1976 für 1,5 Millionen Beschäftigte in den Schlüsselindustrien eingeleitet wurde: Arbeitsplätze sollten neu bewertet, der Produktionsablauf verbessert, Arbeitsnormen höher festgesetzt und bessere Löhne gezahlt werden. Die Hauptschwierigkeit dieser Reform scheint darin zu liegen, daß die neuen, d. h. höheren Gehälter und Löhne nur in bestimmten Industriezweigen und auch dort nur schrittweise eingeführt wurden. Daraus ergaben sich Unterschiede innerhalb der Betriebe und Industriezweige, die ihrerseits wiederum Unzufriedenheit erzeugten und zu häufigem Wechsel des Arbeitsplatzes führten, also sozial und ökonomisch unerwünschte Begleiterscheinungen nach sich zogen.[34])

Bis 1969 wurden in der DDR sehr niedrige Renten gezahlt. Die Versicherungspflichtgrenze lag bei 600 Mark; Versicherungsleistungen aus der Zeit vor 1945 wurden sehr ungünstig angerechnet, Kriegsopfer nur unzureichend unterstützt. Die durchschnittliche Altersrente lag 1965 bei 173 Mark. Nachdem zunächst die Einkommensgrenze aufgehoben worden war und für Einkommensteile über 600 Mark eine freiwillige Zusatzversicherung abgeschlossen werden konnte, wurde die Art und Weise der Rentenberechnung günstiger gestaltet und am 27. Mai 1976 im »Gemeinsamen Beschluß« die Erhöhung der Mindestrenten zum 1. Dezember 1976 von 200 auf 230 Mark (für bis zu 14 Arbeitsjahre) und von 240 auf 300 Mark (für mehr als 14 Arbeitsjahre) beschlossen. Der Sozialfürsorgesatz wurde von 175 auf 200 Mark für Einzelpersonen, von 250 auf 300 Mark für Ehepaare erhöht. Hatte die durchschnittliche Altersrente 1970 199 Mark betragen, so war sie 1976 auf 300 Mark gestiegen.[35])

Die Sicherheit des Arbeitsplatzes und die Stabilität der Preise sind zwei Werte, die nicht nur in der Agitation der SED, sondern auch im Bewußtsein der DDR-Bevölkerung beim Vergleich der Leistungen zwischen DDR und Bundesrepublik zunehmend eine größere Rolle spielten, seitdem beide infolge der Wirtschaftskrise ab 1973 in der Bundesrepublik infrage gestellt waren. Für »produktgebundene Preisstützungen zur Aufrechterhaltung der Verbraucherpreise und Tarife« gab die DDR 1976 rund 13 Mrd. Mark aus, davon 7 Mrd. für die Subvention von Nahrungsmitteln, um die Preise für Grundnahrungsmittel niedrig zu halten. Die sozialpolitische Wirkung dieser Ausgaben ist aber zweifelhaft, denn von den niedrigen Lebensmittelpreisen, Mieten und Nahverkehrstarifen in der DDR profitieren gut und schlecht verdienende DDR-Bürger gleichermaßen. »Da die für die Preisstützung benötigten Mittel über die sogenannte ›produktgebundene Abgabe‹ einer Verbrauchssteuer auf Industriewaren aufgebracht werden, sind auf diese Weise verteuerte Waren für die Bezieher kleiner Einkommen kaum zu erwerben, während diejenigen, die bereits über höhere Einkünfte verfügen und zusätzlich durch die Subventionspolitik begünstigt sind, als Käufer auftreten können«.[36])

Von der Umorientierung der Wirtschaftspolitik nach 1971 wurde auch die Bildungspolitik in der DDR betroffen. Die Wirtschaftsreformen der 60er Jahre waren verbunden gewesen mit dem Konzept der »Wissenschaftlich-technischen Revolution«, die die wirtschaftliche und soziale Entwicklung der sozialistischen Staaten vorantreiben sollte. Die zunehmende Bedeutung der Wissenschaft und die Erwartung, daß ein immer höheres Ausbildungsniveau notwendig sein würde, veranlaßten die DDR-Führung, Universitäten und Hochschulen auszubauen, die Zahl der Dozenten und Studenten zu erhöhen und eine Reihe von Fachschulen in Hochschulen umzuwandeln. Seit 1968 wuchs die Zahl der Studienzulassungen rapide an. Sie erreichte mit über 44 000 ihren Höhepunkt 1971, als die politische Führung auf ein langsameres und gleichmäßigeres Tempo der wirtschaftlichen Entwicklung umschaltete. In dieser Situation war ungewiß, ob für eine so große Zahl qualifizierter Hoch- und Fachschulabsolventen überhaupt geeignete Arbeitsplätze vorhanden sein würden. Infolgedessen wurden weniger Studenten zugelassen. 1976 gab es nur noch 32 000 Neuzulassungen.[37])

In auffallender Weise gingen die Zulassungen für Fernstudenten zurück: von 9711 im Jahre 1971 auf 3405 im Jahre 1976. Betroffen wurden von den Einschränkungen also ausgerechnet die DDR-Bürger, die bisher vom Staat gefördert und von der Partei als Vorbilder gefeiert worden waren, Berufstätige nämlich, die neben ihrem Beruf studierten und sich weiter qualifizieren wollten. Der durch das Fernstudium mögliche Aufstieg aus der Arbeiterklasse in die Führungspositionen von Partei und Staat und der damit verbundene Effekt, die »Selbstrekrutierung« der »sozialistischen Intelligenz« einzudämmen, wurden von der politischen Führung ab 1971 offenbar geringer eingeschätzt als die Einsparungen, die mit der Zulassungsbeschränkung für Fernstudenten zu erzielen waren. In der Tat war und ist das Fernstudium verhältnismäßig unökonomisch, da es einerseits zusätzliche Kosten für die Betreuung der Fernstudenten und die Gewährung von Studienurlaub verursacht, andererseits sehr viele Studenten die Doppelbelastung von Beruf und Studium auf die Dauer nicht aushalten und das Studium abbrechen.[38])

Die verschiedenen sozialpolitischen Maßnahmen der DDR-Führung seit 1971 lassen insgesamt den Willen erkennen, die Lage der Bevölkerung zu verbessern und bisher benachteiligten Gruppen zu helfen. Gleichzeitig wird aber auch deutlich, »daß die soziale Situation in der DDR noch immer unbefriedigend ist. Zu lange Zeit sind bestimmte Problemsituationen entweder nicht erkannt oder aber keine Mittel für ihre Behebung eingesetzt worden. Sozialpolitik wird in der DDR unter diesen Umständen kaum die ihr zugedachte Funktion, Gesellschaftspolitik zu sein, erfüllen können. Noch auf lange Zeit wird ihr wesentlicher Inhalt darin bestehen, das Los derer zu mildern, die unter besonderen Belastungen stehen und/oder zu jenen sozialen Gruppen gehören, die, weil sie keine ›produktiven‹ Leistungen erbringen, vernachlässigt worden sind.«[39])

3. Abgrenzung und Integration: Die DDR zwischen Bundesrepublik und Sowjetunion

Zur inneren Stabilisierung der DDR hat neben den Erfolgen in der Wirtschafts- und Sozialpolitik auch die internationale völkerrechtliche

Anerkennung beigetragen, die die DDR als Staat im Zuge der europäischen Entspannungspolitik erlangte. Nach Inkrafttreten des Viermächteabkommens über Berlin im Juni 1972 und des Grundlagenvertrages mit der Bundesrepublik Deutschland im Juni 1973 wurde die DDR wie die Bundesrepublik am 18. September 1973 in die Vereinten Nationen aufgenommen.

Zwischen 1972 und 1974 erkannten die Staaten des Westens, so 1974 auch die USA, die DDR diplomatisch an und errichteten Botschaften in Ost-Berlin.

Ihre Maximalziele, die volle völkerrechtliche Anerkennung durch die Bundesrepublik und die Trennung West-Berlins von der Bundesrepublik, hat die DDR-Außenpolitik in dieser Zeit nicht erreichen können. Das Viermächteabkommen über Berlin läßt erkennen, daß die DDR den übergeordneten Zielsetzungen der Sowjetunion nachgeben und die »Bindungen« West-Berlins an den Bund sowie die Garantie der Transitwege durch die Sowjetunion akzeptieren mußte. Der Grundlagenvertrag und alle weiteren Abkommen zwischen der DDR und der Bundesrepublik Deutschland dokumentieren das Fortwirken der gemeinsamen staatlichen Vergangenheit und stellen die »besonderen Beziehungen«, die zwischen den beiden deutschen Staaten bestehen, auf eine »völkerrechtsmäßige« Grundlage.

Die DDR-Führung versuchte, den innenpolitischen Rückwirkungen der »besonderen Beziehungen« zur Bundesrepublik entgegenzusteuern, indem sie eine verstärkte Integration der DDR in das »sozialistische Lager« betrieb und die «Abgrenzung« der sozialistischen DDR von der kapitalistischen Bundesrepublik durch Absage an die gemeinsame deutsche Nation und Deklarierung einer eigenen »sozialistischen Nation« der DDR besonders verschärfte.

Die Änderung der DDR-Verfassung am 7. Oktober 1974 folgte diesem Abgrenzungskonzpet in demonstrativer Weise. Zur Begründung der Verfassungsänderungen und -ergänzungen[40]) erklärte Erich Honecker: *»Als das grundlegende Gesetz unserer Gesellschaft und unseres Staates muß die Verfassung die neuen qualitativen Fortschrittte bei der Gestaltung der entwickelten sozialistischen Gesellschaft in unserem Land zum Ausdruck bringen und zugleich dem gesetzmäßigen Vormarsch der DDR in die kommunistische Zukunft Rechnung tragen.«*

Diesem Selbstverständnis von der »entwickelten sozialistischen Gesellschaft" in der DDR entsprach die neu aufgenommene Aufgabenstellung in Artikel 2, Abs. 1 der Verfassung, wo es heißt: *»Die weitere Erhöhung des materiellen und kulturellen Lebensniveaus des Volkes auf der Grundlage eines hohen Entwicklungstempos der sozialistischen Produktion, der Erhöhung der Effektivität, des wissenschaftlich-technischen*

Fortschritts und des Wachstums der Arbeitsproduktivität ist die entscheidende Aufgabe der entwickelten sozialistischen Gesellschaft.«
Die Verfassung vom 6. April 1968 hatte die DDR noch als »sozialistischen Staat deutscher Nation« bezeichnet und in Artikel 8, Abs. 2 bestimmt: *»Die Deutsche Demokratische Republik und ihre Bürger erstreben darüber hinaus die Überwindung der vom Imperialismus der deutschen Nation aufgezwungenen Spaltung Deutschlands, die schrittweise Annäherung der beiden deutschen Staaten bis zu ihrer Vereinigung auf Grundlage der Demokratie und des Sozialismus«.*[41]) In der geänderten Verfassung von 1974 heißt es nur noch: *»Die Deutsche Demokratische Republik ist ein sozialistischer Staat der Arbeiter und Bauern«.* Der »Wiedervereinigungsauftrag« in Art. 8, Abs. 2 wurde ebenso gestrichen wie alle anderen Hinweise auf die deutsche Nation.
Die Abgrenzung gegenüber der Bundesrepublik und der gemeinsamen Vergangenheit wurde verschärft durch die Betonung der Bindungen an die Sowjetunion. War in der alten Fassung von »allseitiger Zusammenarbeit und Freundschaft« mit der Sowjetunion die Rede gewesen, so hieß es nun: *»Die DDR ist für immer und unwiderruflich mit der UdSSR verbündet. Das enge und brüderliche Bündnis mit ihr garantiert dem Volk der DDR das weitere Voranschreiten auf dem Wege des Sozialismus und des Friedens. Die DDR ist untrennbarer Bestandteil der sozialistischen Staatengemeinschaft. Sie trägt getreu den Prinzipien des sozialistischen Internationalismus zu ihrer Stärkung bei, pflegt und entwickelt die Freundschaft, die allseitige Zusammenarbeit und den gegenseitigen Beistand mit allen Staaten der sozialistischen Gemeinschaft.«*
Obwohl die alte wie die neue Verfassung in Art. 65 vorsehen, daß *»grundlegende Gesetze . . . vor ihrer Verabschiedung der Bevölkerung zur Erörterung unterbreitet« werden,* geschah dies im Fall der Verfassungsänderung nicht. Die DDR-Führung wollte offenbar eine öffentliche Diskussion der »nationalen Frage« vermeiden und ließ die Verfassungsänderungen daher direkt von der Volkskammer verabschieden.
Die in der Verfassung der DDR verankerte Bindung zur Sowjetunion wurde bekräftigt durch den neuen »Vertrag über Freundschaft, Zusammenarbeit und gegenseitigen Beistand«, den die Generalsekretäre Honecker und Breschnew am 7. Oktober 1975, am 26. Jahrestag der Gründung der DDR, in Moskau unterzeichneten, ohne daß übrigens der Vertrag über die Beziehungen zwischen der DDR und der Sowjetunion vom 20. September 1955 und der Vertrag über Freundschaft, gegenseitigen Beistand und Zusammenarbeit vom 12. Juni 1964 offiziell für beendet oder abgelöst erklärt worden wären.[42]) In der Präambel des neuen Vertrages bekräftigten die beiden Vertragspartner, *»daß die Unterstützung, die Festigung und er Schutz der sozialistischen Errungenschaften,*

die dank den heldenhaften Anstrengungen und der aufopferungsvollen Arbeit der Völker erzielt wurden, gemeinsame internationalistische Pflicht der sozialistischen Länder sind«.
Diese Formel konnte als ausdrückliche Einbeziehung der DDR in die sogenannte Breschnew-Doktrin von der begrenzten Souveränität sozialistischer Staaten und dem Interventionsrecht der »Bruderstaaten« gedeutet werden.
Artikel 1 lautete: *Die hohen vertragschließenden Seiten werden in Übereinstimmung mit den Prinzipien des sozialistischen Internationalismus auch künftig die Beziehungen der ewigen und unverbrüchlichen Freundschaft und der brüderlichen gegenseitigen Hilfe auf allen Gebieten festigen. Sie werden die allseitige Zusammenarbeit planmäßig und unentwegt entwickeln und vertiefen und einander allseitige Hilfe und Unterstützung gewähren auf der Grundlage der gegenseitigen Achtung der staatlichen Souveränität und Unabhängigkeit, der Gleichberechtigung und der Nichteinmischung in die inneren Angelegenheiten.«*
Die folgenden Artikel enthalten »in Übereinstimmung mit den Grundsätzen und Zielen der sozialistischen Integration« Absichtserklärungen zur weiteren Verstärkung der wirtschaftlichen, wissenschaftlich-technischen und kulturellen Zusammenarbeit. Der Wortlaut von Artikel 4 ließ sich wieder auf die Breschnew-Doktrin beziehen: *»Die hohen vertragschließenden Seiten werden die weitere Entwicklung der brüderlichen Beziehungen zwischen allen Staaten der sozialistischen Gemeinschaft maximal fördern und stets im Geiste der Festigung ihrer Einheit und Geschlossenheit handeln. Sie erklären ihre Bereitschaft, die notwendigen Maßnahmen zum Schutz und zur Verteidigung der historischen Errungenschaften des Sozialismus, der Sicherheit und der Unabhängigkeit beider Länder zu treffen.«*
Von besonderer Bedeutung für die »deutsche Frage« bzw. das Verhältnis der DDR und der Sowjetunion zur Bundesrepublik Deutschland und zu West-Berlin waren die Artikel 6 und 7. Die Frage der Wiedervereinigung Deutschlands, die in den Verträgen von 1955 und 1964 noch eine Rolle gespielt hatte, wurde nicht mehr erwähnt, statt dessen hieß es nur noch:
»Artikel 6: Die hohen vertragschließenden Seiten betrachten die Unverletzlichkeit der Staatsgrenzen in Europa als wichtigste Voraussetzung für die Gewährleistung der europäischen Sicherheit und bringen die feste Entschlossenheit zum Ausdruck, gemeinsam und im Bündnis mit den anderen Teilnehmerstaaten des Warschauer Vertrages über Freundschaft, Zusammenarbeit und gegenseitigen Beistand vom 14. Mai 1955 und in Übereinstimmung mit ihm die Unantastbarkeit der Grenzen der Teilnehmerstaaten dieses Vertrages, wie sie im Ergebnis des II. Weltkrieges und der Nachkriegsentwicklung entstanden sind, einschließlich der Grenzen

zwischen der DDR und der BDR, zu gewährleisten. Beide Seiten werden gemeinsame Anstrengungen unternehmen, um jeglichen Erscheinungen des Revanchismus und Militarismus entgegenzuwirken, und die strikte Einhaltung der mit dem Ziel der Festigung der europäischen Sicherheit abgeschlossenen Verträge anstreben.
Artikel 7: In Übereinstimmung mit dem Vierseitigen Abkommen vom 3. September 1971 werden die hohen vertragschließenden Seiten ihre Verbindungen zu Westberlin ausgehend davon unterhalten und entwickeln, daß es kein Bestandteil der BRD ist und auch weiterhin nicht von ihr regiert wird.«
Artikel 8 enthielt die Beistandsverpflichtung: *»Im Falle eines bewaffneten Überfalls irgendeines Staates oder irgendeiner Staatengruppe auf eine der hohen vertragschließenden Seiten wird die andere hohe vertragschließende Seite dies als einen Angriff auf sich selbst betrachten und ihr unverzüglich jeglichen Beistand, einschließlich militärischen, leisten und sie in Ausübung des Rechts auf individuelle oder kollektive Selbstverteidigung entsprechend Art. 51 der Charta der UN mit allen ihr zur Verfügung stehenden Mitteln unterstützen. Über die auf Grund dieses Artikels ergriffenen Maßnahmen werden die hohen vertragschließenden Seiten unverzüglich den Sicherheitsrat der UN unterrichten und im Einklang mit den Bestimmungen der Charta der UN handeln.«*
Trotz der im Freundschaftsvertrag zwischen DDR und Sowjetunion enthaltenen Absichtserklärungen über eine verstärkte Integration der DDR in das »sozialistische Lager« und der von der SED vorgetragenen Abgrenzungsideologie gegenüber der Bundesrepublik, entfalteten die deutsch-deutschen Beziehungen seit 1972 eine gewisse Eigendynamik, der sich die DDR-Führung um so weniger entziehen konnte, als sie an den wirtschaftlichen Sonderbeziehungen interessiert war. Außerdem ergaben sich aus dem Grundlagenvertrag und den Folgeabkommen der Zwang und die Notwendigkeit zu immer neuen Gesprächen, Verhandlungen und Konsultationen auf staatlicher Ebene. Schließlich verstärkten sich die zwischenmenschlichen Kontakte durch Besuchs- und Telefonverkehr zwischen Einwohnern der Bundesrepublik und Einwohnern der DDR ganz erheblich.
Eine Folgeerscheinung dieser verstärkten deutsch-deutschen Kontakte war das Problem der zwei Währungen in der DDR.[43]) Um dem Mangel an Devisen abzuhelfen, lockerte die DDR-Regierung mit dem Devisengesetz vom 19. Dezember 1973 das Verbot für DDR-Bürger, Devisen zu besitzen. Fortan konnten DDR-Bürger Devisengeschenke annehmen und dafür wie Westbesucher in den Intershop-Läden Importwaren und DDR-Lizenzproduktionen kaufen. Unabhängig von ihrer Arbeitsleistung und lediglich aufgrund des Zufalls, daß sie Verwandte oder Freunde

im Westen hatten, konnten zahlreiche DDR-Bürger so ihren Lebensstandard verbessern. Westgeld kursierte über die Intershops hinaus in der DDR als eine Art zweite Währung, für die man im Gegensatz zur ersten knappe Ersatzteile und Dienstleistungen erhalten konnte. Praktisch ausgeschlossen von diesem Kreislauf waren die mittleren und höheren Partei- und Staatsfunktionäre, da sie offiziell keine Westkontakte haben dürfen. Trotz der aus diesen Kreisen wiederholt geäußerten Mißstimmung und trotz der demoralisierenden Wirkung, die die Existenz einer zweiten »besseren« Währung auf die Bevölkerung haben muß, da sie die für die eigene Arbeitsleistung gezahlte erste Währung entwertet, hat die politische Führung der DDR bisher an ihrer Devisenpolitik festgehalten, weil der Bedarf an Devisen offenbar größer ist als die politischen Bedenken.

Das Bemühen um Abgrenzung, wie es sich in der Verfassungsänderung von 1974 und im Freundschaftsvertrag mit der Sowjetunion 1975 ausdrückte, ist auch im neuen Programm der SED zu erkennen, das im Januar 1976 der Öffentlichkeit vorgelegt wurde. Darüberhinaus war dieser Programmentwurf,[44]) an dem eine vom ZK beauftragte Kommission seit 1972 gearbeitet hatte, der Versuch, die ideologischen, gesellschafts- und außenpolitischen Veränderungen der letzten Jahre zu fixieren, programmatisch fortzuschreiben und den Führungsanspruch der Partei abzusichern.

In der Präambel heißt es über die SED: *»Sie sieht ihre Aufgabe darin, die entwickelte sozialistische Gesellschaft weiter zu gestalten. Ihr Ziel ist es, die kommunistische Gesellschaft zu errichten ... Sie ist die Erbin alles Progressiven in der Geschichte des deutschen Volkes.«* Und über die DDR: *»Mit der sozialistischen Umgestaltung begann sich in der DDR die sozialistische Nation herauszubilden ... Das Aufblühen der sozialistischen Nation ist verbunden mit ihrer Annäherung an die anderen Nationen der sozialistischen Staatengemeinschaft ... die unverbrüchliche Freundschaft und Zusammenarbeit mit der KPdSU und dem Sowjetvolk war, ist und bleibt Kraftquell und Grundlage für die Entwicklung der sozialistischen DDR«.*

Im Programmentwurf setzte sich die SED *»für die kommende Periode«* das Ziel, *»in der DDR weiterhin die entwickelte sozialistische Gesellschaft zu gestalten und so grundlegende Voraussetzungen für den allmählichen Übergang zum Kommunismus zu schaffen«.* Unter der Überschrift »Die Gestaltung der entwickelten sozialistischen Gesellschaft in der DDR« heißt es dann: *»In der DDR entwickelt sich die sozialistische deutsche Nation«*, die folgendermaßen definiert wird: *»Die sozialistische Nation ist eine von antagonistischen Widersprüchen freie, stabile Gemeinschaft freundschaftlich verbundener Klassen und Schichten, die von der Arbei-*

terklasse und ihrer marxistisch-leninistischen Partei geführt wird. Sie umfaßt das Staatsvolk auf dem Territorium der DDR. Sie wird gekennzeichnet durch einen souveränen sozialistischen Staat. Ihre ökonomische Grundlage ist die sich auf dem gesellschaftlichen Eigentum an den Produktionsmitteln entfaltende sozialistische Volkswirtschaft. Der Marxismus-Leninismus ist die herrschende Ideologie.«

Abschließend behauptet das Parteiprogramm: *»Es wächst ein sozialistisches Nationalbewußtsein, in dem sich sozialistischer Patriotismus und proletarischer Internationalismus organisch verbinden. Die sozialistische Nation in der DDR ist ein untrennbarer Bestandteil der Gemeinschaft sozialistischer Nationen«.*

In gewissem Widerspruch zu diesen Abgrenzungsbemühungen widmet das Parteiprogramm in seinem außenpolitischen Teil der Bundesrepublik Deutschland einen eigenen Abschnitt, wenn auch nur, um alle Tendenzen, Sonderbeziehungen zwischen den beiden deutschen Staaten einzurichten, abzuwehren: *»Die SED tritt dafür ein, daß die Beziehungen zwischen der sozialistischen DDR und der kapitalistischen BRD als Beziehungen zwischen souveränen Staaten unterschiedlicher Gesellschaftsordnung auf der Grundlage der Prinzipien der friedlichen Koexistenz und der Normen des Völkerrechts entwickelt werden. Angesichts des grundlegenden Gegensatzes der Gesellschaftsordnung der DDR und der BRD kann nur eine Politik der gegenseitigen Achtung der Souveränität eine weitere Normalisierung der Beziehungen und eine friedliche Koexistenz beider Staaten, eine sachliche, gleichberechtigte und gegenseitig vorteilhafte Zusammenarbeit im Interesse des Friedens fördern.«*

Auf dem IX. Parteitag der SED,[45]) der vom 18. bis 22. Mai 1976 im neu erbauten Palast der Republik in Ost-Berlin tagte, wurde der Programmentwurf ohne Änderung wesentlicher Teile angenommen. Im Bericht des ZK unterstrich Erich Honecker erneut die Vorbild- und Führungsrolle der Sowjetunion bei der Gestaltung der »entwickelten sozialistischen Gesellschaft« in der DDR und bei der Entwicklung der »sozialistischen Staatengemeinschaft«. Er wies die »Versuche reaktionärer Kräfte in der BRD« zurück, »die auf der ebenso überlebten wie aussichtslosen These eines ›Offenhaltens der deutschen Frage‹ beharrten«, und wiederholte die These von der »sozialistischen deutschen Nation«, die sich in der DDR entwickele. Im übrigen gab Honecker einen Bericht über die erfolgreiche Wirtschafts- und Sozialpolitik der vergangenen fünf Jahre und kündigte »die Fortsetzung des politischen Kurses der Hauptaufgabe – die Einheit von Wirtschafts- und Sozialpolitik« an. Das Nationaleinkommen und die industrielle Warenproduktion sollten erheblich gesteigert, die Arbeits- und Lebensbedingungen der Bevölkerung weiter verbessert werden. Auf die Fortführung des Wohnungsbaus und die Entwicklung der Konsum-

güterproduktion und des Handels legte Honecker besonderen Nachdruck.
In Zusammenhang mit diesen Erklärungen und der vom Parteitag angenommenen Direktive zum neuen Fünfjahrplan stand der bereits erwähnte »Gemeinsame Beschluß« des ZK der SED, des Bundesvorstands des FDGB und des Ministerrats der DDR »über die weitere planmäßige Verbesserung der Arbeits- und Lebensbedingungen der Werktätigen« vom 27. Mai 1976, der eine Reihe von sozialpolitischen Verbesserungen wie Lohnerhöhungen, Rentensteigerung, Mutterschutz und Arbeitszeitverkürzung für Schichtarbeiter und berufstätige Mütter brachte, nicht aber die von vielen erwartete allgemeine Verkürzung der wöchentlichen Arbeitszeit von 43¾ auf 40 Stunden für alle Beschäftigten.
Welchen Einfluß die wirtschaftlichen und sozialen Verbesserungen seit 1971 verbunden mit den größeren Kontaktmöglichkeiten zum Westen auf die Haltung der DDR-Bevölkerung zu ihrem Staat und der neuen Führung unter Honecker gehabt haben, ist schwer zu beurteilen, da empirische Untersuchungen darüber fehlen. Westliche Beobachter haben den Eindruck gewonnen, daß die früher weit verbreitete Fixierung auf die Bundesrepublik abgenommen hat. Ein wichtiger Grund für diese veränderte Haltung ist sicher die Tatsache, daß viele DDR-Bürger angesichts der Meldungen des westdeutschen Fernsehens, das in weiten Teilen der DDR empfangen werden kann, über Arbeitslosigkeit, Preissteigerungen, Terroranschläge, Lehrstellenmangel, Rauschgiftsucht und andere negative Erscheinungen der bundesdeutschen Wirklichkeit die soziale Sicherheit, die materiellen Verbesserungen sowie Ruhe und Ordnung als Verdienste des eigenen Systems anerkennen und hoch schätzen.
Zu berücksichtigen ist dabei, daß am 31. Dezember 1976 mehr als die Hälfte aller DDR-Bürger (57,1%) unter 40 Jahre alt war.[46]) Diese Menschen sind unter den gesellschaftlichen und politischen Bedingungen der DDR aufgewachsen und beziehen ihre Wertmaßstäbe und Zielvorstellungen weitgehend aus diesen Erfahrungen.
Neben der Tendenz, das eigene System des »real existierenden Sozialismus« zu akzeptieren und sich darin einzurichten, gibt es weiterhin oppositionelle Strömungen, die sich nach Unterzeichnung der Schlußakte von Helsinki durch die DDR-Regierung auch verstärkt in der Öffentlichkeit – allerdings meist in der westdeutschen – artikulieren. Dabei ist zu unterscheiden zwischen Einwohnern der DDR, die das System generell ablehnen und daher Ausreise- oder Ausbürgerungsanträge stellten – nach Helsinki sollen rund 100 000 solcher Anträge gestellt worden sein[47]) – und solchen, die der DDR in kritischer Solidarität verbunden sind, die aber den »real existierenden Sozialismus« in Richtung auf einen »besseren« Sozialismus reformieren wollen.

Hier scheint es sich vornehmlich um jüngere Intellektuelle zu handeln, um informelle Gruppen und Freundeskreise, die die »Klassiker« des Sozialismus anders interpretieren als die SED, vom »Prager Frühling« beeinflußt wurden oder die Diskussionen innerhalb der kommunistischen Parteien Westeuropas verfolgen. Sie fordern eine Öffnung der Partei für die Diskussion abweichender Meinungen, die Zulassung von Oppositionsparteien und regierungsunabhängigen Zeitungen, eine wirkliche Beteiligung der Arbeiter an der Wirtschaftsplanung und -lenkung, die Möglichkeit zu unbegrenzten Kontakten mit der Außenwelt und andere bürgerliche Freiheiten.
Zwei besonders bekannte Exponenten dieser Opposition, die das System nicht abschaffen, sondern weiter entwickeln will, sind der Physiker Robert Havemann und der Liedermacher Rolf Biermann. Die langjährige Isolierung beider und die Ende 1976 erfolgte Ausbürgerung Biermanns machen deutlich, daß die politische Führung der DDR nach wie vor nicht bereit ist, solche loyal gemeinte Kritik zuzulassen. Wieweit eine Öffnung für Reformvorschläge etwa in Richtung auf den Eurokommunismus der kommunistischen Parteien Westeuropas in der DDR möglich ist, hängt letztlich auch nicht von der DDR-Führung allein ab, sondern von der Haltung der UdSSR. Deren Führung scheint aber noch der Meinung zu sein, daß die Position der kommunistischen Parteien Osteuropas durch die Zulassung von mehr Diskussion nicht gestärkt, sondern geschwächt wird.

Anmerkungen

I. Der Weg in die sozialliberale Koalition

1. Zur Entwicklung der Bundesrepublik vor 1969 s. u. a. Ernst Deuerlein, Deutschland 1963 – 1970, Hannover 1972; Hans Karl Rupp, Politische Geschichte der Bundesrepublik Deutschland, Stuttgart 1978; R. Löwenthal, H.-P. Schwarz (Hg.), Die zweite Republik, Stuttgart 1974.
2. Rupp, S. 162.
3. Deuerlein, S. 115.
4. Ebda., S. 201.
5. AdG 1969, S. 15 004 – 005.

II. Die Ostpolitik der Bundesrepublik Deutschland 1969 – 1972

1. Manfred Görtemaker, Die unheilige Allianz, München 1979, S. 62 – 64.
2. Richard Löwenthal, Vom kalten Krieg zur Ostpolitik, in: Löwenthal/ Schwarz, S. 667.
3. Deuerlein, S. 71 – 75.
4. Löwenthal, in: Löwenthal/Schwarz, S. 671.
5. Görtemaker, S. 59.
6. Ebda.
7. Ebda., S. 52 – 53.
8. Löwenthal, in: Löwenthal/Schwarz, S. 673.
9. Ebda., S. 678.
10. Görtemaker, S. 55.
11. Rupp, S. 187 f.
12. Wortlaut in: Die Entwicklung der Beziehungen zwischen der Bundesrepublik Deutschland und der Deutschen Demokratischen Republik 1969 – 1976, Bonn 1977, S. 111 f.; s. a. Benno Zünsdorf, Die Ostverträge, München 1979, S. 33 – 49.
13. Entwicklung der Beziehungen, S. 77 – 88 u. S. 90 – 108; Deuerlein, S. 124 – 131.

14. Ostverträge I: Deutsch-sowjetische Verträge, zusgest. v. I. v. Münch, Berlin 1971, S. 141; Entwicklung der Beziehungen, S. 110 f.
15. Wortlaut in: Ostverträge I, S. 138 – 141; Entwicklung der Beziehungen, S. 110; Deuerlein, S. 132 - 133; s. a. Zündorf, S. 51 - 61.
16. Wortlaut in: Ostverträge II: Deutsch-polnische Verträge, zusgest. v. I. v. Münch, Berlin 1971, S. 103 – 105; Deuerlein, S. 134 – 135; s. a. Zündorf, S. 62 – 91.
17. Ostverträge II, S. 106 f.
18. Entwicklung der Beziehungen, S. 77 – 88; Deuerlein, S. 124 – 128.
19. Entwicklung der Beziehungen, S. 90 – 108; Deuerlein, S. 128 – 131.
20. Wortlaut in: Entwicklung der Beziehungen, S. 112 – 116; s. a. Zündorf, S. 117 – 175.
21. Wortlaut in: Entwicklung der Beziehungen, S. 123 – 128; s. a. Zündorf, S. 189 – 197.
22. Wortlaut in: Entwicklung der Beziehungen, S. 129 – 134; s. a. Zündorf, S. 197 – 199.
23. Wortlaut in: Entwicklung der Beziehungen, S. 117 – 118.
24. „Die Zeit" vom 4. 2. 1972.
25. Entwicklung der Beziehungen, S. 135 ff.
26. Dazu: Christian Hacke, Die ost- und deutschlandpolitische Konzeption der parlamentarischen Opposition des 6. Deutschen Bundestages im Spannungsfeld zwischen Adaption und Alternative, in: E. Jahn, V. Rittberger (Hg.), Die Ostpolitik der BRD, Opladen 1977, S. 29 – 52.
27. Görtemaker, S. 76.
28. Ebda., S. 76 – 95.
29. Wortlaut in: Entwicklung der Beziehungen, S. 137 – 142; s. a. Zündorf, S. 202 – 210.
30. Entwicklung der Beziehungen, S. 159 – 165; s. a. Zündorf, S. 211 – 310.
31. Zündorf, S. 214.
32. Wortlaut in: Entwicklung der Beziehungen, S. 185 – 196; s. a. Zündorf, S. 310 – 319.
33. Theo Sommer, Offensive Entspannung, in: F. Grube, G. Richter (Hg.), Der SPD-Staat, München 1977, S. 309.

III. Konstruktives Mißtrauensvotum und Neuwahlen April – November 1972

1. Zu den Landtagswahlergebnissen s. Tabellen im Anhang.
2. Wilhelm Hennis, Die Rolle des Parlaments und die Parteiendemokratie, in: Löwenthal/Schwarz, S. 233.

3. Winfried Steffani, Mehr Demokratie für die Opposition, in: Grube/Richter, S. 288.
4. S. Anhang u. Rupp, S. 164.

IV. Wirtschaftliche Entwicklung und Wirtschaftspolitik

1. 15. Gesetz zur Änderung des Grundgesetzes und Gesetz zur Förderung der Stabilität und des Wachstums der Wirtschaft vom 8. 6. 1967, BGBl. 1967 I., S. 581 – 589; Vgl. Norbert Kloten, Rainer Vollmer, Stabilität und Wachstum in der Wirtschaftspolitik, in: Löwenthal/Schwarz, S. 704 f.
2. Gesetz über die Grundsätze des Haushaltsrechts des Bundes und der Länder (Haushaltsgrundsätzegesetz – HGrG), BGBl. 1969 I, S. 1273 – 1283.
3. Rupp, S. 180.
4. Jahresgutachten 1976/77 des Sachverständigenrats zur Begutachtung der gesamtwirtschaftlichen Entwicklung (Bundestagsdrucksache 7/5902), S. 243.
5. H. W. Schmollinger, Peter Müller, Zwischenbilanz, Hannover 1980, S. 107; s. a. Statistisches Bundesamt Wiesbaden: Lange Reihen zur Wirtschaftsentwicklung 1976, S. 22 f. u. Nobuyoshi Namiki, Die wirtschaftliche Perspektive Japans und der Bundesrepublik in der Ölkrise, in: A. Baring, M. Sase (Hg), Zwei zaghafte Riesen? Zürich 1977, S. 482 f.
6. Schmollinger/Müller, S. 105 aus dem Jahresgutachten des Sachverständigenrates.
7. Bundesministerium für Wirtschaft: Leistung in Zahlen 1975, Bonn 1976, S. 88.
8. Kloten/Vollmer, in: Löwenthal/Schwarz, S. 708.
9. AdG 1972, S. 17 131.
10. AdG 1973, S. 17 684 – 685.
11. AdG 1973, S. 17 875 – 876.
12. Tätigkeitsbericht des Bundeskartellamts 1972 (Bundestagsdrucksache 7/986), S. 4, zitiert nach: Peter Czada, Inflation + Stagnation = Stagflation, in: SoWi 4, 1975, S. 105.
13. Jahresgutachten des Sachverständigenrats 1972/73, zitiert nach: Kloten/Vollmer, in: Löwenthal/Schwarz, S. 719.
14. Horst Heinz, Gewerkschaften auf neuem Kurs: Innovationspolitik contra Rationalisierung, in: Frankfurter Hefte 33, 1978, S. 66 f.
15. Namiki, in: Baring/Sase, S. 489.
16. Czada (Anm. 12), S. 105.
17. Deuerlein, S. 112 f.
18. AdG 1971, S. 16 774.
19. AdG 1973, S. 17 665.

20. AdG 1973, S. 17 736.
21. Statistisches Jahrbuch 1979 für die Bundesrepublik Deutschland, Stuttgart/Mainz 1979, S. 240.
22. Werner Glastetter, Die wirtschaftliche Entwicklung der Bundesrepublik Deutschland im Zeitraum 1950 bis 1975, Berlin 1977, S. 4 Anm. 1.
23. AdG 1972, S. 16 976.
24. AdG 1973, S. 18 316 – 319.
25. AdG 1975, S. 19 261.
26. Statistisches Bundesamt Wiesbaden: Lange Reihen zur Wirtschaftsentwicklung 1976, S. 143.
27. Statistisches Jahrbuch 1979 für die Bundesrepublik Deutschland, S. 106.
28. Namiki, in: Baring/Sase, S. 490.
29. Ebda., S. 482 f. u. Eberhard Schmidt, Gewerkschaften als Garant des sozialen Friedens, in: Grube/Richter, S. 86.
30. AdG 1974, S. 18 666.
31. Ebda.
32. Munzinger-Archiv, Lieferung 14/77 vom 2. 4. 1977.
33. Schmollinger/Müller, S. 107.
34. AdG 1974, S. 19 144 – 145.
35. Klaus Höpfner, Jugendarbeitslosigkeit, in: SoWi 7, 1978, S. 157.
36. Namiki, in: Baring/Sase, S. 489.
37. Höpfner (Anm. 35), S. 157, 161.
38. AdG 1975, S. 19 662 – 663.
39. AdG 1975, S. 19 708 – 709.
40. Jörg Huffschmidt, Der Primat des Kapitals, in: Grube/Richter, S. 71.
41. AdG 1976, S. 20 025.
42. AdG 1976, S. 19 995 u. 20 513.

V. Die „Politik der inneren Reformen"

1. Gesetz zur Fortzahlung des Arbeitsentgelts im Krankheitsfalle (Lohnfortzahlungsgesetz) vom 27. 7. 1969, BGBl. 1969 I, S. 946 – 950; s. a. Albert Holler, Die Entwicklung der sozialen Krankenversicherung in den Jahren 1945 bis 1975, in: Sozialpolitik nach 1945, hg. v. R. Bartholomäi u. a., Bonn 1977, S. 310.
2. Rentenreformgesetz (RRG) vom 16. 10. 1972, BGBl. 1972 I, S. 1965 – 1997; vgl. Dieter Schewe, Von der ersten zur zweiten Rentenreform 1965 – 1976, in: Sozialpolitik nach 1945, S. 187 f. u. Manfred G. Schmidt, Die „Politik der inneren Reformen" in der Bundesrepublik Deutschland 1969 – 1976, in: SoWi 7, 1978, S. 9.

3. Gesetz zu Weiterentwicklung des Rechts der gesetzlichen Krankenversicherung (2. Krankenversicherungsänderungsgesetz – 2. KVÄG) vom 21. 12. 1970, BGBl. 1970 I, S. 1770 – 1773; Gesetz zur Verbesserung von Leistungen in der gesetzlichen Krankenversicherung (Leistungsverbesserungsgesetz – KLVG) vom 19. 12. 1973, BGBl. 1973 I, S. 1925 – 1927; s. a. Holler (Anm. 1), S. 310 – 314.
4. „Die Zeit" vom 6. 6. 1980.
5. Ebda. aufgrund der Sozialberichte der Bundesregierung.
6. Eckart Reidegeld, Staatliche Sozialpolitik in den ersten Nachkriegsjahren und in der Bundesrepublik, in: Beiträge zu einer Geschichte der Bundesrepublik Deutschland, Köln 1979, S. 145.
7. Holler, in: Sozialpolitik nach 1945, S. 314.
8. AdG 1976, S. 20 670.
9. M. G. Schmidt (Anm. 2), S. 11.
10. Karl Fitting, Die Entwicklung der Mitbestimmung, in: Sozialpolitik nach 1945, S. 370 – 383.
11. Ebda., S. 385 u. Otto Kunze, Zur Entstehung des Mitbestimmungsberichts, in: Sozialpolitik nach 1945, S. 361 – 370.
12. Betriebsverfassungsgesetz vom 15. 1. 1972, BGBl.1972 I, S. 13 – 43.
13. Walter Dittrich, Reformen der politischen Beteiligung im Industriebereich, in: SoWi 7, 1978, S. 16.
14. Ebda., S. 17 u. Fitting (Anm. 9), S. 387.
15. Dittrich (Anm. 12), S. 17.
16. Gesetz über die Mitbestimmung der Arbeitnehmer (Mitbestimmungsgesetz – MitbestG) vom 4. 5. 1976, BGBl. 1976 I, S. 1153 – 1165; s. a. Fitting, S. 387 – 389, Dittrich, S. 17 – 19.
17. Dittrich, S. 18.
18. AdG 1979, S. 22 453 – 455.
19. BGBl. 1969 I, S. 645 – 682.
20. Einführungsgesetz zum Strafgesetzbuch (EStGB) vom 2. 3. 1974, BGBl. 1974 I, S. 469 – 650.

20a. AdG 1974, S. 18 728 u. 18 796; Renate Wiggershaus, Geschichte der Frauen und der Frauenbewegung in der Bundesrepublik Deutschland und in der Deutschen Demokratischen Republik nach 1945, Wuppertal 1979, S. 40 – 49.

21. Fünftes Gesetz zur Reform des Strafrechts (5. StrRG) vom 18. 6. 1974, BGBl. 1974 I, S. 1297 – 1300; s. a. Wiggershaus, S. 43.
22. Entscheidungen des Bundesverfassungsgerichts, Bd. 37, 1975, S. 324 – 328; BGBl. 1974 I, S. 1309.
23. Entscheidungen des Bundesverfassungsgerichts, Bd. 39, 1975, S. 1 – 68, Abweichende Meinung: S. 68 – 95; s. a. Wiggershaus, S. 44.
24. AdG 1978, S. 21 511 f.
25. AdG 1978, S. 21 512.

26. 15. Strafrechtsänderungsgesetz vom 18. 5. 1976, BGBl. 1976 I, S. 1213 – 1215; s. a. Wiggershaus, S. 45.
27. AdG 1970, S. 15 556.
28. BGBl. 1974 I, S. 1713.
29. „Frankfurter Rundschau" vom 8. 11. 1973 und FAZ vom 15. 12. 1973.
30. Verhandlungen des Deutschen Bundestages. Stenographische Berichte, Bd. 83, 1973, S. 2226.
31. BGBl. 1976 I, S. 1421 – 1463; s. a. Wiggershaus, S. 30 – 34.
32. Ulrich Lohmar, Reformen als Verheißung und Wirklichkeit, in: Grube/Richter, S. 142.
33. Zur Bildungspolitik s. Willy Strzelewicz, Ferdinand Wiebecke, Bildungspolitik, in: Löwenthal/Schwarz, S. 865 – 904; Peter Reichel, Bildungspolitik, in: K. Sontheimer, H. H. Röhring (Hg.), Handbuch des politischen Systems der Bundesrepublik Deutschland, München 1977, S. 60 – 69; Jahrbuch der Schulentwicklung, hg. v. H. G. Rolff u. a., Bd. 1.
Weinheim 1980.
34. Strzelewicz/Wiebecke, in: Löwenthal/Schwarz, S. 899.
35. Reimut Jochimsen, Peter Treuner, Staatliche Planung in der Bundesrepublik Deutschland, in: Löwenthal/Schwarz, S. 848.
36. Reichel, in: Sontheimer/Röhring, S. 64.
37. Ebda, S. 65.
38. Strzelewicz/Wiebecke, in: Löwenthal/Schwarz, S. 900.
39. Reichel, in: Sontheimer/Röhring, S. 63; Zahlenspiegel. Bundesrepublik Deutschland – Deutsche Demokratische Republik – Ein Vergleich, Bonn 1978, S. 72.
40. Reichel, in: Sontheimer/Röhring, S. 66.
41. Ebda.
42. Strzelewicz/Wiebecke, in: Löwenthal/Schwarz, S. 874.
43. Zahlenspiegel, S. 65; Reichel, in: Sontheimer/Röhring, S. 65.
44. Strzelewicz/Wiebecke, in: Löwenthal/Schwarz, S. 880.
45. „Der Spiegel" Nr. 17, 1980, S. 69.
46. Strzelewicz/Wiebecke, in: Löwenthal/Schwarz, S. 881.
47. S. oben.
48. Gesamtschulinformationen, hg. v. Pädagogischen Zentrum Berlin, 1976, H. 2, S. 3 – 20.
49. Angela Brauer, Zu den Bedingungen von Reformpolitik am Beispiel Berufsbildungsreform, in: Ch. Fenner, U. Heyder, J. Strasser (Hg.), Unfähig zur Reform? Frankfurt 1978, S. 147 – 194.
50. „Die Zeit" vom 28. 3. 1980.
51. Dazu: G. Köhler, E. Reuter (Hg.), Was sollen Schüler lernen? Die Kontroverse um die hessischen Rahmenrichtlinien für die Unterrichtsfächer Deutsch und Gesellschaftslehre, Frankfurt 1973; G. Köhler (Hg.), Wem soll

die Schule nützen? Rahmenrichtlinien und neue Lehrpläne: Soziales Lernen in Konflikt, Frankfurt 1974.
52. Ralf Dahrendorf, Gesellschaft und Freiheit, München 1965, S. 130.
53. Köhler/Reuter, S. 16.
54. Ebda., S. 17.
55. Ebda., S. 51.
56. Ebda., S. 52 – 55.
57. Ebda., S. 38.
58. Köhler, S. 88 – 94.
59. S. die Tabelle im Anhang.
60. Zahlenspiegel, S. 71.
61. Strzelewicz/Wiebecke, in: Löwenthal/Schwarz, S. 891.
62. Hochschulrahmengesetz vom 26. 1. 1976, BGBl. 1976 I, S. 185 – 206.
63. Entscheidungen des Bundesverfassungsgerichts, Bd. 35, 1974, S. 79 – 148, Abweichende Meinung: S. 148 – 170.
64. Dazu: Manfred G. Schmidt, Die „Politik der inneren Reformen" in der Bundesrepublik Deutschland seit 1969, in: Fenner/Heyder/Strasser, S. 30 – 81.

VI. Innenpolitische Veränderungen 1972 – 1976

1. AdG 1970, S. 15 903.
2. AdG 1972, S. 16 858.
3. Wortlaut in: E. Denninger (Hg.), Freiheitliche demokratische Grundordnung. Materialien zum Staatsverständnis und zur Verfassungswirklichkeit in der Bundesrepublik, 2. Bd. Frankfurt 1977, S. 518 f.; s. a. Klaus Warnecke, Radikalenerlaß, in: Sontheimer/Röhring, S. 514 – 516.
4. AdG 1976, S. 20 138.
5. AdG 1975, S. 20 059 u. Warnecke, in: Sontheimer/Röhring, S. 514 f.
6. Entscheidungen des Bundesverfassungsgerichts, Bd. 39, S. 334 – 375.
7. Warnecke, in: Sontheimer/Röhring, S. 515.
8. Ebda. u. AdG 1976, S. 20 059.
9. Dazu: H.-D. Schwind (Hg.), Ursachen des Terrorismus in der Bundesrepublik Deutschland, Berlin 1978.
10. Irving Fetscher, Ausweg aus der Verzweiflung – Über die gesellschaftlich-politischen Ursachen des Terrorismus, in: Das Parlament 3/1978, S. 8.
11. Schwind, S. 34.
12. 31. Gesetz zur Änderung des Grundgesetzes, BGBl. 1972 I, S. 1305.
13. BGBl. 1974 I, S. 3686 – 3692.
14. BGBl. 1976 I. S. 1056 – 1057.

15. BGBl. 1976 I. S. 2181 – 2185.
16. Rupp, S. 176.
16a. Dazu: Detlev Murphy, Frauke Rubart,Ferdinand Müller, Joachim Raschke, Protest. Grüne, Bunte und Steuerrebellen. Ursachen und Perspektiven, Reinbek 1979; Schmollinger/Müller, S. 53 – 93.
17. AdG 1972, S. 17 134.
18. AdG 1973, S. 17 960.
19. AdG 1973, S. 17 812.
20. S. oben, S. 109 f.
21. Tabelle nach AdG 1974, S. 19 020.
22. AdG 1974, S. 19 020.
23. Rupp, S. 166.
24. Schmollinger/Müller, S. 47.
25. S. Tabellen im Anhang.
26. AdG 1976, S. 20 004.
27. AdG 1975, S. 19 834.
28. AdG 1976, S. 20 135.
29. S. Tabelle im Anhang.

VII. Außenpolitik 1972 bis 1976

1. Wortlaut: BGBl. 1974 II, S. 989 – 997; s. a. Zündorf, S. 96 – 111.
2. Zündorf, S. 106.
3. Ebda., S. 96.
4. Ebda., S. 97.
5. Raimund Pfundtner, Spätaussiedler, Hannover 1979, S. 86.
6. Zündorf, S. 78.
7. Bulletin 1975, S. 929; Zündorf, S. 80.
8. Wortlaut in: Bundesrepublik Deutschland – Volksrepublik Polen, hg. v. H.-A. Jacobsen u. a., Frankfurt/Main 1979, S. 450 – 461.
9. Ebda., S. 460.
10. Ebda.
10a. Bulletin 1976, S. 197 – 204.
11. Pfundtner, S. 86.
12. Empfehlungen für Schulbücher der Geschichte und Geographie in der Bundesrepublik Deutschland und in der Volksrepublik Polen, Pkt. 22, in: Deutschland und Polen (Arbeitshefte zur Politik in Hamburg, 4), Hamburg 1978, S. 33.
13. Bundesrepublik Deutschland – Volksrepublik Polen, S. 487.
14. »Frankfurter Rundschau« vom 28. 4. 1980.

15. Dieter Boris, Geschichte und Struktur der Außenwirtschaftsbeziehungen der Bundesrepublik, in: Beiträge zu einer Geschichte der Bundesrepublik Deutschland, S. 171.
16. Michael Kreile, Ostpolitik und ökonomische Interessen, in: Jahn/Rittberger, S. 83 – 85.
17. Görtemaker, S. 137.
18. Ebda., S. 146 f.
19. »Frankfurter Rundschau« vom 28. 4. 1980.
19a. Görtemaker, S. 141 – 145; Claudia v. Braunmühl, Ist die »Ostpolitik« Ostpolitik? in: Jahn/Rittberger, S. 22.
20. Entwicklung der Beziehungen, S. 44 – 46.
21. Ebda., S. 47.
22. Ebda., S. 216 – 222.
23. Ebda., S. 222.
24. Ebda., S. 19 – 20 u. 208 – 209.
25. Ebda., S. 201.
26. Ebda., S. 36, Zahlenspiegel, S. 97.
26a. Entwicklung der Beziehungen, S. 230.
27. Zahlenspiegel, S. 97.
28. Entwicklung der Beziehungen, S. 34.
29. Ebda., S. 36.
30. Zahlenspiegel, S. 101.
31. Ebda.
32. Ebda., S. 100.
33. Ebda.
34. Texte zur Deutschlandpolitik, Reihe II, Bd. 3, S. 499 – 505; Entwicklung der Beziehungen, S. 238 – 240.
35. Texte zur Deutschlandpolitik, Reihe II, Bd. 3, S. 506 – 511; Entwicklung der Beziehungen, S. 240 – 242.
36. Entwicklung der Beziehungen, S. 20 f.
37. Ebda., S. 21 u. 234.
37a. Zahlenspiegel, S. 102; vgl. a. Karl C. Thalheim, Die wirtschaftliche Entwicklung der beiden Staaten in Deutschland, Berlin 1978, S. 104.
38. Entwicklung der Beziehungen, S. 251.
39. Ebda., S. 171 – 173; Zündorf, S. 298.
40. AdG 1976, S. 20 179 u. Entwicklung der Beziehungen, S. 242 f.
41. AdG 1977, S. 20 699 u. Entwicklung der Beziehungen, S. 255.
42. Hartmut Zimmermann, Die DDR in den 70er Jahren, in: G. Erbe u. a., Politik, Wirtschaft und Gesellschaft in der DDR, 2. Aufl. Opladen 1980, S. 76 – 81.
43. S. oben, S. 21.
44. Görtemaker, S. 112.

45. Europa-Archiv 30, 1975, S. D 439 ff.
46. Theo Sommer, Offensive Entspannung, in: Grube/Richter, S. 314.
47. Görtemaker, S. 163.
48. Ebda., S. 120.
49. Europa-Archiv 28, 1973, S. D 514.
50. Görtemaker, S. 123.
51. Ebda., S. 124.
52. Ebda., S. 125.
53. Abschlußkommuniqué in: Europa-Archiv 25, 1970, S. D 42 – 44; s. a. Deuerlein, S. 121 – 123.
54. Europa-Archiv 25, 1970, S. D 36 u. 44.
55. Europa-Archiv 27, 1972, S. D 123 – 125.
56. AdG 1972, S. 17 369.
57. Europa-Archiv 25, 1970, S. D 519 – 524; s. a. Rudolf Hrbek, Pläne zum Ausbau der Gemeinschaft, in: SoWi 7, 1978, S. 74.
58. Europa-Archiv 25, 1970, S. D 522; s. a. Walter Lipgens, Europäische Integration, in: Löwenthal/Schwarz, S. 545.
59. Ebda.
60. Hrbek (Anm. 57), S. 74.
61. Ebda., S. 74 f.
62. Hans-Jürgen Axt, Bundesdeutsche Außenpolitik zwischen transatlantischer und westeuropäischer Orientierung, in: Beiträge zu einer Geschichte der Bundesrepublik Deutschland, S. 301 f.
63. Europa-Archiv 25, 1970, S. D 530 – 546.
64. Hrbek, S. 74.
65. Europa-Archiv 27, 1972, S. D 502 – 508.
65a. Europa-Archiv 31, 1976, S. D 53 – 84.
66. Axt, S. 300.
67. Europa-Archiv 31, 1976, S. D 518 – 523; Dirk Gerdes, Direktwahlen zum Europäischen Parlament, in: SoWi 7, 1978, S. 76 – 82.
68. Ebda., S. 81.
69. Martin Bangemann u. R. Bieber, Die Direktwahlen – Sackgasse oder Chance für Europa? Baden-Baden 1976, S. 107.
70. Ebda., S. 114.
71. Franz Nuscheler, Partnerschaft oder Ausbeutung?, in: Grube/Richter, S. 324.
72. Ebda., S. 332.
73. Ebda., S. 330 f.
74. Ebda., S. 334.
75. Ebda.
76. Ebda., S. 339.
77. AdG 1969, S. 14 820 f.

78. AdG 1969, S. 14 932.
79. AdG 1975, S. 19 297 – 298; Rainer Tetzlaff, Das Abkommen von Lomé: ein Durchbruch in der europäisch-afrikanischen Zusammenarbeit?, in: H. Bley, R. Tetzlaff (Hg.), Afrika und Bonn, Reinbek 1978, S. 254 – 290.
80. AdG 1976, S. 20 003.
81. AdG 1976, S. 20 200 – 208 u. 20 283 – 285; Rainer Tetzlaff, Grundzüge und Hintergründe Bonner Afrika-Politik, in: Bley/Tetzlaff, S. 47 f.

VIII. Die Deutsche Demokratische Republik vom VIII. zum IX. Parteitag der SED 1971 – 1976

1. Zur Entwicklung der DDR bis 1970 s. Hermann Weber, DDR – Grundriß der Geschichte 1945 – 1976, Hannover 1976; Herbert Lilge, Deutschland 1945 – 1963, 7. Aufl. Hannover 1977; Deuerlein.
2. Hartmut Zimmermann, Die DDR in den 70er Jahren, in: Günter Erbe u. a., Politik, Wirtschaft und Gesellschaft in der DDR, Opladen 1979 (= Erbe 1), S. 24.
3. Ebda., S. 39.
4. Ebda., S. 36.
5. Weber, S. 138; s. a. Heinz Lippmann, Honecker. Porträt eines Nachfolgers, Köln 1971; Autobiographie: Erich Honecker, Aus meinem Leben, Frankfurt/Main etc. 1980.
6. Gero Neubauer, Der Staatsapparat, in: Erbe 1, S. 95.
7. Zimmermann, in: Erbe 1, S. 38.
8. Ebda.
9. AdG 1971, S. 16 346 – 354; Protokoll der Verhandlungen des VIII. Parteitags der SED, Berlin 1971.
10. Zimmermann, in: Erbe 1, S. 79, Anm. 29.
11. Jürgen Straßburger, Das Wirtschaftssystem, in: Erbe 1, S. 235; Eberhard Schneider, Die DDR. Geschichte, Politik, Wirtschaft, Gesellschaft, Stuttgart 1977, S. 133.
12. Ebda.
13. Weber, S. 115.
14. Schneider, S. 70.
15. AdG 1971, S. 16 351 u. AdG 1976, S. 20 272.
16. Zahlenspiegel, S. 48. Preisbasis 1967.
17. Ebda.

17a. Karl C. Thalheim, Die wirtschaftliche Entwicklung der beiden Staaten in Deutschland, Berlin 1978, S. 87.

18. Zimmermann, in: Erbe 1, S. 54; Schneider, S. 72 f.; Thalheim, S. 88.

19. Weber, S. 115; Thalheim, S. 130.
20. Schneider, S. 69 f.
21. Zimmermann, in: Erbe 1, S. 80, Anm. 34.
22. Schneider, S. 73 f.
23. Zimmermann, in: Erbe 1, S. 48.
24. Ebda., S. 49; vgl. Thalheim, S. 97.
25. Zimmermann, in: Erbe u. a., Politik, Wirtschaft und Gesellschaft in der DDR, 2. Aufl. Opladen 1980 (= Erbe 2), S. 50; Schneider, S. 73.
26. Zimmermann, in: Erbe 1, S. 50.
27. Ebda., S. 49; Schneider, S. 75.
28. Zimmermann, in: Erbe 1, S. 52.
29. Ebda., S. 80, Anm. 38.
30. Ebda., S. 54; Weber, S. 113.
31. AdG 1976, S. 20 277.
32. Zimmermann, in: Erbe 2, S. 56.
33. Ebda., S. 57.
34. Ebda.
35. Ebda., S. 58 – 59; Thalheimer, S. 119 – 121.
36. Ebda., S. 58.
37. Ebda., S. 60.
38. Ebda., S. 61.
39. Ebda., S. 59.
40. AdG 1974, S. 18 975 – 978.
41. Zimmermann, in: Erbe 1, S. 68.
42. AdG 1975, S. 19 762 – 764.
43. Zimmermann, in: Erbe 1, S. 71 – 73.
44. AdG 1976, S. 19 947.
45. AdG 1976, S. 20 267 – 277; Protokoll der Verhandlungen des IX. Parteitages der SED in Berlin vom 18. bis 22. Mai 1976, 2 Bde. Berlin 1976; s. a. Weber, S. 106 f.
46. Zimmermann, in: Erbe 1, S. 70 f.
47. Weber, S. 111.

Ausgewählte Literatur

Dokumente und Texte

Archiv der Gegenwart, hg. v.H. v. Siegler, Jg. 39 – 46, 1969 – 1976. (AdG).

Die Auswärtige Politik der Bundesrepublik Deutschland, hg. vom Auswärtigen Amt, Bonn 1972

Bericht der Bundesregierung und Materialien zur Lage der Nation 1971 u. 1972, hg. v. Bundesministerium für innerdeutsche Beziehungen, Berlin 1971 und 1972.

Brandt, Willy, Begegnungen und Einsichten. Die Jahre 1960 – 1975, Hamburg 1976.

Bulletin des Presse- und Informationsamts der Bundesregierung, Bonn 1969 bis 1976.

Deutschland-Archiv. Zeitschrift für Fragen der DDR und der Deutschlandpolitik, Köln. Jg. 1 – 9, 1968 – 1976.

Ehlers, Rolf (Hg.), Verträge Bundesrepublik Deutschland – DDR, Berlin 1973.

Die Entwicklung der Beziehungen zwischen der Bundesrepublik Deutschland und der Deutschen Demokratischen Republik 1969 – 1976. Bericht und Dokumentation, hg. v. Bundesministerium für innerdeutsche Beziehungen, Bonn 1977.

Europa-Archiv. Zeitschrift für Auswärtige Politik. Dokumente, Jg. 24 – 31, 1969 – 1976.

Materialien zum Bericht zur Lage der Nation 1974, hg. v. Bundesministerium für innerdeutsche Beziehungen, Berlin 1974.

Ostverträge 1: Deutsch-sowjetische Verträge. Zusammengest. v. Ingo v. Münch, Berlin 1971.

Ostverträge 2: Deutsch-polnische Verträge. Zusammengest. v. Ingo v. Münch, Berlin 1971.

Ostverträge 3: Deutsch-tschechoslowakische Verträge. Zusammengest. v. Ingo v. Münch, Berlin 1973.

Protokoll der Verhandlungen des IX. Parteitages der SED in Berlin, 18. bis 22. Mai 1976, 2 Bde. Berlin (DDR) 1976.

Statistisches Jahrbuch der Bundesrepublik Deutschland, hg. v. Statistischen Bundesamt Wiesbaden, 1969 – 1976, Stuttgart u. Mainz 1969 – 1976.

Statistisches Jahrbuch der deutschen Demokratischen Republik, hg. v. der staatlichen Zentralverwaltung für Statistik, Jg. 17 – 21, Berlin (DDR) 1972 – 1976.

Statistisches Taschenbuch 1977. Arbeits- und Sozialstatistik, hg. v. Bundesministerium für Arbeit und Sozialordnung, Bonn 1977.

Texte zur Deutschlandpolitik, hg. v. Bundesministerium für innerdeutsche Beziehungen, Bd. 4 (28. 10. 1969 – 23. 3. 1970), Bonn 1970 bis Bd. 12 (18. 1. 1973 – 20. 6. 1973), Bonn 1973 und Bd. II/1 (22. 6. 1973 – 18. 2. 1974), Bonn 1974 bis Bd. II/3 (30. 1. 1975 – 19. 12. 1975), Bonn 1976.

Verhandlungen des Deutschen Bundestages. Stenographische Berichte, Bd. 71 (1969/70) – Bd. 99 (1976).

Darstellungen

Beiträge zu einer Geschichte der Bundesrepublik Deutschland, Köln 1979.

Baring, A. u. M. Sase (Hg.), Zwei zaghafte Riesen? Deutschland und Japan seit 1945, Stuttgart/Zürich 1977.

Behr, Wolfgang, Bundesrepublik Deutschland – Deutsche Demokratische Republik. Systemvergleich Politik – Wirtschaft – Gesellschaft, Stuttgart 1979.

Bender, Peter, Die Ostpolitik Willy Brandts oder: Die Kunst des Selbstverständlichen, Reinbek 1972 (rororo aktuell, Bd. 1548).

Bley, H. u. R. Tetzlaff (Hg.), Afrika und Bonn. Versäumnisse und Zwänge deutscher Afrika-Politik, Reinbek 1978 (rororo aktuell, Bd. 4270).

Bruns, Wilhelm, Deutsch-deutsche Beziehungen. Prämissen – Probleme – Perspektiven, Opladen 1978.

Buch, Günter, Namen und Daten wichtiger Personen der DDR, 2. aktual. Aufl. Bonn-Bad Godesberg 1979.

Bundesrepublik Deutschland – Volksrepublik Polen. Bilanz der Beziehungen, Probleme und Perspektiven ihrer Normalisierung, hg. v. H.-A. Jacobsen u. a., Frankfurt/Main 1979.

DDR – Das politische, wirtschaftliche und soziale System, hg. v. H. Rausch u. Th. Stammen, 4. Aufl. München 1978.
DDR – Handbuch. Wiss. Leitung P. Ch. Ludz, hg. v. Bundesministerium für innerdeutsche Beziehungen, 2. völlig überarb. u. erweiterte Aufl. Köln 1979.
Deuerlein, Ernst, Deutschland 1963 – 1970, Hannover 1972.
Fenner, Ch., U. Heyder, J. Strasser (Hg.), Unfähig zur Reform? Eine Bilanz der inneren Reformen seit 1969, Frankfurt/Main 1978.
Funke, Manfred, Terrorismus – Untersuchungen zur Struktur und Strategie revolutionärer Gewaltpolitik (Schriftenreihe der Bundeszentrale für politische Bildung, Bd. 123), Bonn 1977.
Glastetter, Werner, Die wirtschaftliche Entwicklung der Bundesrepublik Deutschland im Zeitraum 1950 bis 1975. Befunde und Aspekte, Berlin 1977.
Görtemaker, Manfred, Die unheilige Allianz. Die Geschichte der Entspannungspolitik 1943 – 1979, München 1979.
Handbuch DDR-Wirtschaft, hg. v. Deutschen Institut für Wirtschaftsforschung Berlin, aktual. Ausgabe Reinbek 1977.
Jahn, E. u. V. Rittberger (Hg.), Die Ostpolitik der BRD. Triebkräfte, Widerstände, Konsequenzen, Opladen 1974.
Jahrbuch der Schulentwicklung, Bd. 1, hg. v. H. G. Rolff u. a., Weinheim 1980
Lilge, Herbert, Deutschland 1945 – 1963, 7. Aufl. Hannover 1977.
Löwenthal, R. u. H.-P. Schwarz (Hg.), Die zweite Republik, Stuttgart 1974.
Ludz, Peter Ch., Die DDR zwischen Ost und West. Politische Analysen 1961 – 1976, München 1977.
Rupp, Hans Karl, Politische Geschichte der Bundesrepublik Deutschland. Eine Einführung, Stuttgart 1978.
Schmollinger, Horst W. u. Peter Müller, Zwischenbilanz. 10 Jahre sozialliberale Politik 1969 – 1979. Anspruch und Wirklichkeit, Hannover 1980.
Schwind, H.-D. (Hg.), Ursachen des Terrorismus in der Bundesrepublik Deutschland, Berlin 1978.
Sontheimer, K. u. H. H. Röhring (Hg.), Handbuch des politischen Systems der Bundesrepublik Deutschland, München 1977.
Sontheimer, Kurt u. Wilhelm Bleek, Die DDR. Politik, Gesellschaft, Wirtschaft, 5. erweiterte und neubearb. Aufl.
Hamburg 1979.
Sozialpolitik nach 1945. Geschichte und Analysen, hg. v. R. Bartholomäi u. a., Bonn-Bad Godesberg 1977.
Thalheim, Karl C., Die wirtschaftliche Entwicklung der beiden Staaten

in Deutschland. Tatsachen und Zahlen, Berlin 1978.
Weber, Hermann, DDR – Grundriß der Geschichte, 1945 – 1976, Hannover 1976.
Weber, W. u. W. Jahn (Bearbeiter), Synopse zur Deutschland-Politik 1941 – 1973, Göttingen 1973.
Wiggerhaus, Renate, Geschichte der Frauen und der Frauenbewegung in der Bundesrepublik und in der Deutschen Demokratischen Republik nach 1945, Wuppertal 1979.
Zündorf, Benno, Die Ostverträge. Die Verträge von Moskau, Warschau, Prag, das Berlin-Abkommen und die Verträge mit der DDR, München 1979.

Anhang

1. Ergebnisse der Bundestagswahlen 1969 – 1976

BUNDESTAGSWAHL VOM 28. SEPTEMBER 1969

Wahlbeteiligung: 86,7%

Parteien	*Stimmen*	*%*	*Sitze*
CDU/CSU	15 195 187	46,1	242
SPD	14 065 716	42,7	224
FDP	1 903 422	5,8	30
NPD	1 422 010	4,3	–

BUNDESTAGSWAHLEN VOM 19. NOVEMBER 1972

Wahlbeteiligung: 91,1%

Parteien	*Stimmen*	*%*	*Sitze*
SPD	17 175 169	45,8	230
CDU/CSU	16 806 020	44,9	225
FDP	3 129 982	8,4	41
NPD	207 465	0,6	–
DKP	113 891	0,3	–

BUNDESTAGSWAHLEN VOM 3. OKTOBER 1976

Wahlbeteiligung: 90,7%

Parteien	*Stimmen*	*%*	*Sitze*
CDU/CSU	18 394 801	48,6	243
SPD	16 099 019	42,6	214
FDP	2 995 085	7,9	39
NPD	122 661	0,3	–
DKP	118 581	0,3	–

Quelle: Statistisches Bundesamt: Wahl zum 8. Deutschen Bundestag 1976 (Fachserie A, Reihe 8, Heft 1 u. 4).

2. Bundesregierungen 1969 – 1976

KABINETT BRANDT I (1969 – 1972)

Kanzler: Willy Brandt (SPD)
Vizekanzler und Auswärtiges: Walter Scheel (FDP)
Inneres: Hans-Dietrich Genscher (FDP)
Justiz: Gerhard Jahn (SPD)
Finanzen*: Alex Möller (SPD); ab Mai 1971: Karl Schiller (SPD)
Wirtschaft*: Karl Schiller (SPD); ab Juli 1972: Helmut Schmidt (SPD)
Ernährung: Josef Ertl (FDP)
Arbeit: Walter Arendt (SPD)
Verteidigung: Helmut Schmidt (SPD); ab Juli 1972: Georg Leber (SPD)
Jugend, Familie und Gesundheit: Käte Strobel (SPD)
Verkehr, Post: Georg Leber (SPD); ab Juli 1972: Lauritz Lauritzen (SPD)
Städtebau: Lauritz Lauritzen (SPD)
Innerdeutsche Beziehungen: Egon Franke (SPD)
Bildung und Wissenschaft: Hans Leussink (parteilos); ab März 1972: Klaus v. Dohnanyi (SPD)
Wirtschaftliche Zusammenarbeit: Erhard Eppler (SPD)
Besondere Aufgaben: Horst Ehmke (SPD)

*Am 13.5.1971 vereinigt zum Bundesministerium für Wirtschaft und Finanzen.

KABINETT BRANDT II (1972 – MAI 1974)

Kanzler: Willy Brandt (SPD)
Vizekanzler und Auswärtiges: Walter Scheel (FDP)
Inneres: Hans-Dietrich Genscher (FDP)
Justiz: Gerhard Jahn (SPD)
Finanzen: Helmut Schmidt (SPD)
Wirtschaft: Hans Friderichs (FDP)
Ernährung, Landwirtschaft und Forsten: Josef Ertl (FDP)
Arbeit und Sozialordnung: Walter Arendt (SPD)
Verteidigung: Georg Leber (SPD)
Jugend, Familie und Gesundheit: Katharina Focke (SPD)
Verkehr: Lauritz Lauritzen (SPD)
Raumordnung, Bauwesen und Städtebau: Hans-Jochen Vogel (SPD)
Innerdeutsche Beziehungen: Egon Franke (SPD)

Forschung und Technologie: Horst Ehmke (SPD)
Post und Fernmeldewesen: Horst Ehmke (SPD)
Bildung und Wissenschaft: Klaus v. Dohnanyi (SPD)
Wirtschaftliche Zusammenarbeit: Erhard Eppler (SPD)
Besondere Aufgaben beim Bundeskanzler: Egon Bahr (SPD)
Besondere Aufgaben beim Stellvertreter des Bundeskanzlers: Werner Maihofer (FDP)

KABINETT SCHMIDT I (MAI 1974 – 1976)

Kanzler: Helmut Schmidt (SPD)
Vizekanzler und Auswärtiges: Hans-Dietrich Genscher (FDP)
Inneres: Werner Maihofer (FDP)
Justiz: Hans-Jochen Vogel (SPD)
Finanzen: Hans Apel (SPD)
Wirtschaft: Hans Friderichs (FDP)
Ernährung, Landwirtschaft und Forsten: Josef Ertl (FDP)
Arbeit und Sozialordnung: Walter Arendt (SPD)
Verteidigung: Georg Leber (SPD)
Jugend, Familie und Gesundheit: Katharina Focke (SPD)
Verkehr, Post und Fernmeldewesen: Kurt Gscheidle (SPD)
Raumordnung, Bauwesen und Städtebau: Karl Ravens (SPD)
Innerdeutsche Beziehungen: Egon Franke (SPD)
Bildung und Wissenschaft: Helmut Rohde (SPD)
Forschung und Technologie: Hans Matthöfer (SPD)
Wirtschaftliche Zusammenarbeit: Erhard Eppler (SPD); ab Juli 1974: Egon Bahr (SPD)

Quelle: Sontheimer/Röhring, S. 706 – 708.

3. Landtagswahlen 1970 – 1976

HAMBURG 22. 3. 1970

Wahlbeteiligung: 73,4%

Parteien	*Stimmen*	%	*Sitze*
SPD	554 455	55,3	70
CDU	329 337	32,8	41
FDP	70 875	7,1	9
Sonstige	48 437	4,8	–

Koalition SPD/FDP

NIEDERSACHSEN 14. 6. 1970

Wahlbeteiligung: 76,7%

Parteien	*Stimmen*	%	*Sitze*
SPD	1 792 943	46,3	75
CDU	1 771 698	45,7	74
FDP	169 457	4,4	–
Sonstige	141 730	3,7	–

SPD-Regierung

NORDRHEIN-WESTFALEN 14. 6. 1970

Wahlbeteiligung: 73,5%

Parteien	*Stimmen*	%	*Sitze*
SPD	3 996 808	46,1	94
CDU	4 020 186	46,3	95
FDP	478 420	5,5	11
Sonstige	182 413	2,1	–

Koalition SPD/FDP

SAARLAND 14. 6. 1970

Wahlbeteiligung: 83,1%

Parteien	*Stimmen*	%	*Sitze*
SPD	262 492	40,8	23
CDU	308 107	47,8	27
FDP	28 167	4,4	–
Sonstige	45 137	7,0	–

CDU-Regierung

HESSEN 8. 11. 1970

Wahlbeteiligung: 82,8%

Parteien	*Stimmen*	%	*Sitze*
SPD	1 442 201	45,9	53
CDU	1 248 453	39,7	46
FDP	316 270	10,1	11
Sonstige	134 892	4,3	–

Koalition SPD/FDP

BAYERN 22. 11. 1970

Wahlbeteiligung: 79,5%

Parteien	*Stimmen**	%	*Sitze*
SPD	3 742 760	33,3	70
CSU	6 344 599	56,4	124
FDP	624 560	5,6	10
Sonstige	531 188	4,7	–

CSU-Regierung

*Jeder Wähler hatte 2 Stimmen.

BERLIN 14. 3. 1971

Wahlbeteiligung: 88,9%

Parteien	*Stimmen*	*%*	*Sitze*
SPD	730 240	50,4	73
CDU	553 422	38,2	54
FDP	122 310	8,4	11
Sonstige	42 981	3,0	–

SPD-Regierung

RHEINLAND-PFALZ 21. 3. 1971

Wahlbeteiligung: 79,4%

Parteien	*Stimmen*	*%*	*Sitze*
SPD	821 350	40,5	42
CDU	1 012 847	50,0	52
FDP	120 444	5,9	6
Sonstige	71 731	3,5	–

CDU-Regierung

SCHLESWIG-HOLSTEIN 24. 4. 1971

Wahlbeteiligung: 79,2%

Parteien	*Stimmen*	*%*	*Sitze*
SPD	582 420	41,0	32
CDU	737 120	51,9	40
FDP	54 099	3,8	–
Sonstige	47 395	3,3	1*

CDU-Regierung

*Südschleswigscher Wählerverband, für den die 5%-Klausel nicht gilt.

BREMEN 10. 10. 1971

Wahlbeteiligung: 80%

Parteien	*Stimmen*	*%*	*Sitze*
SPD	244 470	55,3	59
CDU	139 423	31,6	34
FDP	31 509	7,1	7
Sonstige	26 389	6,0	–

SPD-Regierung

BADEN-WÜRTTEMBERG 23. 4. 1972

Wahlbeteiligung: 80%

Parteien	*Stimmen*	*%*	*Sitze*
SPD	1 784 416	37,6	45
CDU	2 513 808	52,9	65
FDP	424 685	8,9	10
Sonstige	27 728	0,6	–

CDU-Regierung

HAMBURG 3. 3. 1974

Wahlbeteiligung: 80,4%

Parteien	*Stimmen*	*%*	*Sitze*
SPD	469 656	44,9	56
CDU	423 912	40,6	51
FDP	113 930	10,9	13
Sonstige	37 252	3,6	–

Koalition SPD/FDP

NIEDERSACHSEN 9. 6. 1974

Wahlbeteiligung: 84,4%

Parteien	*Stimmen*	%	*Sitze*
SPD	1 852 797	43,1	67
CDU	2 098 096	48,8	77
FDP	302 165	7,0	11
Sonstige	44 635	1,0	–

Koalition SPD/FDP; ab Februar 1976: CDU-Regierung

HESSEN 27. 10. 1974

Wahlbeteiligung: 84,8%

Parteien	*Stimmen*	%	*Sitze*
SPD	1 394 123	43,2	49
CDU	1 528 793	47,3	53
FDP	238 726	7,4	8
Sonstige	68 778	2,1	–

Koalition SPD/FDP

BAYERN 27. 10. 1974

Wahlbeteiligung: 77,7%

Parteien	*Stimmen**	%	*Sitze*
SPD	3 409 126	30,2	64
CSU	7 001 551	62,1	132
FDP	586 533	5,2	8
Sonstige	281 376	2,5	–

CSU-Regierung

*Jeder Wähler hatte 2 Stimmen.

BERLIN 2. 3. 1975

Wahlbeteiligung: 88,1%

Parteien	*Stimmen*	%	*Sitze*
SPD	590 219	42,7	67
CDU	607 229	44,0	68
FDP	99 784	7,2	11
Sonstige	84 187	6,1	–

Koalition SPD/FDP

RHEINLAND-PFALZ 9. 3. 1975

Wahlbeteiligung: 80,8%

Parteien	*Stimmen*	%	*Sitze*
SPD	817 018	38,5	40
CDU	1 143 360	53,9	55
FDP	118 762	5,6	5
Sonstige	41 341	1,9	–

CDU-Regierung

SCHLESWIG-HOLSTEIN 13. 4. 1975

Wahlbeteiligung: 82,3%

Parteien	*Stimmen*	%	*Sitze*
SPD	603 360	40,1	30
CDU	758 227	50,4	37
FDP	107 042	7,1	5
Sonstige	36 054	2,4	1*

CDU-Regierung

*Südschleswigscher Wählerverband, für den die 5%-Klausel nicht gilt.

NORDRHEIN-WESTFALEN 4.5. 1975

Wahlbeteiligung: 86,1%

Parteien	*Stimmen*	%	*Sitze*
SPD	4 630 995	45,1	91
CDU	4 828 554	47,1	95
FDP	689 623	6,7	14
Sonstige	113 033	1,1	–

Koalition SPD/FDP

SAARLAND 4. 5. 1975

Wahlbeteiligung: 88,8%

Parteien	*Stimmen*	%	*Sitze*
SPD	295 406	41,8	22
CDU	347 094	49,1	25
FDP	52 100	7,4	3
Sonstige	11 638	1,6	–

Koalition CDU/FDP

BREMEN 28. 9. 1975

Wahlbeteiligung: 82,2%

Parteien	*Stimmen*	%	*Sitze*
SPD	209 802	48,7	52
CDU	145 306	33,8	35
FDP	55 739	13,0	13
Sonstige	19 544	4,5	–

SPD-Regierung

BADEN-WÜRTTEMBERG 4. 4. 1976*

Wahlbeteiligung: 75,5%

Parteien	*Stimmen*	%	*Sitze*
SPD	1 510 012	33,3	41
CDU	2 573 147	56,7	71
FDP	353 754	7,8	9
Sonstige	61 620	1,3	–

CDU-Regierung

*Quelle: Munzinger Archiv 2/28/1976

Quelle: Statistisches Bundesamt: Wahl zum 8. Deutschen Bundestag 1976 (Fachserie A, Reihe 8, Heft 1).

4. Zeittafel

1969

20. 1.	Richard M. Nixon als Nachfolger Johnsons neuer Präsident der USA.
2. 3.	Gefechte zwischen sowjetischen und chinesischen Grenztruppen am Ussuri.
17. 3.	»Budapester Appell« des Warschauer Pakts: Vorschlag einer Konferenz über Sicherheit und Zusammenarbeit in Europa.
28. 4.	Rücktritt de Gaulles.
15. 6.	Georges Pompidou neuer französischer Staatspräsident.
25. 6.	Erstes und zweites Gesetz zur Reform des Strafrechts lösen das Konzept von Schuld und Sühne zugunsten des Prinzips von Toleranz und Resozialisation ab.
20. 7.	Erste Landung amerikanischer Astronauten auf dem Mond.
29. 7.	Abkommen von Yaoundé über die Assoziierung von 18 afrikanischen Staaten mit der EWG.
28. 9.	Wahl des 6. Deutschen Bundestages; Mehrheit für SPD und FDP ermöglicht Bildung einer sozial-liberalen Koalition.
22. 10.	Willy Brandt neuer Bundeskanzler.
24. 10.	Aufwertung der DM gegenüber dem Dollar um 8,5 %.
17. 11.	Beginn der SALT-Vorgespräche in Helsinki.
28. 11.	Unterzeichnung des Vertrags über die Nichtverbreitung von Kernwaffen durch die Bundesregierung.
1./2. 12.	Gipfelkonferenz der Staats- und Regierungschefs der sechs EWG-Länder in Den Haag.

1970

19. 3.	Erstes Treffen zwischen Brandt und Stoph in Erfurt.
26. 3.	Beginn der Viermächte-Verhandlungen über Berlin.
16. 4.	Beginn der SALT-Verhandlungen in Genf.
21. 5.	Zweites Treffen zwischen Brandt und Stoph in Kassel.
18. 6.	Bundestag senkt das Alter für das aktive Wahlrecht auf 18 Jahre.

25. 6. Unterzeichnung eines Verwaltungsabkommens über die Errichtung einer gemeinsamen Kommission für Bildungsplanung durch Bundeskanzler Brandt und die Regierungschefs der Länder.

12. 8. Unterzeichnung des Moskauer Vertrages zwischen der Bundesrepublik Deutschland und der Sowjetunion.

7. 12. Unterzeichnung des Warschauer Vertrages zwischen der Bundesrepublik Deutschland und Polen.

21. 12. Krankenversicherungsänderungsgesetz.

1971

31. 1. Telefonverkehr zwischen Ost- und West-Berlin nach 19jähriger Unterbrechung mit 10 Leitungen wiederaufgenommen.

1. 3. Erhöhung der Mindestlöhne und Mindestrenten in der DDR.

3. 5. Rücktritt Walter Ulbrichts als Erster Sekretär des Zentralkomitees der SED; Nachfolger Erich Honecker.

15. – 19. 6. VIII. Parteitag der SED in Anwesenheit Breschnews und Abwesenheit Ulbrichts.

15. 8. Die amerikanische Regierung löst den Dollar vom Goldstandard.

3. 9. Unterzeichnung des Viermächteabkommens zwischen den USA, Großbritannien, Frankreich und der Sowjetunion über Berlin.

10. 9. Bundesregierung beschließt Verkürzung des Wehrdienstes von 18 auf 15 Monate.

30. 9. Postabkommen zwischen der Bundesrepublik und der DDR.

20. 10. Friedensnobelpreis für Willy Brandt.

26. 11. Konstituierende Sitzung der Volkskammer wählt Ulbricht zum Staatsratsvorsitzenden, Stoph zum Vorsitzenden des Ministerrats, Honecker zum Vorsitzenden des Nationalen Verteidigungsrates.

November Metallarbeiterstreik und Aussperrung in Baden-Württemberg.

17. 12. Unterzeichnung des Transitabkommens zwischen der Bundesrepublik Deutschland und der DDR.

20. 12. Unterzeichnung des Besuchsabkommens zwischen der DDR und dem Senat von West-Berlin.

1972

19. 1.	Novelliertes Betriebsverfassungsgesetz tritt in Kraft.
22. 1.	Unterzeichnung der Urkunden für den EWG-Beitritt Großbritanniens, Irlands, Dänemarks und Norwegens.
28. 1.	Die Regierungschefs der Länder unter Vorsitz von Bundeskanzler Brandt verabschieden »Grundsätze über die Mitgliedschaft von Beamten in extremen Organisationen« (Extremistenerlaß).
27. 4.	Konstruktives Mißtrauensvotum der CDU/CSU im Bundestag scheitert.
17. 5.	Annahme der Ostverträge im Deutschen Bundestag.
26. 5.	Unterzeichnung des Verkehrsvertrages zwischen der Bundesrepublik Deutschland und der DDR.
26. 5.	Unterzeichnung des SALT-Vertrages zwischen den USA und der Sowjetunion in Moskau.
Mai	Bombenanschläge westdeutscher »Stadtguerilla« in Frankfurt, Augsburg, München, Karlsruhe, Hamburg und Heidelberg.
3. 6.	Inkrafttreten des Viermächteabkommens über Berlin (einschließlich deutsch-deutscher Zusatzvereinbarungen).
Juni	Aus der Umgebung Nixons gesteuerter Einbruch in das Hauptquartier der Demokratischen Partei in Washington (Watergate).
Juni	Führende Terroristen (Andreas Baader, Holger Meins, Jan-Carl Raspe, Gudrun Enßlin und Ulrike Meinhof) in der Bundesrepublik verhaftet.
7. 7.	Rücktritt von Bundeswirtschafts- und Finanzminister Schiller.
5. 9.	Während der Olympischen Spiele in München wird ein Teil der israelischen Olympia-Mannschaft von arabischen Terroristen umgebracht.
21. 9.	Rentenreformgesetz vom Bundestag einstimmig angenommen.
25./26. 9.	Volksabstimmung in Norwegen gegen den EG-Beitritt.
6. 10.	Amnestie in der DDR ermöglicht etwa 2000 Häftlingen in DDR-Gefängnissen Entlassung und Übersiedlung in die Bundesrepublik.
19./20. 10.	Pariser Gipfelkonferenz der EG; Absicht, die Gesamtheit ihrer Beziehungen in eine Europäische Union umzuwandeln.

19. 11. Vorzeitige Neuwahlen zum Bundestag; Fortführung der sozial-liberalen Koalition.

21. 12. Unterzeichnung des Grundlagenvertrages zwischen der Bundesrepublik Deutschland und der DDR.

1973

27. 1. Unterzeichnung eines Waffenstillstandsabkommens zwischen den USA, Nordvietnam und der Nationalen Befreiungsfront Südvietnams in Paris.

31. 1. Beginn der MBFR-Vorgespräche in Wien.

9. 2. Großbritannien und Frankreich nehmen diplomatische Beziehungen zur DDR auf.

21. 2. Verordnung über die Tätigkeit von Publikationsorganen anderer Staaten und deren Korrespondenten in der DDR.

9. 5. 2. Stabilitätsprogramm der Bundesregierung.

11. 5. Grundlagenvertrag zwischen Bundesrepublik Deutschland und DDR im Bundestag mit den Stimmen der Koalitionsfraktionen verabschiedet.

18. – 22. 5. Besuch Breschnews in der Bundesrepublik Deutschland.

29. 5. BVG-Urteil über die Zusammensetzung der Selbstverwaltungsorgane der Hochschulen.

12. 6. CDU-Parteitag wählt den rheinland-pfälzischen Ministerpräsidenten Helmut Kohl zum Vorsitzenden der CDU.

28. 6. Abschluß der MBFR-Vorgespräche in Wien.

1. 8. Tod Ulbrichts.

11. 9. Sturz und Tod des chilenischen Präsidenten Allende durch einen Militärputsch.

18. 9. Aufnahme der DDR und der Bundesrepublik Deutschland in die Vereinten Nationen.

3. 10. 10. Tagung der Volkskammer wählt Stoph zum neuen Staatsratsvorsitzenden und Horst Sindermann zum Vorsitzenden des Ministerrats.

6. – 25. 10. Yom-Kippur-Krieg zwischen Israel und seinen arabischen Nachbarn. Ölboykott und -verteuerung der arabischen Ölförderländer.

30. 10. Beginn der MBFR-Konferenz in Wien.

5. 11. DDR verdoppelt die Mindestumtauschsätze bei der Einreise von Besuchern aus »nicht-sozialistischen Staaten und West-Berlin«.

11. 12. Unterzeichnung des Vertrages über die gegenseitigen

	Beziehungen zwischen der Bundesrepublik Deutschland und der ČSSR in Prag.
19. 12.	Gesetz zur Verbesserung von Leistungen in der gesetzlichen Krankenversicherung (Leistungsverbesserungsgesetz).

1974

Februar	Streik im öffentlichen Dienst: Lohn- und Gehaltserhöhungen um 11 %.
14. 3.	Protokoll über die Errichtung und Eröffnung »Ständiger Vertretungen« in Bonn und Ost-Berlin unterzeichnet.
22. 3.	Volljährigkeit und Ehemündigkeit in der Bundesrepublik werden von 21 auf 18 Jahre heruntergesetzt.
2. 4.	Tod Pompidous.
25. 4.	Gesundheitsabkommen und Abkommen über den nichtkommerziellen Zahlungs- und Verrechnungsverkehr zwischen der Bundesrepublik Deutschland und der DDR unterzeichnet.
26. 4.	Bundestag beschließt mit Stimmen der Regierungskoalition Fristenregelung.
2. 5.	Ständige Vertretungen in Bonn und Ost-Berlin nehmen ihre Arbeit auf.
6. 5.	Nach Festnahme eines DDR-Spions im Kanzleramt Rücktritt Willy Brandts.
8. 5.	Protokoll über die Regelung der wechselseitigen Sportbeziehungen zwischen der Bundesrepublik Deutschland und der DDR unterzeichnet.
15. 5.	Walter Scheel zum Bundespräsidenten gewählt.
16. 5.	Helmut Schmidt neuer Bundeskanzler.
19. 5.	Valéry Giscard d'Estaing neuer französischer Staatspräsident.
21. 6.	Aussetzung der Fristenregelung durch einstweilige Verfügung des BVG.
8. 8.	Rücktritt Nixons als Folge der Watergate-Affäre. Gerald R. Ford, unter Nixon Vizepräsident, wird neuer amerikanischer Präsident.
4. 9.	DDR und USA nehmen diplomatische Beziehungen auf.
27. 9.	13. Tagung der Volkskammer beschließt »Gesetz zur Ergänzung und Änderung der Verfassung der DDR vom 7. 10. 1974« sowie personelle Veränderungen im Ministerrat.

26. 10.	Mindestumtauschsatz für Besucher der DDR auf 13 Mark und für Tagesbesuche in Ost-Berlin auf 6,50 Mark gesenkt.
10. 11.	Präsident des Berliner Kammergerichts, Günter von Drenkmann, von Terroristen erschossen.
12. 12.	Vereinbarung über die Neufestsetzung des »Swing« im innerdeutschen Handel.

1975

25. 2.	Urteil des BVG verwirft Fristenregelung.
27. 2.	Entführung des Berliner CDU-Politikers Peter Lorenz.
28. 2.	Konvention von Lomé zwischen der EWG und 46 Staaten in Afrika, in der Karibik und im Pazifik (sog. AKP-Staaten) unterzeichnet.
Februar	Besetzung des Bauplatzes für ein Kernkraftwerk in Wyhl/Oberrhein.
24. 4.	Terroristen-Überfall auf die deutsche Botschaft in Stockholm.
25. 4.	Sieg der Sozialistischen Partei bei Wahlen in Portugal.
30. 4.	Bedingungslose Kapitulation der Truppen Südvietnams; Einmarsch der Streitkräfte der vietnamesischen Befreiungsbewegung und von Truppen Nordvietnams in Saigon.
30. 7.	Bundeskanzler Schmidt und Erich Honecker treffen in Helsinki zu ersten Gesprächen zusammen.
30. 7. – 1. 8.	Gipfeltreffen zum Abschluß der KSZE in Helsinki. Unterzeichnung der Schlußakte durch 35 Staats-, Regierungs- oder Parteichefs.
27. 8.	Bundeskabinett beschließt ein »Programm zur Stärkung von Bau- und anderen Investitionen«.
10. 9.	Bundesregierung faßt Beschlüsse zur »Verbesserung der Haushaltsstruktur«.
7. 10.	»Vertrag über Freundschaft, Zusammenarbeit und gegenseitigen Beistand« zwischen DDR und UdSSR von Honecker und Breschnew in Moskau unterzeichnet.
9. 10.	Unterzeichnung mehrerer Abkommen zwischen der Bundesrepublik Deutschland und Polen über Renten- und Unfallversicherung, pauschale Abgeltung von Rentenansprüchen und Gewährung eines Finanzkredits.
29. 10. – 2. 11.	Besuch von Bundeskanzler Schmidt in der VR China.

16. 12.	Vereinbarung über den Berlin-Verkehr zwischen Bundesrepublik Deutschland und DDR.
16. 12.	Ausweisung des »Spiegel«-Korrespondenten Jörg Mettke aus der DDR.
18. 12.	Verabschiedung des Hochschulrahmengesetzes.
19. 12.	Vereinbarung über den Ausbau der Autobahn Marienborn – Berlin und anderer Verkehrswege von und nach Berlin zwischen Bundesrepublik Deutschland und DDR.
21. 12.	Terroristen-Überfall auf die in Wien tagenden Ölminister der OPEC.

1976

1. 1.	Das neue Zivilgesetzbuch (ZGB), das das BGB ersetzt, tritt in der DDR in Kraft.
6. 2.	Regierungswechsel in Niedersachsen: Minderheitskabinett Albrecht (CDU).
12. 2.	Neufassung des § 218 vom Bundestag verabschiedet.
18. 3.	Neues Mitbestimmungsgesetz vom Bundestag verabschiedet.
22. 4.	14. Strafänderungsgesetz stellt die verfassungsfeindliche Befürwortung von Gewalt und die Verbreitung und den Bezug von Schriften, die Straftaten befürworten oder zu ihnen anleiten, unter Strafe.
5. – 31. 5.	4. UN-Konferenz für Handel und Entwicklung (UNCTAD) in Nairobi.
9. 5.	Ulrike Meinhof erhängt sich in ihrer Zelle in der Justizvollzugsanstalt Stuttgart-Stammheim.
18. – 22. 5.	IX. Parteitag der SED beschließt neues Programm und Statut sowie Direktive zum Fünfjahrplan 1976 – 1980; Honecker nunmehr Generalsekretär der SED.
19. 5.	Unterzeichnung einer Vereinbarung zwischen Bundesrepublik Deutschland und DDR über den Abbau des grenzüberschreitenden Braunkohlevorkommens im Raum Helmstedt/Harbke.
27. 5.	Gemeinsamer Beschluß des ZK der SED, des Bundesvorstands des FDGB und des Ministerrats der DDR »über die weitere planmäßige Verbesserung der Arbeits- und Lebensbedingungen der Werktätigen im Zeitraum 1976 – 80«.
4. 6.	Nach Entführung eines Air-Busses der Air France von Athen nach Entebbe in Uganda Befreiung der 103 jüdi-

	schen Geiseln durch ein israelisches Spezialkommando.
11. 6.	Deutsch-polnisches Kulturabkommen.
14. 6.	Verkündung des 1. Gesetzes zur Reform des Ehe- und Familienrechts.
29. – 30. 6.	Konferenz von 29 kommunistischen und Arbeiterparteien Europas in Ost-Berlin.
18. 8.	Inkrafttreten des »Anti-Terrorismus-Gesetzes«, das die »Bildung terroristischer Vereinigungen« unter Strafe stellt.
9. 9.	Tod Mao Tse Tungs; Hua Guo Feng wird Maos Nachfolger.
20. 9.	Beschluß des Rats der EG über Direktwahlen zum Europäischen Parlament.
3. 10.	Wahlen zum 8. Deutschen Bundestag; Fortsetzung der sozial-liberalen Koalition.
29. 10.	Erich Honecker zum Staatsratsvorsitzenden gewählt.
2. 11.	Jimmy Carter gewinnt Präsidentschaftswahlen in den USA gegen Präsident Ford.
November	Massenprotest gegen Bau eines Kernkraftwerks in Brokdorf/Unterelbe.
26. 11.	Wolf Biermann aus der DDR ausgebürgert.
22. 12.	Ausweisung des ARD-Korrespondenten Lothar Loewe aus der DDR.
12. 12.	CDU und CSU beschließen erneute Fraktionsgemeinschaft im Bundestag.

5. Personenregister

6. Sachregister

7. Abürzungen

AdG	Archiv der Gegenwart (s. Literaturliste)
BAFöG	Bundesausbildungsförderungsgesetz
BGBl	Bundesgesetzblatt
BMZ	Bundesministerium für wirtschaftliche Zusammenarbeit
BVG	Betriebsverfassungsgesetz
BVerfG	Bundesverfassungsgericht
DGB	Deutscher Gewerkschaftsbund
EG	Europäische Gemeinschaft(en)
EWG	Europäische Wirtschaftsgemeinschaft
FAZ	Frankfurter Allgemeine Zeitung
FDGB	Freier Deutscher Gewerkschaftsbund (der DDR)
FDJ	Freie Deutsche Jugend (der DDR)
GATT	General Agrement on Tariffs and Trade = Allg. Zoll- u. Handelsabkommen
GWh	Giga-Watt-Stunden
HRG	Hochschulrahmengesetz
KMK	Kultusministerkonferenz (Ständige Konferenz der Kultusminister)
KSZE	Konferenz über Sicherheit und Zusammenarbeit in Europa
KWA	Kreditanstalt für Wiederaufbau
MBFR	Mutual Balanced Forces Reductions = Gespräche über beiderseitige ausgewogene Truppenverminderung
NATO	North Atlantic Treaty Organization = Nordatlantik-Pakt-Organisation
NÖSPL	Neues Ökonomisches System der Planung und Leitung der Volkswirtschaft (in der DDR)
OAPEC	Organization of Arab Petrol Exporting Countries = Organisation der Ölexportierenden Arabischen Staaten
OECD	Organization for Economic Cooperation and Development = Organisation für wirtschaftliche Zusammenarbeit und Entwicklung
ÖSS	Ökonomisches System des Sozialismus (in der DDR)
ÖTV	(Gewerkschaft) Öffentliche Dienste, Transport und Verkehr
OPEC	Organization of Petrol Exporting Countries = Organisation der Erdölexportierenden Länder
RAF	Rote Armee Fraktion (Baader-Meinhof-Gruppe)
RGW	Rat für gegenseitige Wirtschaftshilfe (engl. Abkürzung: Comecon)

SALT	Strategic Arms Limitation Talks = Gespräche über die Begrenzung strategischer Rüstungen
SoWi	Sozialwissenschaftliche Informationen für Unterricht und Studium (Zeitschrift)
StGB	Strafgesetzbuch
UNCTAD	United Nations Conference on Trade and Development = Konferenz der Vereinten Nationen über Handel und Entwicklung
VEB	Volkseigener Betrieb
ZK	Zentralkomitee (der SED)